LA BIBLIOTECA EN LLAMAS

SUSAN ORLEAN
LA BIBLIOTECA EN LLAMAS

Historia de un millón de libros quemados
y del hombre que encendió el cerillo

Traducción de Juan Trejo

 temas de hoy

Obra editada en colaboración con Editorial Planeta – España

© 2018, Susan Orlean
© 2019, Traducción: Juan Trejo
Corrección de estilo a cargo de Rosa Iglesias Madrigal

Título original: The Library Book

© 2019, Editorial Planeta S.A. – Barcelona, España

Derechos reservados

© 2019, Editorial Planeta Mexicana, S.A. de C.V.
Bajo el sello editorial TEMAS DE HOY M.R.
Avenida Presidente Masarik núm. 111, Piso 2
Colonia Polanco V Sección
Delegación Miguel Hidalgo
C.P. 11560, Ciudad de México
www.planetadelibros.com.mx

Diseño de la colección: Planeta Arte & Diseño
Diseño de portada: © Lauren Peters - Collaer
Fotografía de portada: © Jill Fromer - Getty Images
Fotografía de la autora: © Noah Fecks

Primera edición impresa en España: marzo de 2019
ISBN: 978-84-9998-722-4

Primera edición en formato epub: mayo de 2019
ISBN: 978-607-07-5835-5

Primera edición impresa en México: mayo de 2019
ISBN: 978-607-07-5831-7

Impreso en los talleres de Litográfica Ingramex, S.A. de C.V.
Centeno núm. 162-1, colonia Granjas Esmeralda, Ciudad de México
Impreso en México –*Printed in Mexico*

Para Edith Orlean, mi pasado
Para Austin Gillespie, mi futuro

La memoria cree antes de que el conocimiento recuerde.

Luz de agosto,
WILLIAM FAULKNER

Y cuando nos pregunten lo que hacemos, podemos decir: Estamos recordando.

Fahrenheit 451,
RAY BRADBURY

Siempre imaginé que el paraíso sería algún tipo de biblioteca.

El hacedor,
JORGE LUIS BORGES

1.

Stories to Begin On (1940)
Bacmeister, Rhoda W.
X808 B127

Begin Now – To Enjoy Tomorrow (1951)
Giles, Ray
362.6 G472

A Good Place to Begin (1987)
Powell, Lawrence Clark
027.47949 P884

To Begin at the Beginning (1994)
Copenhaver, Martin B.
230 C782

Incluso en una ciudad como Los Ángeles, donde no escasean los peinados estrambóticos, Harry Peak llamaba la atención. «Era muy rubio. Muy muy rubio», me dijo su abogada mientras se pasaba la mano por la frente intentando hacer una ridícula imitación del fleco en forma de cascada de Peak. «Tenía mucho pelo. Y de lo que no cabe duda es de que era muy rubio». Uno de los investigadores de incendios a quienes entrevisté describió a Peak entrando en la sala del juzgado «con aquella cabellera suya», como si su pelo tuviese vida propia.

Para Harry Peak Jr., que notasen su presencia era un asunto de vital importancia. Nació en 1959 y creció en Santa Fe Springs, un pueblo en la zona más llana del valle, a una hora de distancia de Los Ángeles, hacia el sudeste, incrustado entre los cerros parduscos de Santa Rosa Hills y envuelto por una amenazante sensación de monotonía. Santa Fe Springs era entonces un lugar asentado en la comodidad y la calma que conlleva la resignación; Harry, sin embargo, anhelaba destacar. Siendo niño había sido medio maleante, había cometido delitos menores y llevado a cabo algunas trastadas que, por lo visto, habían hecho las delicias de la gente que lo conocía. Le gustaba a las chicas. Era encantador, divertido, temerario y tenía hoyuelos en las mejillas. Podía hablar con cualquier persona de cualquier cosa. Se le daba muy bien inventarse historias. Era un cuentero, sabía mantener la atención de sus oyentes y sus mentiras eran siempre de primera; tenía especial habilidad a la hora de maquillar los acontecimientos para que su vida pareciese menos simple y mezquina. En opinión de su hermana, era el más grande mentiroso del mundo, tan dado a contar embustes y a inventarse cosas que ni siquiera en su familia le creían.

Si al hecho de vivir cerca de Hollywood y al constante canto de sirenas que ello suponía, le sumamos su tendencia a fantasear, era casi predecible que Harry Peak decidiese ser actor. Tras acabar el bachillerato y cumplir el servicio militar, Harry se trasladó a Los Ángeles y empezó a perseguir sus sueños. En sus conversaciones solía dejar caer la frase: «Cuando sea una estrella de cine». Decía siempre «cuando», no «si llego a ser». Para él se trataba de un hecho consumado más que de una especulación.

Aunque nadie llegó a verlo nunca en ninguna película ni serie de televisión, su familia estaba convencida de que, durante el tiempo que pasó en Hollywood, Harry dio la impresión de tener un futuro prometedor. Su padre me dijo que estaba convencido de que Harry había trabajado en una serie de médicos, tal vez en *Hospital General*, y que consiguió un papel en la película *El juicio de Billy Jack*. En IMDb, la mayor base de datos de cine y televisión del mundo, es posible encontrar a un Barry Peak, a un Parry Peak, a un Harry Peacock, a un Barry Pearl, incluso a un Harry Peak de Plymouth, Inglaterra, pero no hay nadie que aparezca como Harry Peak Jr. de Los Ángeles. Por lo que yo he llegado a saber, la única ocasión en la que Harry Peak apareció en la televisión fue en el noticiario de una cadena local en 1987, cuando lo arrestaron acusado de haber provocado el incendio de la Biblioteca Central de Los Ángeles, en la que ardieron casi medio millón de libros y otros setecientos mil resultaron dañados. Fue uno de los mayores incendios en la historia de la ciudad, y sin duda el mayor incendio de una biblioteca en la historia de Estados Unidos.

• • •

La Biblioteca Central, diseñada por el arquitecto Bertram Goodhue e inaugurada en 1926, está situada en el centro de Los Ángeles, en la esquina de la calle Quinta con Flower, aprovechando la pendiente de un cerro conocido antaño como Normal Hill. Dicho cerro era originariamente más alto, pero cuando se decidió que iba a ser allí donde se ubicaría la biblioteca, la cima fue allanada para que resultara más fácil su construcción. En la época en la que se abrió la biblioteca, esa parte del centro de Los Ángeles era un ajetreado vecindario plagado de macizas casas de madera estilo victoriano que pendían de los flancos de Normal Hill. Hoy en día esas casas ya no existen y el vecindario está conformado por adustas y oscuras torres de oficinas, pegadas unas a otras, que vierten sus franjas de sombra sobre lo que queda del cerro. La Biblioteca Central ocupa toda una manzana, pero solo tiene ocho pisos de altura, lo cual la hace parecer la suela del zapato de todas esas alargadas torres de oficinas. Aunque la horizontalidad que transmite hoy en día no debía apreciarse en absoluto en 1926, pues en aquel entonces era el punto más alto del barrio, habida cuenta de que en el centro de la ciudad imperaban los edificios de cuatro plantas de altura.

La biblioteca abre a las diez de la mañana, pero en cuanto sale el sol siempre puede encontrarse a gente merodeando por los alrededores. Se apoyan en todos los rincones del edificio, o bien se sientan a horcajadas sobre el murete de piedra que rodea el perímetro, o se preparan para salir corriendo desde el jardín noroeste, junto a la entrada principal, pues desde allí se tiene una perspectiva diáfana de la puerta. Vigilan la entrada aunque saben que no va a servirles de nada hacerlo, pues no hay posibilidad alguna de que la biblioteca abra antes de la hora prevista. Una cálida mañana, no hace mucho tiempo, la gente que estaba en el jardín se había agrupado bajo las copas de los árboles y también junto al canal de agua, que daba la impresión de generar una leve corriente de aire fresco. Había maletas con ruedas y mochilas y bolsas de libros amontonadas aquí y allá. Palomas de color cemento desfilaban al ritmo de un disciplinado *staccato* alrededor de las maletas. Una mujer joven y delgada, vestida con una blusa blanca manchada con unos pequeños cercos de sudor bajo las axilas, se tambaleó sobre un solo pie, sosteniendo una carpeta bajo el brazo, al tiempo que intentaba sacar el teléfono celular del bolsillo trasero de su pantalón. A su espalda, una mujer con una bamboleante mochila amarilla se había sentado en el extremo de un banco, inclinada hacia delante, con los ojos cerrados y las manos juntas; me resultó imposible saber si estaba rezando o echando una cabezadita. Cerca de donde se encontraba, había un hombre con un bombín y una camiseta un tanto levantada que dejaba a la vista la medialuna rosada y brillante que formaba su vientre. Dos mujeres con sendos portafolios conducían tras ellas un pequeño y revuelto grupo de niños en dirección a la puerta principal de la biblioteca. Yo deambulaba por una de las esquinas del parque, donde dos hombres sentados junto a una de las Campanas de la Paz de bronce hablaban de una comida a la que, al parecer, habían acudido juntos.

—Tienes que admitir que el aliño de ajo estaba rico —dijo uno de los hombres.

—No como ensalada.

—¡Por favor! ¡Todo el mundo come ensalada!

—Yo no. —Pausa—. Me encantan los refrescos Dr. Pepper.

Entre frase y frase, los hombres miraban hacia la entrada principal de la biblioteca, donde el guardia de seguridad ocupaba un taburete. Una de las hojas de la puerta estaba abierta y el guardia estaba sentado dentro, visible para cualquiera que pasase por allí. La hoja abierta de la puerta suponía una irresistible tentación para cualquiera. Una tras otra, diferentes personas se acercaban al guardia y él las detenía sin contemplaciones.

—¿Ya está abierta la biblioteca?

—No, no está abierta.

Al siguiente:

—A las diez en punto.

Al siguiente:

—Cuando llegue el momento, lo sabrá.

Al siguiente:

—No, todavía no está abierta.

A la siguiente:

—A las diez en punto, señora. —Sacudía la cabeza y ponía los ojos en blanco—. A las diez en punto, como indica el cartel.

Cada tanto, una de las personas que se acercaban hasta el guardia mostraba una identificación y se le permitía la entrada, porque en realidad la biblioteca ya estaba en marcha: en su interior, los miembros del personal se preparaban para la jornada. El Departamento de Envíos llevaba trabajando desde el alba, colocando decenas de miles de libros en contenedores de plástico. Se trataba de los libros que habían pedido en alguna de las setenta y dos sucursales de la Biblioteca Central repartidas por la ciudad, o de libros que no pertenecían a las sucursales en las que se encontraban en ese momento y eran devueltos, o bien de libros nuevos catalogados en la Biblioteca Central y enviados desde allí hasta las sucursales. Los guardias de seguridad vigilan la biblioteca a todas horas; los guardias de servicio han empezado su turno a las seis de la mañana. Matthew Mattson, el encargado de la página web de la biblioteca, llevaba ya una hora sentado tras su escritorio, en el sótano, para comprobar cómo aumentaba el número de visitas a la página web a lo largo de la mañana.

En cada uno de los once departamentos temáticos ubicados a lo largo y ancho del edificio, los bibliotecarios y los empleados estaban ya ordenando estantes, revisando libros nuevos y preparándose para las tareas del día. Tanto las mesas de lectura como los cubículos de estudio estaban vacíos, con las sillas colocadas bajo las mesas, todo ello envuelto en un silencio incluso más profundo que el habitual silencio aterciopelado de las bibliotecas. En el Departamento de Historia, una joven bibliotecaria llamada Llyr Heller clasificaba un carrito lleno de libros, descartando aquellos que estaban maltrechos o los que nadie solicitaba nunca. Cuando acabó, sacó una lista de ejemplares que el departamento deseaba solicitar; tenía que asegurarse de que no los tenían. Si superaba la prueba, le echaría un vistazo a las reseñas y a los comentarios de los bibliotecarios para asegurarse de que la compra tenía sentido.

En el pequeño teatro de marionetas del Departamento Infantil estaba teniendo lugar la reunión mensual de todos los bibliotecarios infantiles de la ciudad. El tema del encuentro era cómo contar cuentos de manera efectiva. Aquellos treinta adultos, ya crecidos, estaban sentados en las diminutas sillas del teatro escuchando muy atentos la presentación. «Utilicen un oso de peluche del tamaño adecuado», dijo la bibliotecaria que dirigía la sesión mientras se movía de un lado para otro. «Yo utilizaba uno que creía que tenía el tamaño de un bebé, pero estaba equivocada: era del tamaño de un bebé muy prematuro». Señaló hacia un tablón cubierto con fieltro. «No lo olviden: los paneles de franela son maravillosos —dijo—. Tal vez puedan usarlos, por ejemplo, para enseñar cómo se visten los pingüinos. También pueden esconder cosas en su interior, como conejos o narices».

En la piso de arriba, Robert Morales, el director de presupuesto de la biblioteca, y Madeleine Rackley, la gerente, estaban sentados con John Szabo, el bibliotecario de la ciudad de Los Ángeles, hablando de cuestiones económicas. Justo debajo de ellos, las agujas del reloj de la sala principal estaban próximas a tocar las diez y Selena Terrazas, una de las tres bibliotecarias principales de la Biblioteca Central, se detuvo justo en el centro del vestíbulo para poder observar la avalancha matinal cuando se abriesen las puertas de manera oficial.

La sensación era que había mucho movimiento entre bambalinas —todo ese ajetreo que no podías ni oír ni ver pero que podías notar, como en un teatro segundos antes de que se alce el telón—, personas buscando su lugar y cosas colocadas de manera precisa antes de que empiece la acción. El reloj había dado la hora y las entradas de la biblioteca se habían abierto miles de veces desde 1859, el año en que se inauguró la primera biblioteca pública en Los Ángeles. Aun así, todos los días, en cuanto los guardias de seguridad anunciaban a voz en grito que la biblioteca estaba abierta, se notaba la expectación en el aire y daba la impresión de que algo significativo estaba a punto de ocurrir; la obra iba a empezar. En esa mañana en particular, Serena Terrazas echó un vistazo a su reloj de muñeca y miró al jefe de seguridad, David Aguirre, que también comprobó la hora. Entonces, Aguirre le dijo por radio al guardia de la entrada que permitiera el acceso a la gente. Después de unos segundos, el guardia se levantó de su taburete y abrió la otra hoja de la puerta, permitiendo que la densa luz matinal de California se colase por la entrada.

Una ráfaga de aire del exterior recorrió de arriba abajo el vestíbulo. Casi al instante, la gente empezó a entrar: los merodeadores, que habían salido corriendo desde sus puestos en el jardín, también los que estaban apoyados en las paredes y los despistados, y los grupos escolares, la gente de negocios y los padres y madres con carriolas que se fueron directamente hacia los cuentacuentos, y los estudiantes y los indigentes, que corrían hacia los baños y despúes trazaban una línea recta hasta la sala de computadoras, y los universitarios y los desocupados y los lectores y los curiosos y los aburridos. Todos en busca de *The Dictionary of Irish Artists* o *El héroe de las mil caras* o una biografía de Lincoln o la revista *Pizza Today* o *The Complete Book of Progressive Knitting* o fotografías de sandías en el valle de San Fernando tomadas en los años sesenta o *Harry Potter* —siempre *Harry Potter*— o cualquiera de los millones de libros, panfletos, mapas, bandas sonoras, periódicos e imágenes que la biblioteca atesora. Formaban una corriente humana, un torrente, y andaban a la caza de guías de nombres para bebés y biografías de Charles Parnell y mapas de Indiana y consejos de las bibliotecarias, porque lo que quieren es una novela romántica pero que no sea demasiado romántica. Van a la caza de información sobre impuestos y también de ayuda para aprender inglés y buscan películas y desean encontrar la historia de su familia. Se sientan en la biblioteca simplemente porque es un lugar agradable en el que sentarse, y, una vez allí, a veces hacen cosas que no tienen nada que ver con la propia biblioteca. Esa mañana en particular, en la sección de Ciencias Sociales, una mujer sentada a una de las mesas de lectura estaba cosiendo cuentas de colores en la manga de una blusa de algodón. En la sección de Historia, un hombre con traje de raya diplomática que no leía ni tampoco curioseaba, estaba sentado en uno de los cubículos de estudio y escondía una bolsa de Doritos bajo el borde de la mesa. Fingía toser cada vez que se metía en la boca uno de los nachos.

●　●　●

Yo crecí en las bibliotecas, o al menos esa es la impresión que tengo. Vivíamos en un suburbio de Cleveland, a pocas travesías de distancia de la biblioteca Bertram Woods Branch, con su fachada de obra vista, una de las sucursales de la red de bibliotecas públicas Shaker Heights. Acudía allí varias veces a la semana con mi madre. Empecé a ir siendo muy pequeña y no dejé de hacerlo a lo largo de toda mi infancia. Cuando íbamos a la biblioteca, mi madre y yo entrábamos juntas, pero nos separábamos en cuanto atravesábamos la puerta y nos dirigíamos cada una a nuestra sección favorita. Al cabo de un rato, volvíamos a juntarnos con nuestros respectivos hallazgos en el mostrador. Esperábamos juntas a que la bibliotecaria, al otro lado de su escritorio, extrajera la tarjeta y estampase la fecha correspondiente en la máquina; aquel sonoro *chanc-chanc*, como si fuese el puño de un gigante el que golpease la tarjeta, imprimiendo una fecha de vencimiento bajo toda una serie de fechas de vencimiento anteriores relativas a otras personas y a otro tiempo.

Nuestras visitas a la biblioteca nunca duraban todo lo que a mí me habría gustado. ¡Había tal abundancia en aquel lugar! Me encantaba rondar en medio de las estanterías, rebuscar en las columnas de libros hasta que algo atraía mi mirada. Esas visitas eran interludios de ensueño, sin contrapartidas, una promesa de que saldría de allí más rica de lo que había llegado. No era como ir a una tienda con mi madre, donde muy posiblemente nos enzarzaríamos en un tira y afloja entre lo que yo quería y lo que ella estaba dispuesta a comprarme, porque de la biblioteca podía sacar todo lo que quisiese. Después de pasar por el mostrador, me encantaba llegar al coche y apilar sobre mi regazo todos los libros que habíamos sacado, notar su solidez, su cálido peso, con sus forros de plástico transparente pegándose ligeramente a mis muslos. Era muy emocionante irte de allí con un montón de cosas por las que no habías tenido que pagar. ¡Era tan emocionante imaginar cómo sería leer todos esos nuevos libros! De camino a casa, mi madre y yo hablábamos del orden que seguiríamos a la hora de leerlos y calculábamos cuánto tiempo faltaba hasta su devolución. Se trataba de una conversación solemne en la que intentábamos fijar nuestros respectivos ritmos con los cuales recorrer ese fantástico periodo de gracia, si bien evanescente, que finalizaba el día en que teníamos que devolver los libros. Creíamos que todas las bibliotecarias de la biblioteca Bertram Woods eran guapas. Dedicábamos varios minutos a hablar sobre su belleza. Era en esos momentos cuando mi madre decía que, de haber podido escoger una profesión, cualquier profesión, habría elegido ser bibliotecaria. Nos sumíamos después en un creciente silencio dentro del coche mientras ambas reflexionábamos sobre lo maravilloso que podría haber llegado a ser algo así.

Cuando crecí, empecé a ir sola a la biblioteca, y me llevaba conmigo todos los libros que era capaz de cargar. De vez en cuando iba con mi madre y el viaje tenía el mismo encanto que cuando era pequeña. Incluso durante mi último año de bachillerato, en el que ya podía ir sola en el coche, mi madre y yo seguíamos yendo juntas de vez en cuando. El viaje se desarrollaba según los mismos parámetros que cuando era niña, según el mismo ritmo y con las mismas pausas y los mismos comentarios y ensoñaciones, siguiendo la misma cadencia ensimismada que tantas otras veces habíamos experimentado. Cuando hoy en día echo de menos a mi madre, ahora que ya no está, me gusta recordarla a mi lado, en el coche, en uno de aquellos magníficos viajes a Bertram Woods.

• • •

La biblioteca hizo grande a mi familia. Éramos una familia de lectores, pero del tipo de los que preferían sacar un ejemplar de la biblioteca más que de esas familias con estanterías llenas de libros. Mis padres valoraban los libros, pero habían crecido durante la Gran Depresión. Eran conscientes de la voluble naturaleza del dinero, aprendieron por las malas que no había razón alguna para comprar aquello que podíamos tomar prestado. Debido precisamente a ese sentido de la frugalidad, aunque tal vez no fuese por ese motivo, también creían que los libros se leían para disfrutar de la pura experiencia de leerlos. No tenía sentido leer con el fin de poseer un objeto al que buscarle un hueco y cuidar de él, como una especie de recordatorio del propósito por el cual lo habías obtenido. Leer libros era un viaje. Y no había necesidad alguna de adquirir *souvenirs* en dichos viajes.

Para cuando yo nací, la economía de mis padres era buena, así que aprendieron a derrochar moderadamente. Aun así, los efectos de la Gran Depresión se habían grabado a fuego con respecto a ciertas cuestiones relativas al gasto, entre las que se incluían no comprar libros que pudiéramos sacar fácilmente de la biblioteca. Las estanterías de nuestra casa, más bien poco nutridas, mostraban varias enciclopedias —un claro ejemplo de aquello que no podía tomarse prestado fácilmente de la biblioteca, pues se usaba con regularidad y en el momento— y un surtido aleatorio de libros que, por una u otra razón, mis padres habían decidido comprar. Entre ellos, unos cuantos inocentes manuales de los años sesenta sobre sexo (*Ideal Marriage: Its Physicology and Techniques* es uno de los que mejor recuerdo porque, obviamente, me ponía a leerlo en cuanto mis padres salían de casa). Doy por supuesto que mis padres compraron esos libros sobre sexo porque les habría incomodado mucho colocarlos sobre el mostrador de préstamos de la biblioteca. También había varias guías de viaje, algunos libros ilustrados grandes, unos pocos libros de leyes de mi padre y una docena de novelas que les habían regalado o que, por alguna razón, estaba justificado que poseyésemos.

Cuando me fui a la universidad, una de las muchas cosas que hice para diferenciarme de mis padres fue empezar a comprar libros como loca. Creo que me empujó a ello el empezar a comprar libros de texto. En cualquier caso, puedo decir que en aquella época dejé de apreciar el lento ritmo que implicaba ir a la biblioteca y tener los libros en préstamo durante un tiempo limitado. Quería tener mis libros conmigo, formar con ellos una especie de tótem. En cuanto tuve mi propio departamento, lo llené de estanterías y las abarroté de libros de tapa dura. Acudía a la biblioteca de la universidad para trabajar, pero lo cierto es que me convertí en una voraz compradora de libros. No podía entrar en una librería y salir de ella sin llevarme alguna cosa; o, más bien, varias cosas. Adoraba cómo olían esos libros nuevos, impecables: el fuerte aroma alcalino del papel y la tinta recientes, algo que no puede apreciarse nunca en los destartalados ejemplares de una biblioteca. Me encantaba el crujido del lomo sin estrenar y el modo en que casi podías sentir la humedad de las páginas nuevas, como si fuese la propia creación lo que las humedecía. A veces me preguntaba si el hecho de haber pasado mi infancia entre estanterías me había sumido en una especie de hechizo. Pero la razón realmente no me importaba. La verdad incuestionable era que me había convertido en una proselitista total y absoluta. A veces fantaseaba con la idea de tener una librería. Y cuando mi madre me decía que estaba apuntada en una lista de espera para algún libro de la biblioteca, yo me ponía nerviosa y le preguntaba por qué no se lo compraba.

Cuando acabé la carrera y dejé de investigar para mis artículos académicos entre las pilas de libros de la biblioteca Harold T. y Vivian B. Shapiro, con el recuerdo de aquellos maravillosos viajes a la biblioteca Bertram Woods definitivamente enterrado, empecé, por primera vez en mi vida, a preguntarme para qué servían las bibliotecas.

• • •

Podría haber recordado las bibliotecas de ese modo, supongo, y podría haber pasado el resto de mi vida pensando en ellas con un dejo de melancolía, del mismo modo en que pienso melancólicamente en, pongamos, mi parque infantil favorito de cuando era niña. Es posible que las bibliotecas se hayan convertido para mí en un recuerdo destacado más que en un lugar real, en un modo de rescatar la emoción de un momento relacionado con un tiempo remoto, algo que en mi mente tiene la etiqueta «madre» y «pasado». Pero, de repente, las bibliotecas reaparecieron en mi vida de manera inesperada. En 2011, mi marido aceptó un trabajo en Los Ángeles, así que dejamos Nueva York y nos encaminamos al Oeste. No conocía bien la ciudad, a pesar de que había pasado algo de tiempo en ella a lo largo de los años, ya fuese para visitar a mis primos o en la época que viví no muy lejos de allí. Cuando me convertí en escritora, pasé por Los Ángeles muchas veces por cuestiones de trabajo relacionadas con artículos para revistas o con algún libro. En esas visitas iba y venía de la playa, recorría los cañones, entraba y salía del Valle, subía y bajaba de las montañas, pero nunca me detuve a pensar en lo que era el centro de Los Ángeles; supongo que daba por hecho que se trataba de un paisaje acristalado de edificios de oficinas que quedaba abandonado todas las tardes a partir de las cinco. Pensaba en Los Ángeles como en una brillante dona cuyo contorno quedaba delimitado por el lechoso océano y las montañas dentadas, con un gran agujero en el medio. Nunca había ido a la biblioteca pública, nunca pensé en ninguna biblioteca estando allí, aunque estoy convencida de que daba por hecho que había bibliotecas públicas que probablemente conformaban una red y que probablemente en el centro debía de haber alguna de ellas.

Mi hijo estaba en primero de primaria cuando nos mudamos a California. Uno de sus primeros deberes consistió en entrevistar a alguien que tuviese un trabajo público. Le propuse que hablase con un basurero o con un agente de policía, pero él me dijo que quería entrevistar a una bibliotecaria. Como éramos nuevos en la ciudad, tuvimos que buscar la dirección de la biblioteca más cercana, que resultó ser la Biblioteca Pública Studio City de Los Ángeles. Esta se encontraba a poco más de un kilómetro de nuestra casa, más o menos la misma distancia que separaba la Bertram Woods de la casa de mi infancia.

Cuando mi hijo y yo nos encaminamos hacia la entrevista, me vi asaltada por una sensación de total familiaridad. Mis entrañas reconocieron la esencia de ese viaje: una madre y su hijo de camino a una biblioteca. Había hecho ese trayecto en muchas ocasiones, aunque ahora había variado su sentido, porque yo era la madre que llevaba a su hijo de la mano. Estacionamos el coche y mi hijo y yo caminamos hacia la biblioteca por primera vez. El edificio era blanco y moderno, con el tejado en forma de seta color verde menta. Exteriormente, no se parecía en nada a la fachada de la Bertram Woods, que era de ladrillo; pero cuando entramos, un relámpago de reconocimiento me golpeó con tal fuerza que me dejó sin aliento. Habían pasado décadas y yo vivía ahora a cuatro mil kilómetros de allí, pero me sentí como si me hubiesen teletransportado a aquel tiempo y aquel lugar, de vuelta a lo que suponía para mí entrar en la biblioteca junto con mi madre. Nada había cambiado: el mismo suave rumor de los lápices rasgando el papel, el murmullo apenas audible de los lectores en las mesas del centro de la sala, el crujir de las tarjetas de los libros y el esporádico ruido sordo de un libro dejado sobre una mesa. El mostrador de madera lleno de hendiduras, los escritorios de las bibliotecarias, grandes como barcas, y el tablón de anuncios con sus andrajosas noticias ondulantes. Todo estaba igual. La sensación de que allí se estaba llevando a cabo un trabajo amable, tranquilo, como de agua hirviendo, también era la misma. Los libros en los estantes, junto a los que salían y los que llegaban, obviamente también coincidían.

No era como si el tiempo se hubiese detenido en la biblioteca. Era más bien como si el tiempo hubiese quedado atrapado allí, acumulado de algún modo, en todas las bibliotecas; no solo mi tiempo, mi vida, sino el tiempo humano completo. En la biblioteca, el tiempo queda contenido por un dique, no para detenerlo, sino para protegerlo. La biblioteca es una reserva de narraciones y también una reserva para toda la gente que viene aquí a buscarlas. Es donde podemos entrever la inmortalidad. En la biblioteca podemos vivir para siempre.

. . .

De ese modo comprobé cómo se renovaba el embrujo con el que las bibliotecas me habían cautivado años atrás. Es posible que, en realidad, dicho embrujo no se hubiera esfumado nunca del todo, pero me había alejado tanto de él que volver a una biblioteca fue como regresar a un país que amaba pero que había olvidado a medida que mi vida se iba acelerando. Sabía qué entraña desear un libro y comprarlo, pero había olvidado la sensación de rondar sin prisa entre las estanterías de la biblioteca, encontrar el libro que andaba buscando, pero también descubrir a sus vecinos, apreciar su peculiar concordancia y seguir la senda de una idea que parecía vincular unos libros con otros, como sucedía con el juego del teléfono. Podía empezar por el número 301.4129781 del sistema Dewey de clasificación —*Pioneer Women*, de Joanna L. Stratton— y a pocos centímetros de distancia encontrarme con el 306.7662 —*Gaydar*, de Donald F. Reuter—, luego pasar al 301.45096 —*Los sueños de mi padre*, de Barack Obama— y finalmente llegar al 301.55 —*Los hombres que miraban fijamente a las cabras*, de Jon Ronson—. En los estantes de una biblioteca los pensamientos avanzan de un modo lógico pero también sorprendente, misterioso e irresistible.

Poco después de que mi hijo entrevistase a la bibliotecaria, conocí a un hombre llamado Ken Brecher que dirigía la Fundación para las Bibliotecas de Los Ángeles, una organización sin ánimo de lucro que protegía los derechos de las bibliotecas públicas y recaudaba dinero para nuevos programas y servicios. Brecher se ofreció a enseñarme la Biblioteca Central. De ahí que, días más tarde, condujese hasta el centro de la ciudad para encontrarme con él. Desde la autopista pude ver la aglomeración de los oscuros rascacielos que rodeaban la biblioteca en el centro de la ciudad. No había llovido durante el verano ni tampoco en otoño. El territorio que me rodeaba era brillante y descolorido y maldito, con un aire ceniciento. Incluso las palmeras parecían carecer de color y los rojizos tejados estaban blanqueados, como si los hubiesen espolvoreado con azúcar.

Me sentía una recién llegada, la increíble amplitud de Los Ángeles seguía asombrándome. Me daba la impresión de que podría haber conducido sin parar y aun así la ciudad habría seguido desplegándose ante mí, casi como si su mapa se desenrollase a medida que conducía, como si no se tratase de una verdadera ciudad que tenía un principio y un final en algún punto específico. En Los Ángeles, tu mirada busca siempre un límite y jamás lo encuentra, porque no existe. La amplitud y abertura de Los Ángeles es un poco embriagadora, pero también puede resultar inquietante; es un lugar que no genera cercanía, un lugar en el que puedes imaginarte dando volteretas en el vacío, un rincón con gravedad cero. Había pasado los cinco años anteriores viviendo en el valle del Hudson de Nueva York, así que estaba acostumbrada a toparme con un cerro o con un río tras cada curva y a centrar la vista en algún objeto que apareciese en primer plano: un árbol, una casa, una vaca. Y durante los veinte años previos había vivido en Manhattan, donde te queda claro como el agua cuándo estás dentro y cuándo estás fuera de la ciudad.

•••

Esperaba que la Biblioteca Central se pareciese a las grandes bibliotecas que mejor conocía. La Biblioteca Pública de Nueva York o la Biblioteca Pública de Cleveland son edificios serios, con grandes entradas marcadas por un aura severa, casi religiosa. La Biblioteca Central de Los Ángeles, por el contrario, parecía un edificio hecho con bloques de un juego de construcción para niños. El edificio —color beige, con ventanas negras incrustadas y toda una serie de pequeñas puertas de entrada— es una fantasía de ángulos rectos y recovecos y planos a diferentes alturas y terrazas y balcones que ascienden hasta culminar en una pirámide central revestida con azulejos de colores coronada por una escultura de bronce de una mano humana sosteniendo una antorcha. Es un edificio que tiene la capacidad de parecer a un tiempo antiguo y moderno. A medida que me aproximaba, la sencilla estructura en forma de bloques del edificio iba convirtiéndose en un catálogo de figuras de piedra en bajorrelieve en cada una de las paredes. Allí estaban Virgilio y Leonardo y Platón. Manadas de bisontes y caballos al galope. Rayos de sol y caracoles marinos. Arqueros y pastores e impresores y eruditos. Pergaminos y coronas de flores y olas. También había sentencias filosóficas en inglés y en latín grabadas en toda la fachada como si fuesen cintas de teletipo. Comparada con las mudas torres que la rodeaban, la biblioteca parecía más una declaración de intenciones que un edificio.

La rodeé, leyendo mientras caminaba. Sócrates, con sus ojos fríos y su rostro pétreo, me miró al pasar. Seguí a un ajetreado grupo de visitantes hasta el centro de la planta baja y después proseguí dejando atrás el trajín y el bullicio del vestíbulo circular y subí por una escalera que me llevó hasta una gran sala de planta circular. No había nadie. Me quedé allí durante un momento, grabándola en mi mente. La sala era uno de esos infrecuentes lugares presididos por una suerte de atmósfera sagrada, regido por un silencio tan denso y profundo que te hacía sentir como si estuvieses sumergida bajo el agua. Todo lo que había allí resultaba excesivo, abrumador, portentoso. Las paredes estaban cubiertas con enormes murales que mostraban a nativos americanos y sacerdotes y soldados y colonos, pintados con desgastados tonos malva, azules y dorados. El suelo era de brillante mármol travertino, en forma de cenefa ajedrezada. El techo y las arcadas estaban alicatados en color rojo, azul y ocre. Al centro de la sala colgaba un gigantesco candelabro, una pesada cadena sostenía un luminoso globo terráqueo de cristal azul decorado con los doce signos del zodiaco.

Crucé la sala y me dirigí hacia la imponente escultura conocida como la Estatua de la Civilización: una mujer de mármol con finos rasgos y una postura perfecta, que sostiene un tridente con su mano izquierda. Estaba tan impresionada por la belleza de la biblioteca que, cuando llegó Brecher para enseñármela, no dejé de parlotear como si se tratase de una primera cita. Brecher es delgado como un lápiz y sus ojos centellean, tiene el pelo absolutamente blanco y una risa abrupta que parece un ladrido. Me empezó a hablar de cada detalle, de cada escultura, de cada una de las inscripciones que había en las paredes. También me contó cómo había llegado a la biblioteca, una biografía que incluía los periodos de tiempo que vivió con una tribu preliteraria de indígenas en la Amazonia Central y también el trabajo que realizó para el Instituto Sundance. Daba la impresión de que todo lo que me contaba sobre la biblioteca le resultaba fascinante. Entre su energía y mi entusiasmo componíamos, sin lugar a dudas, una pareja muy alegre. Nos desplazábamos muy lentamente, deteniéndonos tras unos pocos pasos para examinar alguna de las características del edificio o para echarle un vistazo a otro estante lleno de libros, o para comentarme algo sobre alguna persona importante vinculada a ese lugar. Todo lo relacionado con la biblioteca encerraba una historia: el arquitecto, el muralista, todas las personas que habían trabajado o que habían donado dinero durante décadas, muchos de ellos muertos hacía ya muchos años aunque algunos todavía presentes, reconocidos en las diferentes alas del edificio; una parte perdurable de su historia.

Por último, llegamos al Departamento de Ficción y nos detuvimos cerca de la primera hilera de estanterías. Brecher mantuvo silencio durante unos segundos y se fue en busca de uno de los libros, lo abrió, se lo acercó a la cara e inhaló profundamente. Nunca antes había visto a nadie oler un libro de ese modo. Brecher inhaló varias veces más, después lo cerró de golpe y volvió a colocarlo en su sitio.

—En algunos de estos libros todavía puedes oler el humo —dijo casi para sí mismo.

No estaba muy segura de qué había querido decir, así que le pregunté:

—¿Huelen a humo porque la biblioteca dejaba que los usuarios fumasen?

—¡No! —dijo Brecher—. ¡Huelen a humo por el incendio!

—¿El incendio?

—¡El incendio!

—¿El incendio? ¿Qué incendio?

—El incendio —dijo—. El gran incendio. El que obligó a cerrar la biblioteca.

•••

Cuando ardió la biblioteca, el 29 de abril de 1986, yo vivía en Nueva York. A pesar de que mi historia de amor con las bibliotecas todavía no había recibido ese nuevo influjo, me interesaban mucho los libros, y estoy segura de que me habría enterado de cualquier noticia sobre un gran incendio en una biblioteca, donde quiera que esta hubiese estado. El incendio de la Biblioteca Central no fue un asunto de escasa importancia, no fue como si un cigarro hubiese prendido un contenedor de basura y nadie hubiese dicho nada. Fue un incendio gigantesco y furibundo que ardió durante más de siete horas y que alcanzó temperaturas que rondaron los mil grados centígrados; fue tan brutal que acudieron a sofocarlo prácticamente todos los bomberos de Los Ángeles. Más de un millón de libros ardieron o resultaron dañados. No podía entender cómo era posible que no hubiese tenido noticia de un acontecimiento de semejante magnitud, especialmente de algo relacionado con libros, a pesar de vivir al otro lado del país cuando tuvo lugar.

Al regresar a casa después de la visita a la biblioteca con Brecher, estuve echándole un vistazo a la edición de *The New York Times* del 29 de abril de 1986. El incendio había comenzado a media mañana, hora del Pacífico, que debía coincidir con las primeras horas de la tarde en Nueva York. A esas alturas, el *Times* de aquel día ya habría salido a la venta. Las historias de portada trataban los temas habituales, incluían el aplazamiento del juicio al mafioso John Gotti, una advertencia del senador Bob Dole respecto a que el presupuesto federal estaba en peligro y una fotografía del presidente Reagan y su esposa Nancy saludando con la mano antes de embarcarse en un viaje a Indonesia. En la parte derecha de la portada, encima de una columna sencilla, podía leerse el siguiente titular: «Los soviéticos declaran haber sufrido un accidente en una central nuclear / Han reconocido el percance después de que los niveles de radiación se dispararon en Escandinavia». Al día siguiente, el titular de dicha historia creció hasta alcanzar niveles de pánico, pues anunciaba: «Los soviéticos, tras informar del "desastre" atómico, buscan ayuda fuera del país para sofocar el fuego en el reactor». Y la noticia ya se daba desde Moscú, URSS. También publicaba un especial de tres páginas que empezaba así: «Desastre nuclear: una nube que crece y una petición de ayuda». Un día después, el terror provocado por el accidente en la central nuclear de Chernóbil desencadenó el que llegó a ser el día de pérdidas más cuantiosas en la historia del mercado de valores de Estados Unidos.

Finalmente, *The New York Times* habló del suceso de la Biblioteca Central de Los Ángeles el 30 de abril, en un texto que apareció en la página A14. La nota daba cuenta de los detalles básicos: mencionaba que veintidós personas habían resultado heridas por el fuego y que todavía se desconocía la causa del incendio. Otra breve nota aportaba unos pocos detalles más sobre el incendio, e incluía entrevistas con algunos residentes de Los Ángeles que especulaban sobre qué supondría que la biblioteca cerrase de manera indefinida. A lo largo de esa semana no hubo más noticias al respecto en *The New York Times*. El mayor incendio en una biblioteca de Estados Unidos había quedado eclipsado por el accidente nuclear de Chernóbil. Los libros ardieron mientras la mayoría de nosotros nos preguntábamos si estaríamos a punto de ser testigos del fin del mundo.

El incendio como podía verse desde la calle Quinta

2.

Fire!: 38 Lifesaving Tips for You and Your Family (1995)
Gibbons, James J.
614.84 G441

Fire Behavior and Sprinklers (1964)
Thompson, Norman K.
614.844 T474

Fire: Friend or Foe (1998)
Patent, Dorothy Hinshaw
X 634 P295-2

Fire! The Library is Burning (1988)
Cytron, Barry D.
X614 C997

El 28 de abril de 1986 fue un día particularmente cálido en Los Ángeles. En lugar del habitual sedoso tintineo de la primavera, aquel fue un día más bien plomizo y deprimente. Pero a la mañana siguiente, la del 29 de abril, el bochorno desapareció. El aire era fresco. El cielo era de un azul radiante.

Aquel había sido un año extraño, triste. La sensación comenzó en enero, cuando la nave espacial *Challenger* explotó, acabando con las vidas de una tripulación formada por siete astronautas. La semana del 28 de abril gozó de su propio puñado de malas noticias. Un terremoto azotó el centro de México. Se declararon incendios en varias prisiones de Gran Bretaña y escaparon de ellas un montón de reclusos. Estados Unidos y Libia estaban al borde del conflicto. Más cerca de la biblioteca, un buldócer, en una obra en Carson, California, había roto uno de los conductos del alcantarillado y había provocado el vertido de aguas residuales en el río Los Ángeles.

El 29 de abril la Biblioteca Central abrió sus puertas, como era habitual, a las diez de la mañana, y en cuestión de minutos la actividad era frenética. Unos doscientos empleados estaban ya preparados en todo el edificio, desde los muelles de carga hasta los pilares, pasando por los mostradores de préstamos. Glen Creason, un bibliotecario que llevaba trabajando en la Central desde 1979, estaba sentado tras su escritorio en el Departamento de Historia. Sylva Manoogian, encargada de la sección Lenguas del Mundo, acababa de comprarse un coche nuevo y lo había estacionado con especial cuidado en el estacionamiento de la biblioteca antes de empezar su turno. En el interior había unos doscientos usuarios, rebuscando en las estanterías o sentados en las mesas de lectura. Cuatro docentes se hacían cargo de un numeroso y risueño grupo de niños que estaban visitando la biblioteca. Elizabeth Teoman, la bibliotecaria jefa de la Central, estaba en su despacho con Norman Pfeiffer, un arquitecto de Nueva York al que habían contratado para remodelar y ampliar el edificio. A Pfeiffer lo había elegido una comisión. Le encantaba el edificio Goodhue —«La primera vez que lo vi pensé que había muerto y había llegado al cielo», me dijo— y estaba ansioso por empezar los trabajos de restauración y de creación de la nueva ala. El plan de construcción había sido el resultado de casi veinte años de discusiones sobre qué hacer con la Biblioteca Central, que ya tenía sesenta años, estaba deteriorada y resultaba demasiado pequeña para las necesidades de la ciudad. Los dibujos de Pfeiffer estaban desplegados sobre el escritorio de Teoman. Dejó su saco, con las llaves del hotel y las del coche de alquiler en los bolsillos, sobre una silla en la parte de atrás de la habitación.

Por aquel entonces, las medidas de prevención contra incendios de la biblioteca consistían en detectores de humo y extintores manuales. No había rociadores automáticos. La Asociación de Bibliotecas de Estados Unidos —American Library Association—, conocida de manera informal como ALA, siempre se había mostrado contraria a los rociadores automáticos, porque el daño causado por el agua podría incluso ser peor para los libros que el provocado por el fuego. En 1986, sin embargo, la ALA cambió de parecer y empezó a aconsejar a las bibliotecas que instalasen rociadores automáticos. Esa mañana, de hecho, en el pasillo que llevaba al despacho de Teoman, un colega de Pfeiffer, Steven Johnson, estaba reunido con los representantes del Departamento de Bomberos para decidir cómo colocar discretamente los rociadores automáticos en las salas históricas de la biblioteca. La biblioteca se construyó mucho antes de la aparición de las puertas cortafuegos que ahora se instalan de manera habitual en todos los edificios de gran tamaño, porque impiden el avance del fuego de una sección a otra. Las puertas cortafuegos son tan efectivas que todos los edificios nuevos las tienen, e incluso en los viejos las actualizan; en algunos estados incluso se exige su instalación por ley. Desde hacía cinco años, el presupuesto de la biblioteca incluía los posibles gastos de instalación de dichas puertas, pero por alguna razón lo habían ido dejando de lado. Ese mismo día, curiosamente, los trabajadores andaban por allí con la intención de cambiarlas.

Durante años, la biblioteca había recibido múltiples avisos por incumplimiento de la normativa contraincendios. En ese momento en particular, veinte de dichas infracciones de seguridad esperaban ser solventadas. La mayoría de ellas tenían un carácter «operativo» e incluían salidas bloqueadas, bombillas expuestas sin protección, cables eléctricos deshilachados, así como la carencia de puertas cortafuegos, además de problemas estructurales del propio edificio. El departamento de bomberos llamaba la atención constantemente sobre nuevas infracciones. Un buen número de conservacionistas arquitectónicos sospechaban que se exageraban las citadas infracciones en busca de argumentos que permitiesen demoler el edificio y construir uno nuevo en otro lugar. Incluso, aunque los conservacionistas hubiesen tenido razón, los problemas del edificio eran reales. Veinte años atrás, en 1967, un informe del departamento de bomberos había indicado que las probabilidades de que se produjese un incendio de gran alcance eran «muy altas». Unos pocos años antes, en *Los Angeles Times* habían definido la biblioteca como «parte templo, parte catedral y parte peligro de incendio». Cuando Elizabeth Teoman estudiaba en la Facultad de Biblioteconomía, había escrito un trabajo resumiendo los problemas del edificio, indicando que la biblioteca estaba saturada, pero que la elevada cantidad de amenazas asociadas a la seguridad o a un posible incendio resultaban incluso más preocupantes. Le pusieron un excelente por ese trabajo.

En una biblioteca hay cosas que entran y salen en todo momento, así que resulta imposible saber qué contiene en su interior con total precisión en un día en concreto. En 1986, las compañías aseguradoras habían valorado el contenido de la Biblioteca Central en unos sesenta y nueve millones de dólares aproximadamente. La estimación incluía al menos dos millones de libros, manuscritos, mapas, revistas, periódicos, atlas y discos; cuatro mil documentales; registros del censo que se remontaban hasta 1790; programas teatrales de todas y cada una de las obras producidas en Los Ángeles desde 1880, y directorios telefónicos de todas las ciudades de Estados Unidos con una población superior a diez mil habitantes. Disponía de la mejor colección de libros sobre el caucho, donados en 1935 por el señor Harry Pearson, una reconocida autoridad en la materia. Tenía uno de los ejemplares Folio de las obras de Shakespeare, doscientas cincuenta mil fotografías de Los Ángeles fechadas desde 1850, manuales de reparación de automóviles de todos los modelos existentes a partir del Ford T, cinco mil muñecas tradicionales de todo el mundo, la única colección comprensible sobre patentes de la mitad occidental de Estados Unidos y veintiún mil libros sobre deportes. Albergaba la mayor colección de libros sobre alimentación y cocina de todo el país: doce mil volúmenes, entre los que había tres mil de cocina francesa, treinta sobre naranjas y limones, y seis guías para cocinar con insectos, incluida la clásica *Butterflies in My Stomach*.

• • •

Pocos minutos antes de las once de la mañana del 29 de abril, un detector de humo de la biblioteca se disparó. Desde la conmutadora de la biblioteca, llamaron a los bomberos diciendo: «Sonó una alarma en la Biblioteca Central». Los guardias de seguridad se desplegaron por todo el edificio y pidieron a los usuarios que desalojaran la biblioteca. Nadie se dejó llevar por el pánico. Las alarmas de incendio se disparaban constantemente por todo tipo de razones, ya fuese por un cigarro que había caído en un basurero, la amenaza de bomba de algún chiflado y, lo que era más habitual, la propensión del sistema de alarma —sin ninguna razón aparente más que por ser viejo e irritable— a incomprensibles espasmos de hiperactividad. Para el personal y los usuarios habituales, la alarma de incendio había acabado teniendo la misma validez a la hora de llamar la atención que la bocina de un payaso. Guardar sus cosas y salir del edificio resultaba tan tedioso que algunos de los bibliotecarios tenían la tentación de esconderse en sus despachos y esperar a que la situación se aclarase. Muchos de ellos dejaban sus pertenencias atrás cuando las alarmas los obligaban a salir del edificio, pues daban por hecho que regresarían enseguida.

Cuando saltó la alarma, Norman Pfeiffer empezó a recoger sus dibujos y agarró su saco, pero Teoman le dijo que no se preocupase, que sin duda se trataba de una interrupción momentánea. Algunos de los usuarios habituales tampoco se preocuparon por tomar sus cosas cuando salieron de allí. Esa mañana, una agente inmobiliaria llamada Mary Ludwig se encontraba en el Departamento de Historia llevando a cabo una investigación genealógica. Acababa de descubrir que estaba emparentada con un hombre de

Vermont llamado Hog Howard cuando se disparó la alarma. En lugar de reunir todo el material, lo dejó sobre la mesa de lectura, junto a su portafolio, que contenía las notas de dos años de trabajo, y se dirigió hacia la salida.

Los usuarios y el personal fueron abandonando el edificio sin apresurarse ni causar problemas. La única persona que declaró algo extraño fue una anciana que aseguró a los investigadores que un joven de pelo rubio con un fino bigote la había arrollado al salir corriendo. Dijo que parecía nervioso, pero aun así se detuvo para ayudarla a ponerse en pie antes de salir apresuradamente por la puerta.

El edificio quedó vacío en ocho minutos, y tanto los usuarios como el personal, un total de cuatrocientas personas, se reunieron en la banqueta frente a la puerta. El sol ascendía en el cielo y el pavimento estaba caliente. Unos cuantos bibliotecarios aprovecharon la ocasión para fumarse un Chesterfield, la marca de cigarros que imperaba entre el personal. Sylva Manoogian decidió pasar el rato en el estacionamiento, para poder echarle un ojo a su coche nuevo. Helene Mochedlover, bibliotecaria en la sección de Literatura, tan entregada a su trabajo que le gustaba decir que la dejaron en las escaleras de la biblioteca siendo un bebé, estaba charlando con Manoogian mientras admiraban el coche. Todos observaron con un interés muy relativo la llegada del camión de bomberos y cómo el equipo entraba en el edificio por la calle Quinta. Las visitas de los bomberos a la Biblioteca Central eran tan breves como frecuentes. Habitualmente, los bomberos solían echar un vistazo y apagar la alarma en cuestión de minutos. La Compañía 10 —EC10, según la jerga del departamento— llevó a cabo la comprobación inicial, y uno de los bomberos comunicó por radio a su jefe que no había «nada visible»; en otras palabras, se trataba de una falsa alarma. Uno de los bomberos bajó al sótano para apagar el sistema de alarma, pero no le resultó posible reiniciarlo: la señal de detección de humos persistía. El bombero dio por hecho que se trataba de un error de funcionamiento, pero, para asegurarse, el equipo decidió volver a echar un vistazo.

Los bomberos no disponían de un plano del edificio, de sus serpenteantes pasillos y escaleras, así que solo pudieron ir avanzando sin más. La biblioteca estaba organizada alrededor de cuatro «torres», un método de almacenamiento bibliotecario inventado en 1893 para la Biblioteca del Congreso. Dichas torres, en el caso de la Central, eran compartimentos estrechos, independientes —en esencia, grandes tubos de concreto—, que iban desde el sótano hasta el techo de la segunda planta. Cada una de estas torres estaba dividida en siete gradas formadas por estanterías de rejilla de acero. Las aperturas de los estantes permitían que el aire circulase hacia arriba y alrededor de los libros, lo cual se consideraba beneficioso.

Para los seres humanos, sin embargo, las torres no resultaban apropiadas. Eran incómodas y parecían tumbas, opresivas como chimeneas. Sus muros eran de concreto macizo. Cada una de las gradas tenía una altura inferior a la de un piso, así que desplazarse entre ellas obligaba a agacharse constantemente. El antiguo cableado eléctrico no toleraba focos de más de cuarenta watts, por lo que las gradas estaban sumidas en una perpetua penumbra. Algunos de los bibliotecarios de la Central utilizaban una versión casera de los cascos de los mineros —una especie de casco con una linterna enganchada en el ala— cuando iban en busca de libros a alguna de las gradas. Encontrar cualquier cosa suponía un reto que iba más allá de la carencia de luz. La biblioteca había sido construida para acomodar un millón de libros. Pero, a esas alturas, la colección incluía más de dos millones, así que los ejemplares se apilaban en el hueco de las escaleras, así como en las rendijas y esquinas, y rellenaban cualquier espacio que quedase entre los estantes.

La Compañía 9, EC9, también respondió a la alarma inicial y se estacionó junto a la parte del edificio que daba a la calle Hope. Mientras esperaban a que les comunicasen que el edificio estaba bien y que por fin habían podido apagar la alarma, uno de los miembros de la EC9 alzó la vista y se percató de una ligera columna de humo que parecía filtrarse por el extremo más al este del tejado. En ese mismo momento, los bomberos de la EC10, dentro del edificio, llegaron hasta la torre del Departamento de Ficción, en el cuadrante nordeste del edificio. Apreciaron un hilo de humo entre el estante de libros que empezaba con una novela de Robert Coover y finalizaba con una de John Fowles. El humo empezó a subir formando una espiral, colándose entre las aberturas de los estantes como si se tratase de un fantasma. Los bomberos intentaron comunicar el avistamiento del humo por radio al puesto de mando, pero los muros de concreto de un metro de grosor de las torres bloquearon la señal de radio. Finalmente, uno de los bomberos salió trepando por una de las torres y dio con un teléfono en la sala de lectura que usó para llamar al puesto de mando y transmitir lo que habían encontrado.

En un primer momento, el humo en la torre de Ficción era tan pálido como la piel de una cebolla, pero después se oscureció hasta adquirir la grisura de una paloma. Al poco se hizo negro. Crecía alrededor de la sección de Ficción, concretamente de la letra A a la L, moviéndose perezosamente formando rizos. Las suaves nubes subían y bajaban e iban de un lado a otro por entre los estantes como si fuesen carros chocones. De repente, unas llamas afiladas como cuchillos atravesaron el humo y empezaron a ascender. Aparecieron más llamas. Aumentó el calor. La temperatura alcanzó los 230° y los libros empezaron a arder. Las cubiertas estallaban como si fuesen palomitas. Las páginas se retorcían y se ponían negras y después salían disparadas de sus encuadernaciones, formando una resma de restos de hollín que se elevaba con la corriente de aire ascendente. El fuego atravesó la sección de Ficción consumiendo todo a su paso. Llegó a los libros de cocina. Los libros de cocina se asaron. El fuego alcanzó la sexta grada y después la séptima. Todos los ejemplares con los que se topaba se abrían con las llamas. En la séptima grada, el fuego alcanzó el techo de concreto, dio media vuelta y descendió multiplicado contra la sexta grada. Se expandió en busca de aire y combustible. Las páginas y las cubiertas de los libros y los microfilmes y las revistas se arrugaban y desaparecían. En la sexta grada, las llamas se apelotonaron contra los muros de las torres y decidieron desplazarse lateralmente. El fuego recorrió las estanterías de la grada seis y después buscó una salida hasta encontrar la pasarela que conectaba la torre noreste con la noroeste. Alcanzó la pasarela y se apresuró hasta llegar a la colección de patentes almacenadas en la pila noroeste. Agarró con fuerza los voluminosos boletines oficiales de patentes. Eran tan gruesos que se resistieron a arder, pero el calor los condensó hasta que empezaron a humear, se acampanaron, crepitaron y se desmaterializaron. Pequeños canales de aire llenaban el vacío creado por el fuego. El aire caliente saturaba los muros. El suelo empezó a agrietarse: se dibujó una tela de araña de hendiduras calientes. Las vigas del techo empezaron a astillarse, lanzando a toda velocidad fragmentos de concreto en todas direcciones. La temperatura alcanzó los 480° y los estantes de acero de las torres pasaron de ser grises a blancos, como si algo los iluminase desde su interior. Al poco, centelleando, casi fundidos, adquirieron una tonalidad rojiza como las cerezas. Entonces se retorcieron y se desplomaron, lanzando al fuego los libros con los que cargaban.

Las dos compañías de bomberos que estaban dentro del edificio conectaron sus equipos a los hidrantes y se encaminaron hacia las torres, pero las más gruesas de sus mangueras, hinchadas y rígidas debido al agua, no podían adaptarse a los giros cerrados de las estrechas escaleras. Dean Cathey, uno de los capitanes de servicio, recordaba cómo tiraban de las mangueras y no podían hacerlas avanzar. Los bomberos se hicieron con unas mangueras más pequeñas, más ligeras. El chorro de agua que despedían estas últimas chisporroteaba y se evaporaba contra las llamas. En las torres, con las aberturas en los estantes, el fuego ascendía al tiempo que el agua corría hacia abajo. Los bomberos lanzaron coberturas de salvamento sobre los estantes, con la intención de proteger los libros de la furia del fuego y el agua.

Uno de los líderes de compañía, Donald Cate, avisó al ayuntamiento y al jefe del departamento, Donald Manning, de lo que estaba ocurriendo en la biblioteca. La EC9 y la EC10 se estaban viendo desbordadas. Se alertó a todas las compañías de la ciudad. A las once y media de la mañana, ocho oficiales y veintidós compañías de bomberos totalmente equipadas y con bombonas de oxígeno se reunieron en la confluencia de las calles Quinta y Flower. Una ambulancia se estacionó en la calle Hope. Cuando comprobaron que el incendio era demasiado grande incluso para ese equipo más extenso, Cate pidió más ayuda. En cosa de una hora, el contingente se amplió hasta alcanzar sesenta compañías de bomberos, nueve ambulancias, tres helicópteros, dos unidades aéreas de emergencias, trescientos cincuenta bomberos y una unidad de investigación de incendios intencionados; en total, más de la mitad del departamento de bomberos completo de toda la ciudad de Los Ángeles. Donald Manning llegó a la biblioteca. Le preocupaba que se produjese un incendio importante en otra parte de la ciudad y sorprendiera al departamento con escasez de efectivos, así que pidió a los del departamento de bomberos del condado que se hiciesen cargo de las llamadas relacionadas con la ciudad mientras seguía activo el incendio de la biblioteca. A esas alturas, el fuego crecía a su antojo, extendiéndose como si fuese tinta. El portavoz del Departamento de Bomberos, Tony DiDomenico, observaba desde la banqueta de la calle Quinta. Su voz transmitió preocupación al hablar con uno de los periodistas presentes: «Una vez que el fuego tomó la primera torre, fue como decir: "Adiós, muy buenas"».

• • •

En los procesos físicos relacionados con el fuego existe un fenómeno químico conocido como las condiciones estequiométricas, que es el punto en el que el fuego consigue la proporción perfecta entre oxígeno y combustible para arder; en otras palabras, cuando hay oxígeno suficiente para que el fuego consuma todo lo que está quemando. Dicha proporción crea una situación ideal para el fuego, que da como resultado una combustión total, perfecta. Es prácticamente imposible que las condiciones estequiométricas tengan lugar fuera de un laboratorio. Requiere de un equilibrio tan escurridizo, tan preciso entre combustible y fuego y oxígeno que, en cierto sentido, es algo más teórico que real. Muchos bomberos no han visto nunca semejantes llamas y nunca las verán. No hace mucho tiempo me tomé un café con un hombre llamado Ron Hamel. En la actualidad es un investigador de incendios intencionados, pero en la época del incendio de la biblioteca Hamel era uno de los capitanes del Departamento de Bomberos. Aunque han pasado más de treinta años, todavía le sorprende rememorar lo que vio aquel día. Habla de ello como uno podría hacerlo si hubiese visto un ovni. En los años que pasó en el departamento, Hamel se enfrentó a miles de incendios, pero me dijo que nunca había experimentado algo tan excepcional como lo que ocurrió en la Biblioteca Central. Por lo general, el fuego es rojo y naranja y amarillo y negro. El fuego en el incendio de la biblioteca no tenía color. Podías mirar directamente y ver lo que ocurría al otro lado, como si se tratase de una pantalla de vidrio. Cuando una llama no tiene color, en realidad es de un azul pálido. Está tan caliente que parece hielo. Hamel me dijo que se sintió como si estuviese en el interior de la forja de un herrero. «Nos dio la impresión de que estábamos observando las entrañas del infierno —me dijo repiqueteando en su taza de café—. Es prácticamente imposible que se produzca una combustión tan completa, pero en ese caso fue así. Era algo surreal». Frank Borden, que ahora dirige el Museo del Departamento de Bomberos de Los Ángeles, me dijo en una ocasión: «En la carrera de todo bombero hay algunos incendios extraordinarios que no puedes olvidar. Ese fue uno de ellos».

● ● ●

La gente que estaba en las banquetas que rodean la biblioteca vio cómo se apresuraban los equipos de bomberos y entonces pudo ver el humo. El aburrimiento propio de las falsas alarmas se vio eclipsado por la conmoción. Michael Leonard, que trabajaba en el Departamento de Relaciones Públicas de la biblioteca, fue corriendo a una tienda de fotografía que había cerca de allí y le dijo a la persona que atendía que necesitaba todos los rollos de película que tuviera. De vuelta en la biblioteca, tomó fotografías del edificio y de las columnas de humo que salían de las ventanas superiores, pero no fue capaz de fotografiar a los bibliotecarios que observaban el incendio angustiados. Algunos y algunas de ellos lloraban. Sylva Manoogian me explicó que podía notar en el aire el empalagoso olor de los microfilmes al arder. Me dijo que, mientras estaba observando cómo ardía el edificio, una página chamuscada llegó flotando en el aire hasta la banqueta: pertenecía a un libro titulado *God is Judging You* —«Dios te está juzgando»—. Norman Pfeiffer, el arquitecto, aterrorizado ante la posibilidad de que el edificio ardiera por completo, volteó hacia Elizabeth Teoman y le dijo: «Esta iba a ser la mayor oportunidad de mi carrera y ahora va a desaparecer con el incendio». Varios miembros del Comisionado de la Junta de Bomberos llegaron después de haber oído sobre el incendio en las noticias y se quedaron junto a los transeúntes en la banqueta. La multinacional petrolera ARCO tenía su sede central en el rascacielos que estaba al otro lado de la calle; cuando los empleados vieron lo que estaba ocurriendo, muchos de ellos bajaron para ver si podían echar una mano. Lodwrick Cook, presidente de ARCO, había dado su apoyo para la renovación del viejo edificio. En cuanto vio que la calle se llenaba de camiones de bomberos, pidió que trajesen café y comida del hotel Bonaventure para los bomberos y para todos los que estuviesen por allí.

Wyman Jones no se encontraba en la Biblioteca Central esa mañana. Jones estaba al cargo de las setenta y tres bibliotecas de la ciudad, incluida la Central; su título era bibliotecario de la ciudad de Los Ángeles y su despacho estaba en el cuarto piso del edificio Goodhue. Esa mañana había acudido a una de las bibliotecas de Hollywood para asistir a la presentación de un nuevo programa de alfabetización. Jones era el bibliotecario de la ciudad desde 1970. Era un hombre alto e irascible, de Misori, pianista de jazz, un habilidoso mago *amateur* y el tipo de persona al que le gusta encender un cigarro con otro. Había supervisado la construcción de una docena de nuevas bibliotecas en sus anteriores cargos. Había llegado a Los Ángeles con la esperanza de demoler la Biblioteca Central y reemplazarla por una edificación más moderna, pero a regañadientes había accedido a que, en lugar de eso, esta fuese restaurada y ampliada. Le gustaba decir que California era un caos, y que Los Ángeles era un caos, y que la biblioteca era un caos, pero que, de algún modo, él sacaría el mejor partido de todo ello. En cuanto acabó el acto en la biblioteca de Hollywood, Jones se dispuso a regresar a su despacho de la Biblioteca Central. De camino a su coche, se compró un *frankfurt* picante en un puesto callejero para comérselo mientras regresaba al centro de la ciudad. Al colocarse tras el volante, encendió la radio, le quitó la envoltura al bocadillo, escuchó las noticias sobre el incendio en la biblioteca, lanzó el *frankfurt* picante por la ventanilla y salió a toda velocidad hacia el centro.

• • •

La policía cortó varios tramos de la autopista Harbor, de las calles Sexta, Quinta, Hope, Flower y Grand, y debido a ello el tránsito en toda la ciudad se resintió. Creció la multitud que se agolpaba frente a la biblioteca. Los periodistas de televisión y radio se colocaron en fila esperando alguna notificación. En el interior, el fuego rugía ya por tercera hora consecutiva. El aire en el edificio era abrasador. El agua que vertían sobre el fuego hervía como si estuviese en el depósito de una tetera eléctrica. El agua de las mangueras que bajaba hasta el sótano lo estaba inundando; ya había alcanzado metro y medio de altura. Hacía tanto calor dentro del edificio que los bomberos no podían permanecer allí mucho rato: cada cinco minutos se tomaban una pausa para que su propia temperatura volviese a la normalidad. Como respiraban con tanta intensidad el oxígeno de sus bombonas suplementarias, que habitualmente duraban una hora, tenían que reemplazarlas cada diez minutos. El vapor del agua que hervía se colaba en el interior de los pesados trajes ignífugos de los bomberos. Tenían las orejas y las muñecas y las rodillas quemadas. Sus pulmones empezaron a verse también afectados por el humo. A lo largo del día, cincuenta bomberos sufrieron quemaduras, inhalaron humo o tuvieron graves problemas respiratorios que los llevaron a un hospital cercano para ser tratados. A uno de ellos tuvieron que sacarlo de la biblioteca en helicóptero, desde el tejado, porque estaba demasiado afectado como para atravesar de nuevo el fuego hasta llegar a la salida. Todos los bomberos acabaron recuperándose, pero el número de heridos en el incidente fue el más alto que hayan contabilizado nunca los servicios de urgencias.

A medida que avanzaba el día, la idea de que el fuego acabaría por completo con la biblioteca fue tomando cuerpo. El escaso espacio entre las torres hizo que aquel incendio se pareciese más a lo que podría ocurrir en un barco que en un edificio; era sofocante, feroz y se retroalimentaba. El jefe Manning se lamentó ante un periodista: «Es posible que el arquitecto que diseñó este edificio fuese un gran arquitecto, pero respecto a la protección contraincendios no tenía ni la más remota idea». Los informes de los bomberos que se encontraban dentro del edificio eran cada vez más pesimistas, de ahí que Manning se viese obligado a admitir que se trataba del incendio más difícil al que había tenido que enfrentarse el Departamento de Bomberos, y que iban a tener que «echar mano de todos sus trucos para salvar el edificio». De su comentario podía extraerse que cabía la posibilidad de que ni siquiera todos esos trucos fueran suficientes. Uno de los ayudantes de Manning se llevó a un lado a Elizabeth Teoman y le dijo que no sabían si podrían hacer algo más debido a la intensidad de las llamas y a que las condiciones del edificio resultaban absolutamente favorables para el desarrollo del fuego, con aquellas torres que funcionaban como chimeneas y todos aquellos libros aportando material inflamable. Le pidió que le hiciese una lista de los objetos irremplazables del edificio, por si se daba el caso de que pudiesen salvarlos. Teoman recuerda que fue en ese momento cuando se dio cuenta de que el incendio era algo real y de que probablemente destruiría la biblioteca por completo. Se sentía tan impotente que decidió centrarse en hacer cosas que pudiesen resultar de utilidad, como, por ejemplo, describir a los bomberos el plano de las plantas e indicarles cuáles eran las cosas que ella esperaba que pudiesen salvar.

El jefe Manning puso al día a Wyman Jones, que acababa de llegar, y después Manning se dirigió al ayuntamiento para informar al alcalde Tom Bradley sobre el incendio y advertirle de la posibilidad de que se perdiera el edificio. Bradley había estado en una reunión en San Diego esa misma mañana y, a pesar de que voló de regreso a la ciudad en cuanto supo la noticia, en ese momento estaba atrapado en un embotellamiento cerca del aeropuerto.

A eso del mediodía, el incendio era el tema principal en todos los informativos de las cadenas locales. Patty Evans, gerente de la Agencia para la Reurbanización Comunitaria, llevaba dos años trabajando para intentar encontrar un modo de financiar la renovación de la Biblioteca Central. El día del incendio estaba ejerciendo de jurado público y no pudo ver las noticias. Cuando en el juzgado hicieron un descanso para el almuerzo, llamó a su oficina para saber cómo iba todo. Su secretaria le dijo que respirase hondo y después le contó que la biblioteca estaba ardiendo. Evans regresó a toda prisa a la sala del juzgado y pidió poder hablar con el juez, quien permitió que se fuera. Cuando llegó a la biblioteca, se saltó la jerarquía burocrática y concedió una entrevista a un periodista de una televisión local; mientras respondía las preguntas, pidió a sus conciudadanos que acudiesen al centro a ayudar una vez que se hubiera extinguido el fuego.

La gente que se dedicaba a los libros raros estaba prestando especial atención a las noticias sobre la biblioteca. Olivia Primanis, restauradora de libros especializada en hongos y moho, se encontraba en Los Ángeles esa semana a pesar de vivir en Texas. Cuando el director de la sección de conservación de papel del Museo de Arte del Condado de Los Ángeles supo del incendio, llamó a Primanis y le dijo: «La biblioteca está ardiendo. Tienes que ir allí».

• • •

A pesar de lo que estaba ocurriendo en su interior, al observar la biblioteca desde la calle la cosa no parecía tan grave. El estucado seguía liso y regular. La piedra caliza de las fachadas no parecía afectada. Desde media distancia, las estatuas no transmitían nada con su mirada. Las ventanas centelleaban con la luz del sol. Todo parecía tranquilo. A excepción del pálido hilillo de humo que ascendía desde el tejado, nada hacía pensar que las cosas fuesen mal. Pero, de repente, con un brillante y estruendoso chasquido, las ventanas del costado oeste de la biblioteca explotaron dejando salir unas rojas llamaradas ascendentes que empezaron a cubrir la fachada de piedra. Uno de los comisionados de la biblioteca, mientras observaba desde la banqueta, se echó a llorar. Los empleados retrocedieron. Una de ellos dijo que le dio la impresión de estar viendo una película de terror. Según el bibliotecario Glen Creason, podía respirarse en el aire el «olor de la angustia y las cenizas».

Dentro del edificio, el aire empezó a temblar debido al radiante calor. Los equipos que intentaban abrirse paso hacia las torres se sentían como si estuviesen golpeando contra una barricada, como si el calor se hubiese hecho sólido. «Tan solo podíamos quedarnos allí diez, quince segundos —me explicó uno de ellos—. Después teníamos que salir a toda velocidad». La temperatura alcanzó los 1000°. Y poco después, los 1300°. Los bomberos empezaron a preocuparse por la combustión súbita generalizada, una situación temible durante un incendio en la que todas las cosas ubicadas en un espacio cerrado —incluso el humo— están tan calientes que alcanzan el punto de ignición espontánea, lo que provoca una erupción de fuego total en todas las superficies. Tal como suelen explicarlo los bomberos, es el momento en el que un fuego en una habitación se convierte en una habitación de fuego. Con una temperatura tan alta, las posibilidades de combustión generalizada son muy elevadas y, en ese caso, intentar salvar cualquier cosa hubiese resultado prácticamente imposible.

El centro del fuego se desplazaba, avanzó unos cien metros por el segundo piso de la biblioteca, después se detuvo para lamer la escalera que conducía a la torre sudeste. Los equipos lo atacaron desde el lado oeste, en turnos de quince minutos con las mangueras, lanzando hacia el fuego un intenso chorro de agua. Un equipo de rescate golpeaba las paredes con mazos con la intención de crear brechas en los tubos de las torres. El aire supercaliente salió de las torres y llegó a las salas de lectura, como ocurre cuando abres la puerta de un horno.

La sexta y la séptima grada de estanterías de la parte noroeste se vinieron abajo.

El agua dirigida hacia el fuego llegó a ser en ese momento más un problema que una solución. A los bibliotecarios siempre les habían preocupado más las inundaciones que los incendios, pero ahora tenían que afrontar ambos problemas. Muchos de los libros que no habían ardido estaban empapados. Las cubiertas y las páginas se habían hinchado como globos. Los equipos de salvamento se abrieron camino por el edificio por delante de los equipos que llevaban las mangueras, colocando coberturas de plástico sobre las estanterías, intentando proteger los libros antes de que empezasen a lanzar agua. En el tercer piso, los de la Compañía 27 abrieron toda una serie de agujeros en el concreto con martillos neumáticos para liberar un poco aquel terrible calor.

Finalmente, tras más de cinco horas, el líquido avance de las llamas se ralentizó, debido tanto a los torrentes de agua como al aire fresco que se colaba por los agujeros practicados en el techo y en el suelo. El fuego retrocedió desde la sección sudeste del edificio y se adentró en la torre nordeste, donde brillaba furiosamente mientras se alimentaba con más y más libros, como un monstruo devorando papas fritas. Los equipos de bomberos abrieron más agujeros: en el tercer piso, en los muros de las pilas, en el tejado. El aire fresco de abril se mezcló con el asfixiante calor interior haciendo que la temperatura descendiese poco a poco. Cuando el fuego empezó a achicarse, los bomberos se adentraron y lo empaparon todo.

Las llamas en la torre noroeste se marchitaron y desaparecieron.

El fuego en la torre nordeste, donde había comenzado, todavía ardía, pero ya no mostraba la fiereza de la que había hecho gala horas antes. A esas alturas ya había consumido la mayor parte de su combustible. Los libros de la torre nordeste eran ya migajas, cenizas, polvo; páginas carbonizadas que conformaban una capa de treinta centímetros de grosor. Los últimos restos del fuego bailotearon y revolotearon y, finalmente, desaparecieron. La extinción del incendio había requerido mil cuatrocientas botellas de oxígeno, mil trescientos metros cuadrados de cobertores de rescate, una hectárea de telas de plástico, noventa bultos de aserrín, más de once millones de litros de agua y la mayor parte del personal y del equipo de los bomberos de Los Ángeles. Pero al menos el incendio de la biblioteca quedó extinguido, por «demolición», a las seis y media de la tarde del 29 de abril de 1986. Había ardido durante siete horas y treinta y ocho minutos.

3.

What Every Home Owner Needs to Know About Mold
and What to Do About It (2003)
Lankarge, Vicki
693.893 L289

The Preservation of Leather Bookbindings (1894)
Plenderleith, H.J.
025.7 P725

A Splendor of Letters: The Permanence of Books
in an Impermanent World (2003)
Basbanes, Nicholas A.
085.1 B297

The Hoppin 'N' Poppin Popcorn Cookbook (1995)
Steer, Gina
641.65677 S814

Qué se perdió: un volumen de *Don Quijote* de 1860, ilustrado por
el impresor francés Gustave Doré. Todos los libros sobre la Biblia,
la cristiandad y la historia de la Iglesia. Todas las biografías de la H
a la K. Todas las obras de teatro estadounidenses y británicas.
Toda la historia del teatro. Todo Shakespeare. Noventa mil libros
sobre computadoras, astronomía, física, química, biología, medicina, sismología, ingeniería y metalurgia. Todos los manuscritos
sin encuadernar del Departamento de Ciencias. Un libro del arquitecto Andrea Palladio del siglo XVI. Cinco millones y medio de

patentes estadounidenses registradas desde 1799, con dibujos y descripciones. Todas las patentes materiales canadienses de aproximadamente el mismo periodo. Cuarenta y cinco mil obras literarias, de autores entre la A y la L. Una de las páginas de la Biblia de Coverdale, de 1635, que fue la primera traducción completa al inglés moderno. La colección completa de anuarios de aviación Jane, pertenecientes a varias décadas. Nueve mil libros de economía. Seis mil revistas. Dieciocho mil libros de ciencias sociales. Una primera edición del manual de Fannie Farmer *Boston Cooking-School Cook Book* de 1896. Doce mil libros de cocina, incluidos seis libros de recetas de palomitas. Todas las publicaciones de arte y todos y cada uno de los volúmenes de arte impresos en papel satinado, que se disolvieron hasta formar una masa gelatinosa cuando les cayó agua encima. Todos los libros sobre ornitología. Tres cuartas partes de los microfilmes de la biblioteca. Las etiquetas informativas de veinte mil fotografías, que se desprendieron con el agua. Todos los libros guardados de manera accidental en las secciones que ardieron; sabemos que estaban ahí, aunque no podemos saber cuáles se perdieron. En total, cuatrocientos mil libros de la Biblioteca Central fueron destruidos por el incendio. Setecientos mil más se vieron seriamente dañados por el humo o por el agua o, en muchos casos, por ambos. La cantidad de ejemplares destruidos o estropeados es igual al número total de libros de quince bibliotecas normales. Fue la mayor pérdida en una biblioteca pública en la historia de Estados Unidos.

· · ·

El lugar siguió estando caliente durante cinco días. Se declararon pequeños fuegos aquí y allá originados por el calor ambiental. La temperatura rondaba los 40°, así que los bomberos seguían llevando ropa ignífuga y utilizaban oxígeno y tenían que ir rotando después de pasar unos diez minutos en el interior. En cuanto se sofocó la parte central del incendio, los equipos se apresuraron a bombear el agua del sótano y de la planta baja. Había tanta agua que a los ingenieros les preocupaba que se hundiese el suelo debido al peso. Querían enfriar el edificio, pero no podían arriesgarse a dañar más libros. Querían sacar los escombros para entrar en las zonas más calientes, pero el jefe Manning les ordenó que saliesen de allí sin tocar nada, para dejar tal cual estaba todo aquello que los investigadores pudiesen necesitar para determinar las causas del incendio.

Los bibliotecarios habían permanecido junto a la biblioteca durante las siete horas y media que duró el fuego, y allí seguían una vez extinguido. En cuanto el Departamento de Bomberos lo permitió, prácticamente los doscientos miembros del personal entraron al edificio. Allí dentro todo estaba sucio, lleno de humo y muy resbaladizo debido a la mezcla de agua y escombros. Las cenizas formaban una capa que llegaba hasta los tobillos. Los estantes derretidos tenían un aspecto grotesco. Wyman Jones declaró que el interior de la biblioteca parecía «un escenario de película barata, creado por la gente de efectos especiales». Glen Creason y otro bibliotecario, Roy Stone, se adentraron hasta las torres para hacerse una idea de qué era lo que había sobrevivido. También estaban buscando el bolso de mano de la esposa de Roy; era una de las bibliotecarias y había dejado allí su bolso cuando sonó la alarma. No lo encontraron, así que Creason y Stone ascendieron por las torres y fueron a la Sala de Patentes, donde se toparon con montículos de hollín y una larga hilera de máquinas de escribir fundidas. Billie Connor, una de las bibliotecarias de la sección infantil, recorrió aquel caos acompañada por Helene Mochedlover. Hoy en día, Connor y Mochedlover están jubiladas, pero todavía acuden de vez en cuando a la biblioteca, y uno de esos días nos sentamos juntas y hablamos sobre su experiencia durante el incendio. La sala en la que nos encontrábamos fue una de las más afectadas por el fuego, aunque ahora es un hermoso punto de reunión. Me hablaron del incendio como si hubiese tenido lugar pocas horas antes esa misma mañana. Connor me contó que cuando entraron en el edificio inmediatamente después del incendio, sintieron como si hubiesen muerto y hubiesen ido a comprobar si Dante sabía de lo que hablaba. Mochedlover, que tiene aspecto de pajarillo y está llena de energía, me dijo que el día del incendio se sintió tan mal como cuando asesinaron a Kennedy. Otra bibliotecaria mayor a la que entrevisté ese mismo día me explicó que ver la biblioteca en ruinas la había traumatizado hasta tal punto que perdió la menstruación durante cuatro meses.

Los libros que sobrevivieron al fuego estaban apilados allí donde habían caído o estaban amontonados juntos con sus cubiertas pegajosas sobre los estantes. Olivia Primanis, la restauradora de libros, le dijo a Wyman Jones que tenían que darse prisa y enfriar los ejemplares porque las esporas de moho empezarían a florecer en las siguientes cuarenta y ocho horas después de haber estado en contacto con el agua. Si el moho los cubría, resultaría imposible recuperarlos. Eso implicaba que el personal tenía que empaquetar, trasladar y almacenar setecientos mil volúmenes dañados en algún lugar fresco antes de que apareciese el moho.

Por la tarde, las noticias sobre el incendio se conocían ya en toda la ciudad. Cientos de voluntarios se acercaron a la biblioteca para ayudar, sin saber siquiera en qué podrían ser útiles. Apenas disponían de unos pocos cascos y no había bolsas para los libros ni tampoco lugar donde almacenarlos. No era posible dejarlos simplemente húmedos en un almacén debido al riesgo del moho. Algunos años antes, el hotel Bonaventure, cercano a la biblioteca, había ofrecido el congelador de su restaurante para que se guardara allí un libro muy particular que se había mojado y tenía que congelarse hasta que el restaurador pudiese hacerse cargo de él. Sin embargo, el congelador del Bonaventure no podía albergar setecientos mil volúmenes empapados. Los Ángeles era la sede de una industria multimillonaria de procesamiento de pescado, por ese motivo disponía de los mayores depósitos del país, así que la ciudad contaba con enormes congeladores. Alguien propuso que se contactase a algunas de esas compañías de pescado. A pesar de que sus congeladores estaban llenos, dichas compañías accedieron a dejar un espacio para los libros.

Se les dijo a los voluntarios que se marcharan a sus casas y que regresasen al alba. Las cadenas de radio y televisión emitieron mensajes pidiendo más voluntarios para el día siguiente. La Junior League contactó a sus miembros y les pidió que echasen una mano. «Se trata de un trabajo descomunal y sucio y se requiere cierta fuerza física, así que vístanse adecuadamente». La IBM dio tiempo libre a aquellos de sus empleados que quisiesen ayudar. A la mañana siguiente, unas dos mil personas se presentaron en la biblioteca. Cuando cayó la noche, la ciudad había conseguido miles de cajas de cartón, quince mil cascos, unos cuantos miles de rollos de cinta adhesiva y los servicios de Eric Lundquist, un ingeniero mecánico y antiguo distribuidor de palomitas que se había reconvertido en un experto en el secado de objetos. La idea de colocar los libros junto a alimentos no le pareció mal a Lundquist, habida cuenta de que había congelado su primer libro, para secarlo, junto a los guisantes y las zanahorias de su huerto.

Efectivamente, fue un trabajo descomunal. Había que trasladar los libros húmedos y ahumados, y también todos los demás libros de la biblioteca; había que vaciar el edificio para que pudiesen repararlo. Wyman Jones decidió mantener en secreto el lugar en el que iban a guardarse los ejemplares, por si el fuego había sido provocado y el pirómano andaba tras ellos.

Bajo la dirección de Lundquist, los voluntarios se emplearon a fondo durante los tres días siguientes. La mayoría de los presentes no se conocían de nada, se reunieron allí de forma inesperada, pero trabajaron juntos durante horas, de manera diligente y pacífica. Formaron una cadena humana, pasando los libros de mano en mano de una persona a otra, atravesando el edificio, todavía lleno de humo, hasta sacarlos por la puerta. Fue como si, en un momento de extrema necesidad, la gente de Los Ángeles se hubiese transformado en una especie de biblioteca humana. Crearon, durante un breve periodo de tiempo, un sistema para proteger y transportar el conocimiento, para salvar aquello que sabemos los unos de los otros, que es lo que son las bibliotecas hoy en día.

• • •

Los voluntarios hicieron más de cincuenta mil cajas, cada una de las cuales contenía quince libros apretados. Una vez que estuvieron llenas las cajas, fueron apiladas en tarimas —al final necesitaron más de mil ochocientos de ellas— que después cargaron en los camiones. Los libros secos, los que no habían sufrido daños, se guardaron en un almacén de la ciudad. Los libros húmedos y maltrechos se transportaron en camiones refrigerados hasta los almacenes de alimentos, donde fueron colocados en repisas entre camarones congelados y brócoli a una temperatura media de 21° bajo cero. Nadie sabía realmente cuándo volverían a descongelarse los libros o cuántos de ellos podrían salvarse. Nunca se había intentado algo así a semejante escala.

Al tiempo que se sacaban los libros de la biblioteca, los investigadores entraban en el edificio tomando nota de los patrones y las marcas que el fuego había dejado en el suelo y del camino que habían seguido las llamas. Más allá de las violaciones de la normativa contraincendios y del hecho de que el edificio estaba lleno de libros y de que el deficiente cableado eléctrico podría haber ardido casi de forma espontánea, los investigadores creyeron, casi desde el primer momento, que el fuego había sido intencionado. Era poco más que una suposición conservadora, pues los incendios en las bibliotecas en Estados Unidos siempre responden a lo que se conoce según la terminología de los bomberos como «incendiarios»; es decir, causados por intervención humana. La mayoría son fruto de actos de vandalismo casual que se les van de las manos a sus autores.

Los Ángeles dedicó diecinueve investigadores a ese incendio. Veinte agentes de la Oficina Federal de Alcohol, Tabaco y Armas de Fuego —ATF— se les unieron en el caso. El principal objetivo del equipo era encontrar una pista sobre el inicio del fuego: tal vez un cable pelado que soltó una chispa, o una esclarecedora mancha de líquido de mechero, o un cerillo olvidado junto a una revista. El ayuntamiento ofreció veinte mil dólares de recompensa a cambio de información sobre el origen del fuego. La ATF añadió cinco mil dólares más, e incluso un donante anónimo sumó otros cinco mil.

Después de dos días estudiando el edificio, los investigadores no parecían haber llegado a ninguna conclusión, pero la palabra *intencionado* empezó a escucharse en las noticias relativas al incendio. *Los Angeles Daily News* publicó un reportaje con el siguiente titular: «SE TIENEN SERIAS SOSPECHAS DE QUE EL INCENDIO EN LA BIBLIOTECA CENTRAL FUE INTENCIONADO». *Los Angeles Herald Examiner* dijo que los empleados de la biblioteca habían logrado componer el retrato robot de un «extraño». El 6 de mayo, tan solo una semana después del suceso, una de las noticias de *Los Angeles Times* rezaba: «BRADLEY Y EL JEFE DE BOMBEROS DECLARAN QUE EL INCENDIO DE LA BIBLIOTECA FUE INTENCIONADO». Se citaba al jefe Manning: «Sin ninguna clase de dudas [...] ahora podemos decir que fue un incendio intencionado». Según Manning, estaban buscando «a un hombre rubio de unos treinta años al que los empleados vieron cerca del punto de origen del incendio [...]. Metro ochenta de altura, setenta y cinco kilos de peso, ojos azules, cabello rubio, ligero bigote y una cara más bien fina. Calzaba tenis deportivos, *jeans* y una camisa *sport*». Habían hecho un retrato robot. El hombre que habían dibujado tenía la frente ancha y los ojos grandes, nariz aguileña, tupido bigote al estilo de los malvados de los cómics y una abundante cabellera rubia que conformaba una suave corona alrededor de su cabeza en forma de alas sobre sus orejas. No podrías jurar que era Harry Peak, aunque tampoco podrías decir que no lo era.

. . .

Durante esa semana, el accidente nuclear de Chernóbil copó las páginas de todos los periódicos del mundo a excepción del *Pravda*, que trató la cuestión muy sucintamente y que, sin embargo, se las apañó para llevar a cabo una amplia cobertura del incendio en la Biblioteca Central. Cuando esa primera y terrorífica primera semana marcada por Chernóbil quedó atrás, los periódicos de Estados Unidos encontraron tiempo para tratar el incendio de la biblioteca; en todo el país podían encontrarse titulares como estos: «LAS LLAMAS DESTROZAN LIBROS DE INCALCULABLE VALOR»; «EL FUEGO DEVORA LA BIBLIOTECA DE L. A.»; «UNA TRAGEDIA EN LA CIUDAD»; «LO QUE EL FUEGO SE LLEVÓ»; «CONVERTIDOS EN HUMO». *The Boston Globe* dio a entender que lo ocurrido en Chernóbil y en Los Ángeles guardaba una «fantasmal simetría», porque ambos incidentes despertaban el miedo primigenio al fuego fuera de control, así como el temor a aquellas fuerzas que resultan amenazadoras e ingobernables.

La Biblioteca Central había sido un lugar con mucho movimiento. Cada año se prestaban más de novecientos mil libros, eran atendidas más de seis millones de preguntas y setecientas mil personas cruzaban sus puertas. Dos días después del suceso estaba vacía, a excepción de los polvorientos restos ennegrecidos de los cuatrocientos mil libros destruidos. Las esculturas estaban envueltas en lonas blancas. Las paredes y los techos parecían haber sido alquitranados y las salas de lectura estaban vacías. Todas las entradas estaban cerradas y selladas con cinta de la policía. Unas pocas cajas aplastadas yacían en las aceras de la calle Quinta, cerca de la entrada de la biblioteca, donde alguien había colgado un cartel escrito a mano que decía: «¡GRACIAS, L. A.! VOLVEREMOS MÁS GRANDES Y MEJORES».

4.

All about California, and the Inducements to Settle
There (1870)*
*pliego de ilustraciones, mapas.
California Immigrant Union
979.4 C1527

Migration and the Southern California Economy (1964)
Southern California Research Council
330.9794 S727-7

San Jacinto Cemetery Inscriptions, 1888-2003 (2003)
Hall, Dale
979.41 S227Ha

The Postman Always Rings Twice (1944)
Cain, James M.
CIRC

A la hermana de Harry Peak, Debra, le gusta decir que su familia
ha sufrido innumerables percances. No lo dice con tono de auto-
compasión o desaliento, sino con la templanza de un perito que
describiese un universo en el que la suerte, la fortuna, la tragedia y
los desastres se entremezclasen de manera azarosa. Según lo que
cuenta Debra, esa falta de suerte propia de los Peak no supone una
vergüenza o un estigma, es más bien como una moneda lanzada al
aire que salió cruz.

Conocí a Debra cuando andaba buscando a Harry Peak. Quería saber si realmente había provocado el incendio de la biblioteca y, de ser así, por qué lo había hecho. Si no era culpable, ¿cómo es que acabó siendo acusado? No resultó fácil seguirle la pista a Harry. Finalmente di con el número de teléfono de un Harry Peak en la zona de Los Ángeles, pero, por lo visto, pertenecía al padre de Harry, que también se llamaba Harry. Debra contestó a mi llamada telefónica. Una vez que resolvimos con qué generación de la familia había topado, le expliqué por qué estaba intentando localizar a su hermano. Debra me dijo que me iba a resultar imposible encontrarlo, porque Harry había muerto en 1993, siete años después del incendio en la biblioteca. Me dijo también que le alegraba que fuese a escribir la historia de lo que le ocurrió a Harry. Me invitó a su casa, y yo fui al día siguiente.

Debra es una mujer pequeña y musculosa, con unos ojos azul pálido, una algodonosa cabellera rubia y unos hermosos hoyuelos que aparecen cuando fuma o sonríe. Podría pasar por una curtida adolescente, pero, de hecho, ya es abuela, a pesar de no haber cumplido los sesenta. El día en que nos conocimos llevaba un pequeño top blanco y unos *jeans* grandes, abolsados. Parecía como si le hubiesen prestado ambas prendas de ropa, prendas que pertenecían a cuerpos que no tenían nada que ver con el suyo. Debra es viuda y sus hijos son mayores. No hace mucho volvió a vivir con sus padres para poder ayudarlos con sus enfermedades y dolencias, al tiempo que se ahorra pagar un alquiler.

Los Peak tienen un modesto rancho en Hemet, un pequeño pueblo formado por modestos ranchos en el valle de San Jacinto. Hemet está a unos ciento treinta kilómetros al este de Los Ángeles, a una hora de distancia de Santa Fe Springs, donde vivían los Peak cuando sus hijos eran pequeños. El día en que fui a ver a Debra hacía un calor de mil demonios. En Hemet no hay ni un solo árbol y nada ocurre, y todo brilla como si se tratase de una parrilla al fuego. La carretera que pasa frente a la casa de los Peak también brilla. La hierba y la banqueta y el camino de acceso brillan. Cuando pasé con el coche por encima de una sección parchada del pavimento frente a su casa pude oír el pegajoso sonido del asfalto derretido bajo los neumáticos.

«Bueno, fue sido capaz de encontrarnos», me dijo mientras me estacionaba. Estaba junto a la puerta de entrada y me hizo un gesto para que pasase. En la sala de estar, su padre roncaba en el sofá y su madre estaba dando una cabezadita sentada en un sillón. Del televisor, colocado en una esquina, llegó el estallido de aplausos y risas de un concurso. Caminamos hasta el patio de atrás y arrastramos dos sillas plegables hasta el retazo de sombra que creaba el alero del tejado. Debra abrió una lata de cerveza y empezó a hablar de su hermano: sobre su aspecto, sobre lo bromista que era. Reía mientras hablaba, pero entonces tuvo un acceso de tos mucosa. Le dio un trago a su cerveza y tomó aire. Después de unos segundos, empezó a contarme cómo Harry no dejaba de meterse en problemas constantemente. Me dijo, por ejemplo, que reía como un lunático cuando lo sacaron de la cárcel después del incendio y que por eso todas las fotos de los periódicos lo retrataron como si fuese el personaje de una telenovela. «Era increíblemente listo, pero no tenía cabeza. Siempre llevaba las cosas demasiado lejos —me explicó Debra—. Eso le causaba problemas. Simplemente, no entendía cómo funcionaban las cosas y las tonterías que hacía».

Los Peak no necesitaban más problemas. Debra me dijo que ya habían tenido demasiados. Empezó a relatarme sus penalidades, que eran cuantiosas: ella casi murió de manera súbita siendo un bebé y ahora sufría fibromialgia, con constantes dolores neuromusculares. Uno de sus sobrinos había muerto en una pelea de bandas callejeras y otro sufría autismo severo. El marido de Debra, que pesaba doscientos setenta kilos, había muerto de un derrame cerebral hacía poco tiempo. Las desgracias incluso se remontaban a generaciones atrás. Los abuelos maternos de Debra habían fallecido en un accidente de coche poco después de que se mudasen de Misori a California. Me mostró un artículo de periódico sobre el accidente cuando entramos de nuevo en la casa. El artículo estaba enmarcado y colgaba de la pared en medio de un montón de objetos cerca de la cocina. Le dije que parecía que el accidente había sido horrible, pero Debra se encogió de hombros y añadió: «Bueno, estaban borrachos».

Tras poner fin al recuento de infortunios de los Peak, Debra me anunció algo: «Le voy a decir una cosa que sí está clara». Se detuvo un momento y se echó a reír. Entonces dijo: «No somos una familia aburrida».

• • •

Los Peak habían llegado de Misori en los años cuarenta, en una época en la que California funcionaba como una especie de imán gigante para las familias de granjeros de las praderas. California parecía una tierra de promisión: un hermoso lugar de abundancia ubicado entre el océano, las montañas y el desierto. Los lugares donde se establecieron todas esas personas eran pueblos como Hemet o Santa Fe Springs. La ciudad de Los Ángeles —sucia, caótica,

Harry Peak

plagada de inmigrantes y actores— se encontraba a una hora de distancia. Como idea, la ciudad era el epicentro de la región, pero en esos lugares existía la percepción, digamos espiritual y sociológica, de que Los Ángeles podría haber estado en la Luna. Por decirlo de otro modo, la gente afincada en el valle de San Jacinto esperaba no tener que acercarse nunca a Los Ángeles; más bien, deseaban alejarse de ella todo lo posible. Aspiraban a tener más espacio, a relacionarse con menos gente, a disponer de una mayor autonomía, a no tener que lidiar con escándalos. En cierto sentido, las familias como los Peak intentaron recrear la vida rural que habían dejado en lugares como Misori. Deseaban vivir en la California del chaparral, de las praderas cubiertas de arbustos, de los pequeños ranchos, y no en ese maremagno enfebrecido, masificado e influenciado por Nueva York que era la ciudad de Los Ángeles. Era como si el valle de San Jacinto no formase parte realmente de la región periférica de Los Ángeles, sino como si se tratase de una extensión de las Grandes Llanuras desplazada hacia el oeste, prescindiendo de las grandes ciudades, y que tuviese su verdadero límite en algún punto salvaje y remoto como, por ejemplo, Alaska. A pesar de que esa zona de California estaba plagada de casas, provocaba un sentimiento de fría desolación.

El padre de Harry y Debra había nacido en Misori, pero su familia se estableció en California cuando él era joven. Dejó el instituto, se hizo mecánico hojalatero y se convirtió en uno de los miles de hombres contratados por la industria aeroespacial del sur de California en los años cincuenta y sesenta, cuando abundaban los contratos del Departamento de Defensa durante la posguerra y también el dinero invertido en la carrera espacial. Se casó joven. En muy poco tiempo, su esposa Annabell y él tuvieron cuatro hijos: Debra, Brenda, Billy y Harry.

Las pequeñas granjas y todo el terreno yermo que rodeaba las fábricas del negocio aeroespacial estaban tachonadas de hileras de *bungalows* de una sola planta y dos dormitorios para acomodar a todas aquellas jóvenes familias parecidas a los Peak. Esos vecindarios surgidos de la nada eran tan similares que parecían formar parte de un kit de montaje, como si los hubiesen lanzado desde el aire, instalados como un set completo. Había niños en todas las casas. Pequeños pueblos satélite fueron formándose entre las urbanizaciones y aparecieron un montón de restaurantes de comida rápida y tiendas de colchones. La mayoría de las madres se quedaban en casa cuidando de los hijos, pero Annabell Peak trabajaba como cajera en un supermercado en lo que la familia consideraba la dirección incorrecta, pues la tienda se encontraba en el límite de Los Ángeles. Le dije a Debra que yo había vivido en la ciudad y ella automáticamente pensó que conocería el supermercado en el que trabajó su madre. «Es el que está cerca de Los Ángeles, ya sabe, el de los judíos —me dijo—. Lo conoce, ¿verdad?».

Los cuatro hijos de la familia Peak crecieron en los años sesenta. Tuvieron que resolver sus necesidades más que la mayoría de los niños debido a que sus padres trabajaban de noche y dormían durante el día. Sin supervisión alguna, no tardaron en fumar hierba y beber cerveza. De vez en cuando hacían cosas que, desde cierto punto de vista, podrían haber sido entendidas como inadecuadas o que rozaban incluso lo delictivo. La policía los conocía porque a todos ellos los habían detenido en alguna ocasión, a pesar de que no frecuentaban la comisaría.

Cuando toda la familia estaba en casa, imperaban el desorden y las peleas. Según la hermana de Debra, Brenda Peak Serrano, su padre era «un hombre cruel y malvado». Aproximadamente un mes después de estar con Debra, llamé a Brenda para hablar con ella de Harry. Durante nuestra charla me dijo que su padre acababa de morir. Le di el pésame y le pregunté cómo había ocurrido. «Fui a visitarlos y él permaneció en el sofá durante un par de horas —me contó Brenda—. Cuando le hablé, no me respondió, así que di por hecho que estaba borracho y que había perdido el conocimiento». Después de varias horas más, seguía sin responder o moverse. Brenda empezó a sospechar que le pasaba algo, así que lo hizo rodar sobre el sofá y lo llevó al hospital, donde le dijeron que había entrado en coma. No volvió a recuperar la consciencia. Justo antes de apagar la máquina de soporte vital, según me dijo Brenda, se inclinó sobre su padre y le dijo al oído: «No sé por qué nunca me quisiste». Sabía que algunas personas podrían pensar que no había estado bien hacer algo así, pero me confesó que a ella le enorgullecía haber podido decirle finalmente cómo se sentía.

Los Peak habían llevado una vida totalmente restringida por las convenciones habituales en las comunidades prefabricadas durante la posguerra. No eran ricos, no eran pobres y tampoco tenían grandes ambiciones; daban por hecho que sus hijos se quedarían en casa y acabarían teniendo un trabajo en la Lockheed o en la Rockwell o en la McDonnell Douglas cuando tuvieran la edad suficiente. Si hubiesen trazado un diagrama antropológico del pueblo, no habría sido sencillo colocar en él a los Peak: en su caso, las marcas de estatus no estaban nada claras. Tal vez tenían algo menos que otras personas; tal vez su avance era más lateral que vertical. Debra me contó que su padre había construido una de las lanzaderas espaciales, así que durante un tiempo tuve la impresión de que había sido ingeniero mecánico, una profesión con un nivel de preparación que no encajaba en absoluto con lo que yo sabía de la familia y que tiró por tierra todos mis esfuerzos por ubicarlos sociológicamente. Más adelante, Debra me aclaró que había trabajado en una de las cadenas de montaje de la McDonnell Douglas, en la que construyeron parte de la lanzadera espacial, lo cual tenía mucho más sentido para mí.

Ni Harry ni ninguno de sus hermanos había destacado en los deportes escolares, uno de los aspectos de valoración social más representativos en pueblos como Santa Fe Springs. Tampoco eran buenos a nivel académico; un aspecto menos importante que los deportes en la valoración social, pero aun así significativo. A pesar de que eran blancos, los hijos de la familia Peak, a excepción de Harry, acabaron relacionándose con los niños hispanos del colegio. Brenda solía salir con tipos de nivel bajo y finalmente se casó con un joven de familia mexicana. Billy se metió en una pandilla de hispanos, aunque Debra dice que lo hizo más para protegerse que por otra cosa. Debra era popular, pero tuvo que afrontar ciertos retos. Algunas de las chicas del colegio hicieron que se la pasara mal, así que empezó a llevar un cúter en el bolso. En el primer año de la preparatoria, fue expulsada temporalmente por cortar a otra alumna. Me explicó que la chica a la que hirió la había estado acosando. «¡Vamos! —dijo como colofón—. ¿Qué otra cosa debía haber hecho?».

Harry, que nació en 1959, era el más joven de los cuatro hermanos. Era un poco mimado, un poco consentido. Durante un tiempo dio la impresión de que alguna clase de sortilegio le ayudaría a escapar de la tradicional mala suerte de los Peak. Alto y bien formado, con caderas estrechas y piernas largas de vaquero, Harry podría haber pasado por el hermano menor del actor John Voight. Siempre le decía a la gente que quería ser actor, desde niño. Su aspecto y su encanto parecían otorgarle alguna posibilidad en ese sentido. Aunque tenía otras ventajas. Sacaba buenas notas en el colegio cuando se lo proponía. Podía escribir con ambas manos. Podía hacer trucos de magia. Hacía reír a la gente. Era como un cachorrito, sumamente agradable, ansiaba gustar, deseaba entretener. Le encantaba llamar la atención. Siempre tenía a dos o tres admiradoras persiguiéndolo como perritos falderos. Uno tras otro, tanto Billy como Brenda o Debra fueron dejando el colegio, pero Harry siguió con los estudios y se licenció. Fue el primero de su familia en lograrlo. Su hermano no le encontraba ventaja alguna a que lo hiciese, pero el resto de la familia apreciaba el potencial de Harry: iba a ser la estrella de los Peak, el que saldría del pueblo y se convertiría en un verdadero personaje. Para no faltar a la verdad, hay que decir que su vanidad a veces resultaba molesta, incluso para sus familiares. En una ocasión, su hermana Brenda le clavó un tenedor porque la estaba sacando de quicio. «Quería a Harry —me dijo—, pero realmente se creía un ser superior».

No todo era perfecto para Harry. Lo expulsaron temporalmente de la escuela en varias ocasiones por irregularidades con las tareas. La policía le dio una paliza cuando lo atraparon borracho. Le gustaba dejarse llevar en cuanto tenía oportunidad. Cuando era adolescente, fumó marihuana con un consejero en un campamento de verano, y después dicho consejero abusó de él. Según sus hermanas, esa violación lo destrozó y, como consecuencia de ello, intentó suicidarse varias veces. Debra creía que aquello había hecho que Harry se inclinase hacia la homosexualidad. «No quería ser gay. Quería ser hetero», me dijo moviendo el anillo de la lata de cerveza adelante y atrás hasta que lo arrancó. Un cuervo iba dando saltitos por el límite del patio trasero, moviendo la cabeza como un juguete de cuerda. Debra le lanzó el anillo de la lata; después se reclinó hacia atrás en su silla y dijo: «Realmente quería ser hetero».

Durante unos cuantos años después de la violación, Harry siguió pareciendo heterosexual. Intentó comportarse como un actor, despertando el interés de varias chicas. En su último año en la escuela, finalmente inició una relación con una de ellas y le dijo a todo el mundo que tenía pensado casarse. Harry se alistó en el ejército justo después de graduarse. Su novia le prometió que lo esperaría, pero cuando regresó a casa tras cumplir el servicio militar, descubrió que ella había estado viendo a alguien más. Según Debra, romper con aquella chica lo dejó hecho polvo.

Pocos meses después, Harry empezó a salir con otra. Al poco tiempo, ella quedó embarazada de gemelos. Le pregunté qué pasó con esa relación. «El problema de aquella chica era que le gustaba la fiesta —me dijo Debra—. Salía mucho y perdió a uno de los niños, y siguió saliendo y perdió al otro». Debra tomó aliento y añadió: «Creo que eso es lo que empujó definitivamente a Harry a la homosexualidad. En cuanto tenía algo serio con una chica, algo pasaba. Un día me dijo: "Deb, es demasiado doloroso"». Me miró por encima del hombro y dijo: «Mis padres me matarían por decirle a usted que era gay. Para mi padre fue muy duro».

Justo en ese momento, la puerta de la cocina se abrió con un áspero chirrido y apareció su padre. Era alto, corpulento, con una barriga prominente, una cara rojiza y amistosa, y el pelo plateado en punta como si se tratase de signos de exclamación. Le gritó algo a Debra sobre el almuerzo, aunque acto seguido se contuvo al verme sentada en la silla. Me presenté y le dije que estaba escribiendo sobre Harry.

—Harry era todo un personaje —me respondió. Se rascó la incipiente barba que le cubría el mentón y se pasó los dedos por la cabellera—. Harry podría haber llegado a lo más alto. Podría haberlo hecho.

—Conocía a un montón de estrellas de cine, ¿verdad, papá? —dijo Debra—. Conocía a gente de clase alta.

—Conocía al ochenta por ciento de todas las grandes estrellas —dijo su padre corrigiéndola. Siguió peinándose con la mano y después añadió—: Conocía a Burt Reynolds y a esa que se casó con él. Debra, ¿cómo se llamaba?

—Loni Anderson, papá —dijo Debra. Volteó hacia mí—: Harry los conocía muy bien. Lo sabía todo de ellos. Me contó que Burt Reynolds y Loni Anderson iban a divorciarse antes de que nadie lo supiese.

—Pudo haber llegado a lo más alto —dijo el señor Peak. Entonces, frunció el ceño y añadió—: Debra, tengo hambre.

Debra no le hizo caso.

—Harry era el embustero más grande del mundo, ¿verdad, papá? Sabes que lo era. Siempre fue un mentiroso de categoría.

• • •

Harry rompió con la chica que había perdido a los gemelos y después se mudó a Los Ángeles. Estaba solo a veinte kilómetros de distancia, pero era un mundo lo que lo separaba de casa. No tenía ningún plan a excepción de convertirse en una estrella, lo cual no iba a resultarle sencillo. En Santa Fe Springs, un tipo guapo como Harry llamaba la atención. En Los Ángeles, era uno entre un millón. Las banquetas de Hollywood están repletas de jóvenes guapos y a todos ellos alguien les dijo en alguna ocasión que eran especiales, y algunos de ellos eran más rubios que Harry, o conocían a alguien importante, o habían estudiado actuación, o tenían un carisma arrollador, en tanto que Harry no era más que el guapito de Santa Fe Springs. Compartía casa en Hollywood con varios chicos que se movían por los más andrajosos límites del negocio del espectáculo. Una tarde, no hace mucho de eso, pasé con el coche delante de esa casa. Me dio la impresión de que no debía de haber cambiado gran cosa desde que Harry vivió en ella. Es un viejo y pequeño *bungalow*, atemporal, un tanto malhecho, con pasto descolorido y una valla de madera con restos de porquería de la calle; uno de los muchos *bungalows* de la ciudad donde la gente que tiene grandes sueños espera a que le ocurra algo maravilloso.

Incluso después de establecerse en Los Ángeles, Harry regresaba a Santa Fe Springs siempre que podía para irse de fiesta con sus amigos de la escuela. Tal vez le gustase recordar cómo era eso de sentirse admirado. Tal vez Los Ángeles seguía siendo para él un lugar extraño. Ante su familia presumía que le encantaba vivir en la ciudad, que estaba a punto de conseguir algún trabajo como actor, que había hecho amistad con muchos actores y que estaba empezando a saborear la vida de Hollywood. En realidad, se limitaba a sobrevivir, o tal vez ni siquiera eso. Sus compañeros de casa se quejaban de que solía retrasarse con el pago del alquiler y que a veces incluso no pagaba. Durante un tiempo lo perdonaron, porque Harry era esa clase de persona: zalamero, ingenuo, encantador. Era el tipo de amigo paradójico al que le prestas algo y nunca te lo devuelve y, sin embargo, es capaz de darte la camisa que lleva puesta. Varios de sus amigos lo describían exactamente con la misma frase: «Harry era capaz de darte su camisa, literalmente, pero era tan extravagante que te volvía loco».

Ganó algo de dinero con trabajos extraños. Uno de sus jefes más habituales era uno de sus vecinos, Dennis Vines, que lo contrató simplemente porque Harry siempre le sonreía y lo saludaba cuando pasaba a su lado. «Era encantador —me dijo Vines recientemente—. Era un chico muy amable. Tenía una de esas sonrisas, una sonrisa maravillosa. Y tenía una dentadura perfecta, ¿lo sabía?». Vines alquilaba toda una serie de departamentos. Creía que Harry era «demasiado tonto» para confiarle una responsabilidad seria, por eso lo contrató para hacer algunos recados y, de vez en cuando, como chófer. Cuando Harry se ponía una camisa blanca bien planchada y unos pantalones negros y se colocaba la pequeña gorra de chófer, tenía una pinta estupenda tras el volante del antiguo sedán Packard de Vines. A Harry le gustaba mucho conducir: le encantaba hablar con la gente cuando se detenían, porque el coche llamaba mucho la atención.

Vines se distanció de él debido a lo que describió como «el típico rollo de Harry». Le había pedido que guardara el llavero con las llaves de las sesenta propiedades de Vines. Harry apenas tardó unos pocos minutos en perderlo. «No sé cómo lo hizo, pero así fue», me contó Vines por teléfono. Se carcajeó y después dejó escapar un suspiro. «Así era Harry. Era capaz de estropearlo todo». Aunque Vines lo despidió, siguieron siendo amigos. «Era muy dulce —me dijo Vines—. De no ser así, nunca habría vuelto a dirigirle la palabra después de la tontería que hizo».

Tras perder su trabajo con Vines, Harry empezó a realizar encargos para bufetes de abogados; uno en Los Ángeles y otro en San Francisco. Los abogados pensaban que era más bien torpe pero que podían fiarse de él. Uno de ellos, Robert Sheahen, incluso contó con Harry como testigo para la defensa en un caso de asesinato. Sheahen dijo que Harry, saltándose las normas que le habían explicado, charló con los miembros del jurado de camino al estrado. «Así era Harry —me dijo Sheahen—. Él hacía las cosas a su manera». Harry testificó tal como le habían indicado. Entonces, el fiscal del distrito, con la intención de desacreditar su testimonio, le preguntó a Harry si era actor. Sheahen había supuesto que le preguntarían eso y le había advertido a Harry que se definiese como asistente de oficina, porque, si declaraba que era actor, eso sembraría dudas sobre la sinceridad de su declaración. A pesar de todo, Harry respondió que era actor. Toda la credibilidad que había demostrado en el estrado se fue al traste. A Harry no le importó; tenía que decir que era actor, pues de ese modo llamaría la atención sobre su persona, que era lo que más le importaba en el mundo. Era lo único que parecía necesitar por encima de cualquier otra cosa.

· · ·

A pesar de resultar frustrante y humillante y empobrecedora, la vida de Harry Peak en Los Ángeles tenía al menos el brillo de lo posible. Eso es algo que estaba en la composición química del maquillaje que envolvía la ciudad: lo posible era un elemento más, igual que el oxígeno. En Santa Fe Springs no podía apreciarse el sentido de lo posible por ningún lado: lo que veías —la hierba, las casas, los trabajos— era todo lo que podías esperar encontrar. En Los Ángeles, todas las ocasiones eran como una galletita de la suerte dispuesta a ser abierta, y en su interior podías encontrar a una estrella de cine o una audición exitosa, o conocer a una persona con poder que, simplemente chasqueando los dedos, era capaz de cambiar tu vida, como si se tratase de un mago. El sentimiento de que la suerte podía surgir en cualquier instante alimentaba lo suficiente a Harry como para que le resultase imposible imaginarse de vuelta en la monotonía sin esperanzas que suponía para él Santa Fe Springs. En cuanto se imaginaba a sí mismo como una persona conocida, engrandecida, iluminada por la fama, le resultaba imposible verse allí otra vez. Pero, en ese sentido, no tenía gran cosa a la cual aferrarse en la vida que estaba llevando en L. A. Fluctuaba entre aquello que ya no quería y lo que no parecía estar en absoluto a su alcance.

Sus días pasaban como si nada. Trabajaba unas pocas horas. Conseguía trabajos con la misma rapidez con la que los perdía. En una ocasión lo contrataron como acomodador de coches en el Sheraton. En su primer día de trabajo, estacionó un automóvil en uno de los rincones del garage y se olvidó de dónde lo había dejado. Tardaron varias horas en encontrarlo. Fue despedido de inmediato. Trabajase o no, pasaba mucho tiempo en los bares, especialmente durante la hora feliz, cuando podía beber sin parar por muy poco dinero. Acudió a audiciones como actor y como modelo. Para su desgracia, descubrió que sufría un grave caso de miedo escénico. Lo único que le ayudaba a superarlo era su afán por llamar la atención, pues le permitía ignorar el pánico que sentía cuando estaba encima de un escenario.

Le dijo a todo el mundo que en una de esas audiciones conoció a Burt Reynolds, y que ese fue el inicio de su amistad. Le dejé varios mensajes a Burt Reynolds diciéndole que quería preguntarle si recordaba a Harry Peak, pero nunca me devolvió las llamadas. Me da la impresión de que, si llegó a conocer a Harry, posiblemente se tratase de un breve encuentro, tal vez se dieron la mano, y con toda probabilidad Reynolds no habría sido capaz de distinguir a Harry de entre los muchos tipos rubios de mandíbula prominente que seguramente orbitaban a su alrededor sin llegar a cruzarse en realidad con él. En cualquier caso, la supuesta amistad de Harry con Burt Reynolds adquirió el poder de lo legendario en su familia. Su padre y sus hermanas me contaron que Burt Reynolds telefoneó en una ocasión a la madre de Harry para darle una sorpresa el día de su cumpleaños, y que ella estuvo a punto de colgarle porque no creía que pudiese ser él. Yo quería creer todo lo que iba descubriendo sobre Harry, pero cuantas más cosas oía, más pensaba que su vida parecía una serie de relatos fantásticos, de escenas marcadas por lo ilusorio. Llegué a pensar que era de lo más inverosímil que Burt Reynolds hubiese llegado siquiera a conocer a Harry Peak.

Grandes periodos de la vida de Harry durante esta etapa no tienen relato que los sustente y no han dejado rastro alguno. No tenía currículum, no mantuvo un empleo fijo. Era una bala perdida, iba a donde lo llevaba el viento, desempeñaba algún trabajito aquí o allá y después se largaba y no solía dejar nada a su paso. En 1980 fue contratado como extra en la nueva versión de *El cartero siempre llama dos veces*. En el set hizo amistad con otro extra, un fotógrafo llamado Demitri Hioteles. En cuestión de días empezaron a salir juntos y Harry acabó yéndose a vivir con él. En la actualidad, Hioteles vive en Florida y hablamos por teléfono recientemente. «Harry era la cosa más dulce de la Tierra —me dijo—. Tenía algo angelical». Como todas las personas que habían conocido a Harry, Hioteles no había tenido mucha paciencia con las patrañas de Harry. Me dijo que él siempre andaba contando cosas increíbles. «Llegaba y te decía: "¡Adivina a quién conocí! ¡Estuve tomando unas copas con Cher!"», me contó Hioteles. «Y yo tenía que decirle: "Sí, claro, Harry. Cómo no"». Después de tres años de relación, Hioteles le puso fin debido a lo que él denominó «el espectáculo Harry»; es decir, todas sus historias y mentiras. Lo que resultaba extraño, me dijo Hioteles, era que, a pesar de que Harry tenía mucha gracia contando historias, no era capaz de demostrar ese encanto a la hora de actuar. Le resultaba mucho más cómodo desplegar su talento para una única persona.

Había un lugar que para Harry suponía tierra firme, una organización en Echo Park que era parte entidad benéfica, parte grupo religioso y parte centro comunitario. Conocida como Iglesia Ortodoxa Americana, funcionaba como una especie de estación de paso para un heterogéneo grupo de hombres jóvenes que rondaban por Los Ángeles sin oficio ni beneficio. Dicha iglesia no estaba inscrita en ninguna asociación religiosa tradicional. Su fundador era un hombre llamado padre Archie Clark Smith, a quien también conocían como el Reverendísimo Basil Clark, Señor Basil Clark Smith y A.C. Smith. El cofundador de la iglesia era un podólogo llamado Homer Morgan Wilkie, a quien también conocían como Reverendo Nicholas Stephen Wilkie. Wilkie y Clark/Smith vestían sotanas negras del estilo ruso ortodoxo y recibían a la gente según un horario fijo en el French Quarter, una cafetería del bulevar Santa Mónica, en West Hollywood. La iglesia, o lo que fuese, dejó de existir hace tiempo. Wilkie y Clark/Smith también desaparecieron hace mucho. Al igual que Harry Peak, tenían la extraña capacidad de aparecer, existir y después esfumarse sin dejar rastro o información alguna sobre quiénes o qué fueron en realidad. El único efecto perdurable que dejaron tras de sí los reverendos fue el hecho de proporcionarle a Harry Peak una coartada para la mañana en la que se declaró el incendio en la biblioteca.

5.

Burning Books (2006)
Bosmajian, Haig A.
098.1 B743

Burning Rubber (2015)
Harlem, Lily
E-book

Burning Chrome (1987)
Gibson, William
SF Ed.A

Burning Love: Calendar Men Series, Book 8 (2014)
Carr, Cassandra
E-book

Decidí quemar un libro porque quería ver y sentir lo que podría haber visto y sentido Harry si hubiese estado en la biblioteca, si hubiese provocado el incendio. Quemar un libro iba a resultarme sumamente difícil. En realidad, hacerlo era pan comido; el reto estaba en los preparativos. El problema consistía en que jamás había sido capaz de dañar un libro. Incluso los libros que no quiero o los libros agotadores y maltrechos que ya no voy a poder leer se aferran a mí con todas sus fuerzas. Los apilo con la intención de librarme de ellos, pero entonces, cuando llega el momento, no soy capaz de hacerlo; siempre me ocurre lo mismo. Me alegra poder regalárselos a alguien o donarlos. Pero no soy capaz de tirar un libro a la basura, por mucho que lo intente. En el último minuto, algo hace que las manos se me queden pegadas a los costados y noto cómo crece en mi interior una sensación parecida al asco. En muchas ocasiones me he quedado parada frente a un bote de basura, con un libro con la cubierta rota o la encuadernación despedazada en las manos y no me he movido de ahí, jugueteando con él, hasta que finalmente dejo el bote cerrado y me alejo con el maldito libro; un soldado herido, maltrecho y vencido al que se le ha permitido vivir un día más. La única experiencia que se parece a lo que me ocurre en casos así tiene que ver con la posibilidad de tirar una planta, incluso aunque se trate de una planta sin una sola hoja, comida por el pulgón y retorcida a más no poder. La sensación de dejar en el bote de basura a un ser vivo me provoca las mismas náuseas. Puede parecer extraño que un libro y una planta me hagan sentir lo mismo, pero por eso precisamente es por lo que he llegado a creer que los libros tienen alma; ¿por qué, si no, iba a mostrarme tan reacia a tirarlos? Poco importa que me diga que en realidad estaría tirando un puñado de papeles impresos y encuadernados fácilmente reproducibles. Yo no lo siento así. Un libro me parece una cosa viva en el ahora y también viva a lo largo del tiempo, viva desde el momento en el que aparecieron por primera vez los pensamientos en la mente del escritor hasta el momento en el que lo envió a la imprenta; una línea vital que sigue respirando en el instante en el que alguien se sienta con él y se maravilla y sigue leyendo una y otra vez y otra vez. En cuanto se han vertido sobre ellos palabras y pensamientos, los libros dejan de ser simple papel y tinta y pegamento: adquieren una suerte de vitalidad humana. El poeta Milton denominaba a esta cualidad de los libros «la potencia de la vida». Así pues, no estaba segura de si sería capaz de actuar como una asesina.

Resulta sencillo copiar cualquier cosa hoy en día, y de la mayoría de los libros existen una infinidad de ejemplares; un único libro ya no tiene el valor que tenía cuando se hacían a través de un proceso complejo y laborioso. Por eso mismo, quemar un libro tendría que haberme sido fácil. Pero no lo fue, en absoluto. Ni siquiera fui capaz de escoger cuál iba a ser el libro en cuestión. En un principio pensé que podría quemar un libro que no me gustase, pero me pareció algo demasiado agresivo, como si fuera a deleitarme con una especie de ejecución. Sabía que no iba a ser capaz de quemar un libro que me gustase. Supuse entonces que podría quemar uno de mis libros, pero el proceso psicológico que ello implicaría era demasiado para mí, y dispongo de tantos ejemplares de mis libros que se han acabado convirtiendo en objetos esenciales en mi casa, como si en realidad fuesen harina o toallitas de papel en lugar de libros. Así que, mientras me decidía, fui postergando la elección del libro durante semanas, intentando imaginar qué criterio podía utilizar para seleccionar el que acabaría en el fuego. Ninguno me parecía adecuado. En un momento dado, cuando creía que tendría que dejar de lado la idea, mi marido se plantó ante mí con un ejemplar de *Fahrenheit 451*, una novela sobre el aterrador poder de quemar libros, y supe al instante que ese sería el libro escogido.

En un día cálido, en el que no soplaba el viento, subí hasta lo alto del cerro que se extiende tras el patio trasero de mi casa. El valle de San Fernando se desplegaba por completo ante mi vista: las copas de los árboles y los edificios fundidos en una suerte de marea de motitas y manchas; era como una pálida colcha tachonada aquí y allá con alguna que otra luz trasera roja y, por encima de todo eso, atravesando el cielo azul, un avión que dejaba tras de sí una cola de algodón. Viví en Los Ángeles durante cuatro años. Hasta que llegué allí, nunca me había parado a pensar en incendios, pero ahora sé que acechan por todas partes; por eso pisoteo a conciencia cualquier resto de ceniza que veo y apago con agua cualquier chispita que se cruza en mi camino. Aprendí muchas cosas desde que me mudé a Los Ángeles. Ahora sé distinguir la parte oeste de la parte este. Sé cómo evitar los embotellamientos de tránsito la noche de los Óscar. Conozco la exquisita tentación de la belleza y el reconocimiento que sienten todos aquellos que desean vivir una vida de oropel. Ahora puedo imaginarme a Harry Peak porque lo veía todos los días en las caras de los guapos meseros, excesivamente acicalados, que me servían, y también en las de los extras, con cuerpos moldeados en el gimnasio, que andaban de un lado para otro cuando rodaban alguna película en mi vecindario. Podía reconocer en ellos sus gestos de ansiedad, como si cualquier momento atesorase el potencial de cambiarles la vida de arriba abajo. Vi a Harry Peak en todas las personas sentadas ante sus computadoras portátiles en las cafeterías, creando el mejor personaje de la historia, y en las hermosas chicas con exceso de maquillaje y uñas pintadas con las que me cruzaba en el supermercado; solo por si acaso, solo por si acaso. Llegué a amar Los Ángeles, incluso amaba su engreída, acaparadora y ambiciosa estupidez, tan parecida a la de Harry, porque latía con emoción y deseo y rompía corazones sin piedad, animada de la manera más desnuda posible.

Pero ahora estaba en lo alto del cerro dispuesta a quemar un libro, así que me aparté de las vistas que me ofrecía el valle y dejé en el suelo el ejemplar de *Fahrenheit 451*. Dejé en el suelo también una jarra con agua, una caja de cerillos con un gallo en la caja y una bandeja de aluminio para hacer galletas sobre la que coloqué el libro. No sabía si este prendería inmediatamente o tardaría un rato en arder; tampoco sabía si ardería en una sola llamarada o si tendría que sentarme a observar cómo iba ardiendo página por página. Había escogido un libro de bolsillo, a pesar de que los libros de mi biblioteca eran todos de tapa dura, porque me preocupaba que un libro de tapa dura ardiese durante el tiempo suficiente como para que mis vecinos vieran el humo y diesen la voz de alarma. La gente de California corre de un lado a otro en cuanto ve la más mínima chispa y, para ser sincera, me daba un poco de miedo que el fuego se saliera de control.

Intenté encender el primer cerillo y se rompió, así que probé con otoa que prendió con una pequeña lengua de fuego. Acerqué el fósforo ardiente a la portada del libro, que mostraba la imagen de una caja de cerillos. La llama se desplazó como una gota de agua desde la punta del cerillo hasta la esquina de la cubierta. Prendió. La llama ascendió por la portada casi como si rodase por ella, como si fuese una alfombra, pero a medida que rodaba, la portada iba desapareciendo. Entonces fueron las páginas interiores las que prendieron. El fuego apareció en una de las páginas como si fuese un marco decorativo de color naranja con los bordes negros. Al instante, el límite naranja y el borde negro se extendieron por toda la página y después la página desapareció —casi en una combustión instantánea— y el libro completo quedó consumido en cuestión de segundos. Fue tan rápido que me dio la impresión de que el libro había explotado; estaba allí y, en un abrir y cerrar de ojos, había desaparecido. Y, mientras tanto, el día seguía siendo cálido, el cielo seguía siendo azul, yo no me había movido y la bandeja para galletas brillaba y estaba vacía a excepción de algunos restos de color negro esparcidos por encima. No había quedado nada, ni un simple rastro de algo que recordase a un libro, a una historia, a una página, a una palabra, a una idea. Me habían dicho que un gran incendio es algo ruidoso, clamoroso, rugiente. Lo que yo había observado, sin embargo, transcurrió prácticamente en silencio, con un ligero jadeo de aire, como una especie de zumbido, mientras el libro se consumía. Las páginas se quemaron a tal velocidad que apenas crujieron; el sonido fue suave, como un chisporroteo, o como el suave repiqueteo del agua cuando cae de la regadera. En cuanto acabó, me sentí como si hubiese saltado de un avión, lo cual supongo que fue una reacción natural a algo que me había resistido a hacer: ahí estaba la euforia que entrañaba haber pasado por alto mis propios instintos, la euforia ante la fluida belleza del fuego, y el terrible miedo ante la seducción que implicaba todo ello, así como la constatación de lo rápido que puede hacerse desaparecer algo preñado de historias humanas.

6.

The Humorous Side of Trucking (2016)
Boylan, Buck
814 B7915

*Organization, Administration, and Management
of the Los Angeles Public Library* (1948)
Los Angeles (Calif.)
027.47949 L879

*The Way of Adventure: Transforming Your Life
and Work with Spirit and Vision* (2000)
Salz, Jeff
171.3 S186

How to Rehabilitate Abandoned Buildings (1974)
Brann, Donald R.
Series: Easi-Bild Home Improvement Library 685
643.7 B821-1

Durante la actualización del sistema de préstamos en 2009, la Biblioteca Pública de Los Ángeles perdió parte de la información sobre sus usuarios anteriores a esa fecha, así que resulta imposible saber si Harry Peak tenía credencial de la biblioteca y no hay modo de saber siquiera si llegó a estar alguna vez dentro de la Biblioteca Central. La gente entra y sale de la biblioteca constantemente, sin que nadie les preste atención, desapercibidos. Tal vez las bibliotecas materializan cierta idea de permanencia, pero sus usuarios siempre son un flujo. A decir verdad, una biblioteca es más un portal que un punto fijo: es un lugar de tránsito, un pasaje. Dado que la Biblioteca Central es un edificio estructurado alrededor de la intersección de dos corredores, el edificio está abierto por todos lados y puedes cruzarlo en todas las direcciones. La planta baja tiene el mismo patrón de movimientos que la Grand Central Station de Manhattan. En ambos lugares, el constante ajetreo lo mantiene vivo un apresurado flujo que no deja de entrar y salir por las puertas durante todo el día. Puedes mezclarte con ese flujo sin que nadie se fije en ti. La biblioteca es el lugar adecuado en el cual estar si no tienes sitio adonde ir y deseas pasar desapercibido.

· · ·

Parece fácil definir qué es una biblioteca, da la impresión de que podría decirse simplemente que se trata de un depósito de libros. Pero cuanto más tiempo pasaba en la Central, más entendía que una biblioteca es una maquinaria intricada, un aparato con un montón de engranajes en movimiento. Hay días en los que, al llegar a la biblioteca, me colocaba cerca del centro del pasillo principal y me limitaba a observar el tránsito y la agitación del lugar. En ocasiones, la gente se limitaba a rondar por allí, sin destino aparente. Algunas personas caminaban muy decididas, con un propósito concreto. Algunas iban solas, otras en pareja; de vez en cuando aparecía un grupo. La gente cree que las bibliotecas son un lugar silencioso, pero en realidad no es así. Las bibliotecas retumban debido a las voces y los pasos y a toda una variada orquesta de ruidos relacionados con los libros: el de la portada de un libro al cerrarse, el susurro al pasar las páginas, el distintivo *zunc* al apilar un libro sobre otro, el murmullo de los carritos de libros en los pasillos.

Una mañana, no hace mucho, comprobé antes del amanecer que la biblioteca estaba en completo silencio. Había ido allí para ver cómo se organizaba el Departamento de Envíos, que abre a las cinco de la madrugada, y a conocer a John Szabo, el actual bibliotecario de Los Ángeles. Antes de bajar al departamento, me detuve en el pasillo, cerca del mostrador de información principal, para saborear la extraña experiencia del profundo silencio que presidía a esa hora en la biblioteca; poco menos que un lugar de ensueño, interrumpido únicamente por los azarosos crujidos y suspiros que todo edificio viejo emite cuando no hay nadie en su interior. El Departamento de Envíos está en el sótano, invisible respecto al resto de las actividades de la biblioteca. Nunca está en silencio. La sala tiene las paredes y el suelo cubiertos de material aislante; el sonido rebota de un lado a otro como una bola de billar. Esa mañana en concreto había allí ocho hombres y mujeres trabajando, sentados unos junto a los otros, delante de un largo mostrador cubierto de pilas de libros.

Cuando oí decir por primera vez que la biblioteca disponía de un Departamento de Envíos, no me quedó muy claro a qué se referían, porque no podía imaginar qué era lo que una biblioteca tenía que enviar. Tuvieron que explicarme que lo que se envía no es nada destinado al mundo exterior, por así decirlo; se trata de libros que van de una sucursal a otra. El de la Central mueve unos treinta y dos mil libros —el equivalente a todos los ejemplares de una de las sucursales— por toda la ciudad cinco días a la semana. Es como si la ciudad tuviese un flujo de sangre oxigenado por libros. El número de los que se desplazan de un lugar a otro ha ido aumentando desde los años noventa del siglo pasado, cuando los usuarios empezaron a poder pedir libros por Internet desde cualquiera de las setenta y dos sucursales de la ciudad para disponer de ellos en su biblioteca local. «Cuando irrumpió Internet, los envíos se dispararon», me dijo George Valdivia, el encargado del departamento desde 2010. «Antes podíamos repartir los libros con camionetas. Ahora son tantos que necesitamos camiones». Hizo un gesto con la mano alrededor de la sala hacia el camión que esperaba en el muelle de carga, con la puerta trasera abierta, como bostezando. El conductor, un hombre de brazos musculosos llamado Gonzalo, estaba contando los contenedores de plástico en la parte trasera del camión. «¡Tenemos veintidós!», gritó al equipo que guardaba los libros en los contenedores, todos ellos con auriculares conectados a sus teléfonos móviles. Nadie respondió al grito de Gonzalo. Desplazó uno de los contenedores. «¿Enciclopedias? —preguntó George—. Pesan como un muerto».

Gonzalo tenía que cubrir una ruta que empezaba en la biblioteca de Arroyo Seco, al noreste del límite de la ciudad, y se detenía en diez bibliotecas más, incluidas la de Chinatown, Little Tokio, Eagle Rock, Silver Lake y Echo Park. Hay siete rutas de entregas en la ciudad. Algunos de los libros enviados están inscritos en la Biblioteca Central, pero siempre están en movimiento. Otros libros son de otras sucursales, pero, debido a que el Departamento de Envíos utiliza un sistema centralizado, tienen que pasar por la Central de camino a la biblioteca que los haya pedido y después pasar de vuelta por la Central antes de regresar a casa. Los ejemplares están etiquetados como si fuesen equipaje. Eché un vistazo a una pila de libros que esperaban a ser empaquetados. Según la hoja de papel colocada en su interior, el libro de relatos de Lucia Berlin pertenecía a la biblioteca de Robertson, pero iba en busca del usuario que lo había pedido en Arroyo Seco. Un DVD titulado *The Great Indian Railway* había llegado de la biblioteca de San Pedro, cambió de planes en la Central y seguiría su camino hacia la de Lincoln Heights. Alguien en la biblioteca de Westchester estaba esperando que le llegase el *Happy Pig Day* de Mo Willem, que estaba en la Central proveniente de North Hollywood. Un usuario en El Sereno estaba esperando *The Bible Handbook of Dificult Verses*, que provenía de Sherman Oaks. *Solids, Liquids and Gases*, que pertenecía a la Central, iba a salir hacia Studio City.

El personal del Departamento de Envíos estaba al corriente de todas las modas. Sabían cuándo un libro había sido recomendado por Oprah, porque tenían que empaquetar docenas de ejemplares para atender las peticiones que llegaban de toda la ciudad. Sabían que la carga de trabajo el día posterior a cualquier jornada festiva sería mayor: por lo visto, todo el mundo en Los Ángeles echaba mano de sus computadoras justo después de la comida de Acción de Gracias y pedían libros para adelgazar. Por alguna razón que nadie podía explicar, un montón de libros de Arroyo Seco acababan prestados a usuarios de Chinatown. En mitad del año escolar, las guías de estudio para las pruebas SAT no dejaban de circular de un lado para otro. Antes de pagar a Hacienda, volaban todos los libros de consejos financieros.

La única mujer del departamento, Barbara Davis, dejó caer en uno de los contenedores, destinado a la biblioteca de Northbridge, el libro de Viktor Frankl *El hombre en busca de sentido* y también un libro ilustrado titulado *El oso se comió tu sándwich*. «Estoy cansada», me dijo en un impulso. Barbara es una mujer ancha, con mucho pecho y un peinado afro muy cortito, y transmite una sensación de perpleja exasperación. Empezó a trabajar en el Departamento de Envíos de la biblioteca después de pasar un tiempo en el Centro de Convenciones de la ciudad. «Allí también empaquetaba —me explicó—, pero solo mesas y sillas. Nada de libros». Me dijo que contaba los días que le faltaban para jubilarse. «Oye, he trabajado para la ciudad durante treinta y tres años; ya estoy preparada, cariño». Palmeó el bolsillo de su blusa y añadió: «Tengo los papeles de la jubilación aquí». Supuse que hablaba en sentido figurado, pero entonces extrajo un fajo de papeles con el sello del Ayuntamiento de Los Ángeles que indicaban su inminente jubilación y los acuerdos para la pensión. Volvió a guardarse los papeles en el bolsillo y me preguntó si sabía cómo empaquetar los libros en un contenedor de plástico. No tenía ni idea, así que me mostró cómo colocarlos de manera eficiente. «Verás, tienes que seguir una estrategia», me dijo. Encajó un grueso libro sobre vegetarianismo en el reducido espacio que había dejado el enorme *The Architecture of John Lautner*. Acto seguido, colocó cuatro conejos de peluche grandes, que la bibliotecaria infantil de la Wilshire había pedido al Departamento Infantil de la Central, en un contenedor que a simple vista parecía repleto. Después llenó otro contenedor con suministros para la biblioteca Wilshire, que aparentemente necesitaría varios rollos de cinta adhesiva. Llevó a cabo todo ese trabajo sin apenas mirar. Me dijo que no le importaba trabajar en la biblioteca, pero que no se veía a sí misma como una amante de los libros. «No me gusta mucho leer», dijo encajando *La semana laboral de cuatro horas* de Timothy Ferriss en un contenedor destinado a Van Nuys. El contenedor estaba más que lleno, así que le dio unas palmadas; era la señal para que el conductor del camión supiese que estaba listo para ser cargado. Gonzalo lo recogió y lo colocó en la parte trasera del vehículo. Barbara se limpió las manos en los muslos y agarró un contenedor vacío. Sus manos recorrieron la pila de libros, mesurándolos y pesándolos como si fuesen melones. Ladeó la cabeza hacia mí. «Lees y lees y lees y lees —me dijo—. Y después, ¿qué?».

• • •

Cuando John Szabo estaba en la escuela de posgrado de la Universidad de Michigan estudiando Biblioteconomía, lo conocían como Conan el Bibliotecario, lo cual resultaba gracioso porque podría parecer muchas cosas, pero nunca un bárbaro, aunque por aquel entonces se mostraba bastante agresivo con relación al trabajo que ejercía al frente de la pequeña biblioteca de su residencia. Eso fue a principios de los noventa, la época en la que los proveedores estaban empezando a darse a conocer entre el público general a través de Internet, y, por primera vez en la historia, el estatus de las bibliotecas como los mejores —o, mejor dicho, los únicos— centros de almacenaje de información fue puesto en duda. Szabo se licenció como bibliotecario justo en el momento en el que la gente empezaba a preguntarse si las bibliotecas eran viables o incluso necesarias en el nuevo mundo de las conexiones cibernéticas.

Szabo nació en Orlando en 1968. Creció en Alabama, siempre cerca de bases militares, donde se reverenciaban las bibliotecas. Su padre, retirado ya de las fuerzas aéreas, a menudo dejaba a John en la biblioteca de la base en las noches en las que jugaba sus partidos de la liga de boliche. Szabo adoraba los libros y le fascinó el proceso de préstamo: el modo en que los libros iban y venían, cómo se convertían en un medio de intercambio y de conexión dentro de los límites de una comunidad. Uno de sus objetos favoritos de las bibliotecas era la máquina Gaylord, una gran caja de metal en el mostrador de préstamo donde se estampaban las fechas de devolución en las tarjetas de los libros mordiendo las puntas para mantener las tarjetas adecuadamente alineadas.

A los dieciséis años, Szabo se convirtió en el encargado del mostrador de préstamos de la biblioteca de la base. A los veintidós se convirtió en Conan el Bibliotecario. En cuanto se graduó, solicitó un puesto de trabajo en Robinson, Illinois, una población de ocho mil habitantes que dejó su propia marca en la cultura popular en 1914, cuando un profesor local inventó los chocolates Heath. La mayoría de los residentes de la zona trabajaban en la fábrica Heath o eran granjeros, y ciertamente no le prestaban mucha atención a la biblioteca de Robinson. Szabo solicitó el trabajo en Robinson porque le había impresionado mucho cómo se trabajaba el tema de los recursos humanos allí: de un modo inesperadamente progresista, teniendo en cuenta que era una zona más bien conservadora. Una de las primeras cosas que Szabo hizo cuando empezó a trabajar fue presentarse personalmente a los granjeros locales, después los convenció para que votasen a favor de un impuesto destinado a sufragar la biblioteca, una misión prácticamente imposible que él cumplió gracias a su juiciosa dedicación, pero también a su carisma y su amabilidad. Szabo trabajó en la biblioteca de Robinson durante tres años y después lo contrataron para que dirigiese la biblioteca de Palm Harbor, en Florida. Algunos años después lo contrataron para que se pusiese al frente de la red de bibliotecas de Clearwater, Florida. Pasó seis años en Clearwater y allí conoció a su socio, Nick, que era profesor.

En 2005, la biblioteca de Atlanta empleó los servicios de Szabo. Se trataba de un trabajo que mucha gente habría juzgado como desalentador y otros tantos habrían considerado imposible de llevar a cabo. En aquella época, Atlanta disponía de una red en expansión con una biblioteca principal y treinta y cuatro sucursales, con un equipo de más de quinientos empleados y una idiosincrasia un tanto desquiciada. Había sido una de las últimas redes de bibliotecas en abolir la segregación: hasta 1959 solo atendían a usuarios blancos. El proceso de integración sufrió toda una serie de vaivenes y los problemas raciales siguieron presentes en la biblioteca durante décadas. A Szabo lo contrataron a raíz de un incidente particularmente significativo en ese tema. En el año 2000, a siete bibliotecarias blancas de la sucursal del centro de la ciudad las descendieron de categoría y fueron reemplazadas por bibliotecarias afroamericanas. Esto ocurrió justo después de que el presidente de la junta de la biblioteca dijese que creía que había demasiadas «mujeres mayores blancas» cargo de la biblioteca del centro de la ciudad y que la junta tenía que «librarse de ellas». Una de las empleadas afroamericanas, que se puso de parte de las bibliotecarias blancas, también perdió su categoría. Las bibliotecarias demandaron a la junta y al director de la biblioteca por discriminación racial. Las reuniones de la junta en Atlanta siempre habían sido televisadas en un canal abierto; muy posiblemente, la mayor parte del tiempo la audiencia total de estas no superaba los dos dígitos. Durante los días del juicio, las reuniones fueron tan tensas que la gente las veía por la tele en masa. Después de tres días de un amargo tira y afloja, las bibliotecarias ganaron, consiguiendo una indemnización de dieciocho millones de dólares y, al año siguiente, el director de la biblioteca fue despedido. Contrataron a Szabo poco después, en 2005.

Szabo es un hombre alto y desgarbado, con una cabeza pequeña y cuadrada, lleva barba de candado y resulta muy difícil hacerlo enojar. Es un maestro en el arte de la conspiración amistosa, de los guiños y de los susurros. Da la impresión de ser un perfecto caballero, con modos sureños y decoro militar. Para la biblioteca de Los Ángeles, robárselo a los de Atlanta causó total revuelo, porque se había hecho un nombre en el mundo de las bibliotecas como uno de los pocos directores que había sabido superar la transición a la omnipresencia de Internet y había sabido preparar su biblioteca para transitar por el futuro no como una mastodóntica, quejumbrosa y rancia montaña de libros, sino como un fluido vehículo que mezclaba datos e imaginación. Szabo creía que el futuro de las bibliotecas sería una fusión entre universidad popular, centro comunitario y base de información, vinculada felizmente a Internet, sin competir en ningún caso con la red de redes. A nivel práctico, Szabo entendía que la biblioteca debía ofrecer clases y censo de votantes y programas de alfabetización y cuentacuentos y conferencias y programas de integración de indigentes y servicios de negocios y acceso a computadoras y préstamo de películas y de libros electrónicos y también tenía que ser una bonita tienda de regalos. Ah, y también tenía que ofrecer libros.

En Los Ángeles, la biblioteca es otro de los departamentos que conforman el entramado municipal, como la policía, los abogados de oficio o la perrera. El director de la biblioteca es un gestor municipal, al que el propio alcalde contrata... y despide. Antonio Villaraigosa, el cuadragésimo primer alcalde de Los Ángeles, contrató a Szabo en 2012. Villaraigosa dejó de ser alcalde pocos meses después, mientras Szabo todavía estaba sacando la ropa de sus maletas. El nuevo alcalde, Eric Garcetti, empezó su mandato pidiendo a todos los directores de departamentos de la ciudad que volviesen a pasar por el trámite de solicitar sus trabajos. Algunos no lograron mantener sus puestos, pero Szabo sí fue capaz de hacerlo y acabó de desempacar.

El despacho de Szabo se encuentra en el cuarto piso del edificio Goodhue, una estancia decorada con toda una serie de trastos encontrados en el sótano de la biblioteca. Una de las paredes de su despacho está presidida por lámparas de latón decorativas provenientes de la antigua sala de lectura para niños. Las encontró almacenadas detrás de una pila de muebles maltrechos, cubiertas de polvo y suciedad. Sobre su escritorio y la mesa de café tiene varios de los regalos destinados a las personas que hicieron donativos para ayudar a restaurar la biblioteca después del incendio. Uno de ellos es un caro abrecartas metálico que tiene la forma del edificio; otro son dos sujetalibros con la forma de las esfinges con turbante que flanquean la escalera que está cerca de la sala circular.

Cuando salí del Departamento de Envíos y me dirigí al despacho de Szabo, él se encontraba en una reunión con el analista de presupuestos Robert Morales y con la gerente Madeleine Rackley, en la que por lo visto estaban llevando a cabo ajustes en el presupuesto anual de la biblioteca, que es de unos ciento setenta y dos millones de dólares. En calidad de departamento municipal, el de la biblioteca es de tamaño medio. Es más grande que el del zoológico, que dispone de veinte millones de dólares públicos —una suma que incluye los trece mil dólares para el cuidado de los renos y los ciento ocho mil de la visita guiada que denominan «la experiencia de alimentar a una jirafa»—, pero mucho más pequeño que el Departamento de Bomberos, con un presupuesto de seiscientos treinta millones al año.

Ese día, Szabo llevaba puesta una camisa con unos diminutos cuadros azul claro, una corbata a rayas azules y púrpuras, y unos chinos perfectamente planchados. Usaba unos lentes serios de montura redonda que, junto a su pulcro vestuario, le otorgaban el aspecto de un profesor titular de inglés. Tenía ocupadas prácticamente todas las horas del día, en parte porque se iba al día siguiente, a primera hora, a una conferencia en Toronto sobre innovación bibliotecaria. Desde Toronto se dirigiría a Ohio para asistir a otra reunión en el Centro de Bibliotecas Online, una cooperativa global formada por veinte mil bibliotecas de ciento veintidós países de todo el mundo. Szabo era el presidente de la junta. Tras la reunión en Ohio tenía planeado regresar a Los Ángeles, aunque pocos días después acudiría a la ciudad de Washington para recibir la Medalla Nacional por la Gestión de Museos y Bibliotecas, que se le otorga a cinco bibliotecas cada año.

Parte del trabajo de Szabo consistía en afrontar objetivos más delimitados y específicos. Días atrás, por ejemplo, un grupo de apicultores le había pedido permiso para colocar una colonia de colmenas en el tejado de la biblioteca. Cuando me contó de esa petición, me pregunté quién tendría potestad para dar esa clase de permiso; no tenía claro si la biblioteca contaba con alguien que se encargase del tejado, o alguien que se encargase de las colonias de animales o alguien que fuese una combinación de ambas cosas. Resultó que la autoridad de algo así recaía en el bibliotecario de la ciudad. Le pregunté si dispondrían de miel en la biblioteca a mediano plazo. Szabo me dijo que el proyecto servía para preguntarse si algo así suponía o no un bien público, como tantas otras cuestiones relacionadas con la biblioteca, pero, mientras se decidía, estuvo leyendo sobre apicultura urbana.

El carácter público de la biblioteca se estaba convirtiendo en una característica cada vez más infrecuente. Con el paso de los años, resultaba más difícil pensar en lugares en los que todo el mundo fuese bienvenido y no cobrasen por acogerte con amabilidad. El compromiso con la inclusión es tan poderoso que muchas de las decisiones relativas a la biblioteca oscilan sobre la idea de si una decisión concreta puede o no suponer que la gente sienta que ya no es bienvenida. En el caso de las colmenas, podrían molestar a personas que tienen miedo a las abejas o a aquellas que son alérgicas. Colocar las colmenas en el tejado es una proposición menos comprometida que, por ejemplo, colocarlas en la sala principal de lectura. Pero cabía la posibilidad de que las abejas del tejado revoloteasen por todo el edificio, o se ubicasen en las entradas, o resultasen una molestia en cualquier otro sentido. A Szabo parecía encantarle la idea de utilizar el tejado para algo, especialmente para algún imprevisto, como las colmenas, pero me dijo que el detalle decisivo sería si habría alguien externo a la biblioteca que se hiciera cargo de ellas.

El tema de las colmenas se dejó a consideración de momento y Szabo retomó los detalles del presupuesto con Morales y Rackley. La biblioteca se encontraba en mitad de un periodo de amnistía especial para las multas de los retrasos en la devolución de libros.

—¿Cuánto nos va a costar eso? —le preguntó Szabo a Morales.

—Sin duda, vamos a perder ingresos —respondió Morales—. Hay un montón de devoluciones atrasadas.

Al otro lado de la ventana se oyó el repentino pitido nasal del equipo de maquinaria de construcción que estaba trabajando allí. Tras unos treinta segundos, el pitido se detuvo de golpe y algo pesado y metálico cayó ruidosamente. Todo el mundo miró hacia la ventana durante unos segundos y después retomaron la discusión. La amnistía sobre las multas en las devoluciones parecía haber quedado aprobada, y Szabo recorrió con el dedo su cuaderno de notas. Una vez que encontró lo que buscaba, alzó la vista y dijo que estaba pensando pedirle al concejo municipal que subvencionase un programa mensual en la biblioteca para la integración de indigentes.

—Nuestra principal misión no es acabar con la indigencia —le advirtió Rackley—. Nuestra misión principal es ser una biblioteca.

—Pero los indigentes están ahí —dijo Szabo—. Queremos proporcionar un lugar para coordinar la afiliación en los diferentes servicios para indigentes de la ciudad.

Concretaron una fecha para probar el programa, llamado La Fuente; sería dentro de una semana. Szabo anotó algo en su tablet y después prosiguió con la lista de temas: una actualización del nuevo espacio para creadores digitales, un programa de vacunación contra la gripe y la noticia de que la terminal 7 del aeropuerto de Los Ángeles había dado su visto bueno para la instalación de un quiosco de la biblioteca, que permitiría a los viajeros escuchar audiolibros y leer libros electrónicos en ese punto. La cuestión del quiosco le recordó a Szabo que una compañía de bicicletas compartidas había solicitado colocar uno de sus puestos en la banqueta junto a la biblioteca.

—Me encantan las bicicletas —dijo Szabo—. Sería estupendo tenerlas aquí.

—¿Podremos mover el puesto, variar su ubicación, cuando lo hayan colocado? —preguntó Rackley con gesto de preocupación—. Lo digo por si no nos gusta donde lo coloquen.

Szabo dijo que aclararía ese asunto, le echó un vistazo a su reloj, se disculpó y se puso de pie para acudir a su próxima cita, que tendría lugar en la biblioteca Washington Irving.

Bajamos un piso en el ascensor para el personal y atravesamos el Departamento de Envíos. Szabo saludó por su nombre a varios de los miembros del equipo y ellos le correspondieron saludando con la mano, pero sin quitarse los auriculares. Entramos en el estacionamiento principal y nos subimos al coche de Szabo. Cuando salimos del garage oscuro, el sol nos golpeó con fuerza, como el chorro de un cañón de agua. Nos dirigimos a un barrio situado entre la autopista de Santa Mónica y el bulevar Crenshaw. A ese barrio se le conoce oficialmente como Mid-City, aunque por lo general se le denomina Crenshaw. La zona era amplia y luminosa, una cuadrícula de pequeñas calles se entrecruzaban con bulevares marcados por la cicatriz trazada por la autopista I-10, que corría por el extremo sur. Szabo abandonó la vía principal, se adentró en una soleada calle residencial y estaxcionó el coche al lado de una reja de alambre. Una mujer morena y esbelta nos esperaba junto a la reja con un portafolios en la mano y un gesto de expectación.

—¡Lo logró! —dijo inclinándose hacia el coche.

Se presentó como Eloísa Sarao, ayudante de gerencia de la biblioteca. Una traicionera corriente de aire recorrió la calle y removió las hojas de su portafolios. Les dio un manotazo y dijo:

—¡Entremos!

La reja metálica rodeaba un edificio de ladrillos y estuco que daba la impresión de haber sido hermoso en el pasado pero que ahora parecía medio en ruinas, estropeado por el abandono. En el gran dintel, que tenía el aspecto de una corona, podía leerse grabado en la piedra: «Biblioteca Pública de Los Ángeles Washington Irving». La biblioteca tenía el aspecto de un templo de estilo neoclásico, algo habitual en las bibliotecas diseñadas en 1926. El barrio en el que estaba enclavada había sido de clase trabajadora, pero en las últimas décadas se había degradado: el desempleo y la delincuencia en Crenshaw estaban por encima de la media de la ciudad. Las casas eran cuadradas y sencillas, con pequeños fragmentos de césped y barrotes de seguridad en las ventanas de los salones. A pesar de la decadencia, la biblioteca tenía una presencia regia. En 1987, la biblioteca fue incluida en el Registro Nacional de Lugares Históricos. Al igual que otras muchas bibliotecas de ese periodo, no cumplía la normativa contra terremotos, tenía una ubicación inadecuada y carecía de espacio suficiente en el interior. Dado que se encontraba en una calle residencial, resultaba difícil encontrarla. A pesar de todo, a la gente del barrio le encantaba.

En 1990, el ayuntamiento anunció que cerraría la biblioteca Washington Irving y que construiría una nueva biblioteca trece calles más adelante, donde antes había un negocio de lavado de coches. Los vecinos protestaron, pero la decisión municipal se impuso. Se construyó la nueva biblioteca. Desde entonces, la vieja biblioteca, que había prestado servicio al vecindario durante sesenta y cinco años, había permanecido vacía, pasto del deterioro como un perro viejo tumbado en un sofá redondo. El sol la había castigado. La reja casi había acabado convirtiéndose en parte del paisaje natural; estaba inclinada como un árbol bajo una tormenta y se había oxidado hasta adquirir un color entre plateado y rojizo. Las tenaces y duras raíces de las enredaderas y las malas hierbas agrietaban el suelo alrededor de la reja y creaban una cenefa sin forma en el pavimento alrededor del edificio. Las ventanas tapiadas parecían ojos morados en una cara inexpresiva.

Mientras nosotros estábamos allí atrapados por la tristeza del escenario, los grillos cantaban alegremente entre la yerba. Una cinta de un amarillo gastado con la inscripción «No pasar» revoloteaba como si fuese la banderola de un festival. De la reja colgaban diferentes anuncios expresando la voluntad de comprar casas feas o de limpiar alcantarillas. Había un descolorido ejemplar de bolsillo de *Strawberry Shortcake's Cooking Fun* enganchado a la reja al lado de una montañita de hojas marrones y algunas envolturas de plástico, como restos flotantes que hubiese traído la marea. La calle, la avenida Arlington, estaba inmersa en el silencio del mediodía. Una travesía más allá, el tránsito rugía. Un hombre grueso pasó a nuestro lado paseando a un perro de ojos azules atado con una cuerda. Al cabo de un rato, Sarao abrió el candado y empujó la reja, después metió una llave en la cerradura de la puerta principal de la biblioteca. La abrió a duras penas, con un chirrido grave. La sala principal era amplia, con el techo alto atravesado por unas vigas de madera brillante.

—Dios mío —dijo Szabo al tiempo que se adentraba en la sala.

La basura llegaba hasta los tobillos. Había latas de cerveza, un cinturón de cuero de talla mediana bastante bonito, una botella de aceite Olay para aseo corporal, toda una serie de bolsas de papas fritas y un montón de restos de cosas imposibles de identificar. En el mostrador frontal había un ejemplar de un libro titulado *The Way of Adventure: Transforming Your Life and Work with Spirit and Vision*, como si alguien hubiese estado allí esperando a que le pusiesen el sello del préstamo justo en el momento en el que cerraron la biblioteca y quedó congelado en el tiempo.

Nunca había estado en un lugar tan desolador como esa vieja biblioteca, con su magullada belleza y la soledad que transmitía. Los edificios abandonados transmiten un doloroso y estremecedor vacío mucho más profundo que el vacío que transmite un edificio que no ha llegado a ser habitado. Ese edificio estaba lleno de todo aquello que faltaba. Era como si toda la gente que hubiese pasado por allí hubiera dejado un pequeño rastro en el aire: su ausencia estaba presente, podía notarse. El niño que aprendió a leer aquí; el estudiante que redactó aquí el trabajo de fin de curso; el ratón de biblioteca que recorría alegremente los pasillos plagados de estanterías. Todo había desaparecido. Todo. Quedaban unos pocos libros en los estantes, libros que, misteriosamente, dejaron de lado cuando vaciaron la biblioteca. Eran como los supervivientes de una explosión nuclear. Provocaban que aquellos que ya no estaban tuviesen una presencia huidiza y cautivadora, como si hubiésemos visto fantasmas.

Pretendimos encender las luces, pero la mayoría de los interruptores chasquearon infructuosamente. Lucía el sol en el exterior, pero en la biblioteca imperaba la penumbra. Los cristales de las ventanas estaban tan sucios que solo se colaba un poco de luz. Sentía la desolación como si de una mano enorme apretándome el pecho se tratase. Había visto muchos edificios vacíos, pero ese era otra cosa. Ese edificio provocaba que el carácter permanente de las bibliotecas quedase en entredicho. Ese santuario había caído en el olvido; los recuerdos habían quedado dispersados como granos de sal; las ideas se habían evaporado como si jamás hubiesen existido; las historias se disiparon como si no hubiesen tenido sustancia ni peso para mantenerse unidas a la tierra, a todos nosotros y, por encima de todo, al tiempo que estaba por venir.

Caminamos por la sala de lectura durante un rato, asumiendo la melancolía, y después le dije a Szabo que la biblioteca podría llegar a convertirse en una casa muy hermosa, especialmente para alguien a quien le gustase leer. Me dijo que era una posibilidad interesante, aunque el ayuntamiento estaba planteando convertirla en un centro comunitario. Se barajaba esa opción desde 1990, pero no habían llegado a crear un plan específico.

—Qué edificio más auténtico —dijo Szabo sacudiendo la cabeza.

Sarao asintió y dijo:

—Sería genial volver a darle utilidad.

Estuvimos mirando por las ventanas y caminamos por la sala principal, abriendo algunos cajones y puertas. Me dio por pensar que para algunos animales salvajes de pequeño tamaño, la biblioteca vacía podía haberse convertido en un agradable lugar en el cual establecerse, lo que quiere decir que cada vez que abría un cajón o una puerta me veía obligada a afrontar una desagradable dosis de suspenso.

Szabo había acudido a la Washington Irving para ver en qué estado se encontraba e intentar calmar a aquellos vecinos consternados por su decrepitud. Hubo un tiempo en el que la calle se había visto embellecida por la hermosura de la biblioteca. Pero ahora era el vecino más desagradable del barrio y cada día que pasaba se deterioraba más. No había dinero para hacer nada significativo con ella, así que Szabo estaba calculando qué podía hacer por el bien del vecindario. Mientras discutía sobre esta cuestión con Sarao, pensé que una parte considerable del trabajo de los bibliotecarios de la ciudad consiste en ejercer de administradores de la propiedad. Szabo es responsable de setenta y tres edificios de considerable tamaño desperdigados por los más de ochocientos kilómetros cuadrados de la ciudad de Los Ángeles. El mero hecho de intentar visitar cada una de esas sucursales es un objetivo de gran envergadura. Las jornadas de Szabo fluctuaban entre los grandes planes sobre el futuro de los sistemas globales de información y minucias como conseguir un jardinero que arrancase las malas hierbas que rodeaban la biblioteca Washington Irving.

—Deberíamos barrer esto —le dijo a Sarao, arrastrando algunas basuras con el pie—. Pero centrémonos en el exterior y en limpiar para que lo disfruten los vecinos —suspiró—. Deberíamos arrancar todo lo que crece alrededor de la verja. Tendría mucho mejor aspecto.

• • •

De vuelta en el coche de Szabo, nos dirigimos al ayuntamiento, donde teníamos programada una cita con la directora de políticas para la indigencia, Alisa Orduña. Cincuenta años atrás, habría resultado muy poco verosímil la posibilidad de que el bibliotecario de la ciudad se hubiese reunido con la directora de políticas para la indigencia. De hecho, cincuenta años atrás, el ayuntamiento no disponía de una directora de políticas para la indigencia. Pero ahora se trata de un cargo esencial. A finales de los años sesenta, los medios de comunicación hicieron hincapié en las terribles condiciones de los centros psiquiátricos. Además del desarrollo de fármacos antipsicóticos y el retirado de fondos para la salud mental que llevó a cabo Ronald Reagan, los centros psiquiátricos estatales dieron de alta a un elevado número de pacientes. Muchos de esos pacientes no tenían un hogar al cual regresar o bien sus condiciones personales les impedían tener un hogar propio. A lo largo de las siguientes décadas, los presupuestos para los programas de servicios sociales han menguado al mismo tiempo que lo hacía el poder adquisitivo de las familias. Después llegó la Gran Recesión y la tormenta de los desahucios por todo el país, que contribuyeron enormemente a que aumentase el número de personas que viven en las calles o en refugios. En 2009, más de un millón y medio de personas en Estados Unidos respondían a la definición federal de *indigente*: cualquiera que carezca de «residencia fija habitual y adecuada en la cual pasar la noche». Los Ángeles cuenta con el mayor número de indigentes de todo el país a excepción de Nueva York: según el último recuento, de 2017, en Los Ángeles hay casi sesenta mil personas sin hogar.

Uno de los escasos lugares donde los desalojados son bienvenidos, se les ofrece acceso a computadoras e Internet y pueden pasar allí todo el día —a menos que se comporten de manera inadecuada— son las bibliotecas públicas. Las bibliotecas se han convertido en centros comunitarios *de facto* para indigentes de todo el planeta. No hay biblioteca en el mundo que no tenga que afrontar la cuestión de cómo —y hasta qué punto— atender a los indigentes. Muchos bibliotecarios me han comentado que creen que esa es la cuestión principal con la que tienen que lidiar en la actualidad las bibliotecas, así como la tensión de lograr un equilibrio entre la acogida de indigentes y la atención destinada a otros usuarios que, de vez en cuando, se sienten intimidados por su presencia o porque huelen mal o porque son sucios o porque tienen problemas mentales. La Biblioteca Central no se encuentra demasiado lejos de algunos de los refugios más grandes o de los puentes bajo la autopista donde los indigentes levantan sus campamentos. Por la mañana, antes de que la biblioteca abra sus puertas, muchas de las personas que esperan para entrar en el edificio llevan consigo, cargándolas a la espalda, todas sus posesiones terrenales. Szabo sabe perfectamente que la biblioteca se ha convertido en una especie de centro tutelado para mucha de la gente que vive en la calle en Los Ángeles. Cuando dirigía la biblioteca de Atlanta, enviaba bibliotecas móviles a los moteles en los que vivían muchos de los indigentes de la ciudad, ofreciéndoles libros y cuentacuentos para los niños. Junto a los libros iba también una enfermera de Seguridad Social para revisar las condiciones de los residentes una vez que salían de la caravana.

Alisa Orduña salió a nuestro encuentro en el fresco y brillante vestíbulo del ayuntamiento y nos llevó hasta su oficina, en el piso de arriba. Es una mujer de hombros anchos, muy directa, con una luminosa sonrisa y un puñado de pecas alrededor de la nariz. Aunque se pasa el día sumida en el intrincado asunto de quienes están privados de todo y de la gente con problemas mentales, da la impresión de ser una persona alegre y enérgica, casi eufórica. Ella y Szabo están siempre en contacto. El encuentro de ese día se debía a una nueva reglamentación municipal que limita el tamaño de las cosas que pueden colocarse en las banquetas, lo que es otro modo de disuadir a las personas que levantan campamentos con tiendas y carritos del supermercado y maletas. Nadie tiene muy claro cuáles serán los resultados en la ciudad de dicha reglamentación cuando entre en funcionamiento, pero sin duda causará un efecto en la biblioteca.

—Ya se verá —le dijo Orduña a Szabo—. Yo creo que provocará tensiones.

Szabo se tocó el mentón y dijo:

—Tenemos una normativa sobre el tamaño de las mochilas que la gente puede meter a la biblioteca. ¿Tenemos que ser más tolerantes para que todo sea un poco más sencillo? ¿Y en el caso de que esas personas lleven muchas cosas consigo?

Hablaron sobre la posibilidad de que la biblioteca ofreciera una especie de guardarropa en el cual poder dejar cosas de gran tamaño; de ese modo no se les exigiría que recogieran sus campamentos durante el día, porque probablemente no tendrían lugar alguno donde dejar todo eso.

—Eso estaría muy bien. Además, nos permitiría recopilar algo de información —dijo Orduña—. Nos caería muy bien algo así.

—Sí, también me encantaría disponer de esa información —dijo Szabo.

Durante un rato estuvieron preguntándose si habría algún espacio no utilizado en la biblioteca. Szabo intentó mantener el entusiasmo, pero advirtió a Orduña de que en realidad el edificio ya estaba hasta el tope. Entonces, Szabo le dijo que iba a solicitar fondos en su nuevo presupuesto para el programa de integración de indigentes, conocido como La Fuente, del que ya me había hablado esa misma mañana. A Orduña le llamó mucho la atención y le preguntó si la biblioteca podría acoger a trabajadores sociales para que tratasen con los desalojados. Szabo hizo un gesto de desagrado y respondió que lo dudaba mucho, pero que tomaba nota para poder aclarar ese punto más adelante. Orduña suspiró y dijo:

—John, ya sabes cómo va esto. Intentamos que esa gente siga manteniendo la esperanza mientras esperan una casa. Mantener la esperanza es importante.

Szabo dijo que podía llevar bibliotecas móviles hasta las zonas en las que estuviesen viviendo esas familias sin hogar, como había hecho en Atlanta, si lograba idear cómo conseguir dinero para dichas bibliotecas móviles sin tener que recurrir a los habituales canales municipales.

—He escuchado cosas tremendas —dijo Szabo, y Orduña asintió—. Como tener que esperar dos años para conseguir algo, aunque se trate de una aspiradora. Ese tipo de cosas.

—¡Dios mío! —resopló Orduña—. ¿Por una aspiradora?

• • •

El siguiente encuentro de Szabo fue en la otra punta de la ciudad, en Little Tokio. El barrio disponía de su propia biblioteca, un edificio bajo y alargado de concreto que abrió sus puertas en 2005. La fachada principal del edificio es funcional. La parte de atrás colinda con el Redbird, uno de los restaurantes más lujosos del centro de Los Ángeles. El director de la biblioteca le pidió a Szabo que pasara por allí para discutir sobre la posibilidad de crear un estacionamiento en colaboración con el edificio adyacente, así como los planes para el espacio de tierra que no se utilizaba entre la parte trasera del edificio y el Redbird. La biblioteca de Little Tokio está muy cerca de la Central, pero es completamente diferente. Sin duda, se trata de una biblioteca de barrio: compacta, específica, hogareña. Sus colecciones reflejan lo que es el vecindario. La Biblioteca Central tiene una sección de manga bastante grande, pero en Little Tokio dicha sección es enorme. Las familias del barrio tienen muchos hijos pequeños, así que la biblioteca dispone de una sección infantil muy grande, con libros en inglés y también en japonés.

Al traspasar la puerta principal, te topas con un hombre enjuto con barba bien recortada sentado frente a una mesa de plástico. Nos explicó que era voluntario en el programa de integración de veteranos del ejército. Sobre la mesa de plástico había docenas de panfletos colocados formando una roseta. Nos entregó varios de ellos.

—¿Un día movido? —le preguntó Szabo.

El hombre negó con la cabeza y dijo:

—Qué va, poco trabajo.

Ordenó una de las rosetas de panfletos y sonrió.

—Supongo que a los que están por ahí fuera les preocupa más broncearse.

Szabo se fue en busca del director de la biblioteca, así que me quedé sola en la sala de lectura. Notaba a mi alrededor el tranquilizador ruido propio de las bibliotecas: nada estruendoso, nada estridente, solo un constante y cálido ronroneo sin forma definida. Era un espacio ocupado pacíficamente, con total sentido, por un montón de extraños. Caminé a través de la arboleda de estanterías hacia la sección infantil. Había allí dos hombres mayores y una mujer también mayor, sacando libros de los estantes y hablando sobre ellos en japonés. Podrían haber sido unos abuelos escogiendo libros para sus nietos, pero la bibliotecaria me dijo que los elegían para leerlos ellos. Me dijo que muchas personas del barrio sacaban en préstamo libros ilustrados para practicar inglés.

Szabo volvió a aparecer minutos después. Parecía emocionado y me comentó que el tema del estacionamiento había quedado resuelto: la biblioteca había aceptado que los propietarios del Redbird construyesen en la zona vacía. El plan incluía colocar varios jardines de flores, una fuente, olivos y un tanque para criar truchas. A cambio, el director de la biblioteca había conseguido que limpiaran la fachada de la biblioteca de Little Tokio.

Eran casi las cinco de la tarde, pero Szabo todavía tenía otra reunión más de vuelta en su despacho, con una joven llamada Kren Malone, quien en breve ocuparía el cargo de directora de los servicios de la Biblioteca Central. La actual directora, Eva Mitnick, iba a convertirse en directora de Compromiso y Aprendizaje, un puesto de mayor responsabilidad que había creado Szabo y que incluía la supervisión de los bibliotecarios bilingües y multilingües, la atención a nuevos estadounidenses y todos los programas para veteranos de las bibliotecas.

La dirección de la Central no tiene nada que ver con el trabajo de Szabo. Szabo dirige toda la red de bibliotecas de la ciudad, así como del resto de la administración bibliotecaria, y tiene su despacho en la Biblioteca Central. La dirección de la Central se encarga de la biblioteca principal e informa de ello a Szabo, igual que el director de la biblioteca de Little Tokio dirige su sucursal e informa después a Szabo. La diferencia entre ellos estriba en el tamaño y la complejidad de las colecciones de la Biblioteca Central: libros raros, material de investigación, colecciones especiales, además de todos los libros habituales.

Malone, una mujer afroamericana alta, de cabello rizado y dueña de una discreta sonrisa, trabajaba en la biblioteca desde hacía diecisiete años. Cuando llegamos, nos está esperando en el despacho de Szabo, echándole un vistazo a una hoja de cálculo con las peticiones de libros. Szabo la saluda y empieza por contarle lo del quiosco de bicicletas que van a instalar. Charlan sobre el tema mientras Szabo se quita el saco, se endereza la corbata y se sienta. La Biblioteca Central deja de ser el centro de la conversación y pasan a hablar de Boyle Heights, uno de los barrios al este del centro de la ciudad. Una planta de reciclaje de pilas eléctricas en el barrio ha contaminado el suelo con niveles muy tóxicos de plomo, lo cual implicará el mayor trabajo de limpieza de plomo realizado en la historia de California. Exide Technologies, que es la empresa que regenta la planta, ha aceptado realizar análisis de sangre a los veintiún mil habitantes del vecindario. Los análisis se llevarán a cabo en la biblioteca Boyle Heights. Cuando hay problemas, las bibliotecas se convierten en suelo sagrado. Se convierten en plazas de la ciudad y centros comunitarios; incluso en puntos de extracción de sangre. En Los Ángeles han sido muchos los desastres que han requerido que las bibliotecas desempeñasen ese papel. En 2016, por ejemplo, en un depósito de gas en el barrio de Porter Ranch se detectó una fuga de metano que produjo dolores de cabeza, hemorragias nasales, dolores de estómago y problemas respiratorios entre los residentes. Finalmente, toda la zona tuvo que ser evacuada. Con la ayuda de purificadores de aire industriales, la biblioteca pudo permanecer abierta. Se convirtió en un punto seguro de información sobre la crisis, así como el lugar en el que los vecinos podían reunirse mientras estaban fuera de sus hogares. El director de la biblioteca se dio cuenta de lo ansiosos que estaban los usuarios, así que puso en marcha clases de yoga y meditación para ayudar a que la gente aplacase el estrés. Los trabajadores de la biblioteca aprendieron a rellenar los formularios de la compañía Southern California Gas para poder ayudar a la gente a solicitar las indemnizaciones generadas por los gastos de vivienda y los gastos médicos. *American Libraries Magazine* aplaudió la respuesta de la biblioteca y afirmó que «en medio de una devastadora fuga de gas, la biblioteca de Porter Ranch siguió siendo una constante».

Szabo y Malone se pusieron al corriente de varios proyectos. Las nuevas tarjetas de la biblioteca, diseñadas por el artista Shepard Fairey, pronto estarían listas. Los números de préstamos estaban muy bien. Habían encargado las nuevas cámaras de circuito cerrado para el edificio y dispondrían de ellas en una o dos semanas. Malone tomaba notas y asentía tras cada una de las afirmaciones. Le preguntó a Szabo cuándo regresaba del viaje que iba a emprender a primera hora del día siguiente.

—Dentro de una semana —le dijo. Sonrió y añadió—: ¡No vas a tener tiempo para echarme de menos!

Cuando Malone se disponía a marcharse, Szabo comentó que regresaría a tiempo para la próxima celebración de la biblioteca. En 2014, Szabo había creado los Cursos de Bachillerato Online, o COHS —Career Online High School—, el primer programa de bachillerato oficial auspiciado por una biblioteca en Estados Unidos. A través de la página web de la biblioteca, aquellos adultos que no habían conseguido su diploma de bachillerato podían cursar uno de los novecientos cursos COHS gratuitos y graduarse así con un diploma en lugar de hacerlo con un certificado de equivalencia de bachillerato. Szabo solía presumir que la biblioteca era la universidad del pueblo, y con el programa COHS había logrado materializar su idea. Era una propuesta tan evidente y tan adecuada para una biblioteca que, justo después de que Szabo la pusiese en marcha, otras cincuenta bibliotecas del país, inspiradas por el programa de Los Ángeles, empezaron a impartir sus propios cursos de bachillerato para adultos.

Según afirmaba Szabo, poner en marcha el programa COHS había sido uno de los aspectos más satisfactorios del tiempo que había pasado en Los Ángeles. Semanas después de regresar del viaje a Toronto y Ohio, presidiría la primera ceremonia de graduación del programa COHS, en la que veintidós adultos recibirían sus diplomas de bachillerato cortesía de la Biblioteca Pública de Los Ángeles.

El capitán del Departamento de Bomberos Don Sturkey
comprobando los daños

7.

The Art of Condolence: What to Write, What to Say,
What to Do at a Time of Loss (1991)
Zunin, Leonard M.
177.9 Z95

No Time for Tears: Coping with Grief in a Busy World
(2015)
Heath, Judy
157.3 H437

How Everyday Products Make People Sick: Toxins at
Home and in the Workplace (2007)
Blanc, Paul D.
615.9 B638

Rock Names: From ABBA to ZZ Top: How Rock Bands Got
Their Names (1995)
Dolgins, Adam
781.9903 D664

En cuanto se conoció la noticia del incendio en la Biblioteca Central, empezaron a llegar mensajes de condolencia desde Bélgica, Japón, Inglaterra, Alemania y el resto del mundo. El director de la Bibliothèque Nationale de Francia escribió: «Llegado el momento, y si usted lo considera posible, [nos encantaría] recibir toda la información posible [...] en relación con las causas del siniestro acontecido». También llegaron mensajes de bibliotecas de todo

Estados Unidos: Nueva York, San Diego, Detroit, Kansas City, la Biblioteca del Congreso, de universidades y facultades. «Los miembros del Museo de Zoología Comparada de Harvard hemos recibido con una profunda angustia la noticia de su reciente tragedia». «En el Centro Médico del Condado de Los Ángeles compartimos con ustedes su angustia y su pesar debido al trágico incendio». «Desde la Biblioteca de Oklahoma City, lamentamos la desgracia por la que pasaron. ¡Mucho ánimo!». Los sentimientos que transmitían la mayoría de esos mensajes eran de dolor, conmoción, angustia y desolación.

Los trabajadores de la Biblioteca Central retomaron sus trabajos; a pesar de no tener muy claro qué significaba *trabajo*, habida cuenta de que la biblioteca estaba cerrada al público y no contenía libros. Algunos de los miembros del equipo fueron trasladados al almacén que se encontraba al este de Los Ángeles, donde habían sido enviados muchos de los libros que no habían resultado dañados. Otros fueron enviados al edificio principal, donde se pusieron a limpiar e intentaron organizar lo que había quedado. La moral estaba por los suelos. El incendio había sido una especie de violación. Glen Creason se había visto sumido en una «negrura paralizante» después del suceso. Me dijo que fue el peor día de su vida; después de ese estaba el día en que murió su padre. Sylvia Monooghian estaba tan deprimida que durante los meses siguientes solo vistió ropa blanca, con la esperanza de que eso la llevase a sentirse bien de nuevo. Uno de los miembros del equipo había escrito una nota anónima diciendo: «Tendríamos que haber concertado sesiones de rezo [...] para evitar que el pirómano actuase. [Ahora] impera el sabor a muerte [...], y un miedo frío e impersonal, así como la desesperación, nos sobrecogen». Según la nota, la mayoría del personal había desarrollado «la tos de biblioteca» y «el arrastrar los pies de biblioteca, una especie de movimiento de los pies sin objetivo concreto, adelante-atrás-adelante».

La tos de biblioteca se debía al hollín que flotaba en el aire. El arrastrar los pies era la caminata sonámbula debido a la ansiedad. A pesar de que el Departamento de Seguridad del ayuntamiento les había dado garantías, los miembros del equipo temían que el incendio hubiese resquebrajado los muros, posibilitando la emanación de asbesto. Les preocupaba que la biblioteca no volviese a abrir sus puertas ni recuperase su colección. Les preocupaba que los pirómanos volvieran a intentarlo. Y, lo que era aun peor, les preocupaba que el causante del incendio fuese alguien del equipo. Muchos de los empleados consideraban a sus compañeros parte de su familia. Ahora, dicha familia estaba bajo sospecha. Uno de los trabajadores del Departamento de Historia envió un memorando a la policía en el que acusaba a una de sus compañeras. «Tiene fama de ser beligerante y de mostrar rabia hacia sus compañeros», escribió, aclarando que dicha trabajadora tenía acceso a la zona donde se había iniciado el fuego. Los investigadores no dejaron de lado la posibilidad de que hubiese sido alguien del equipo quien había provocado el incendio e interrogaron a muchos de los miembros, incluido a alguien que no acudió al trabajo ese día por estar enfermo. Cualquiera de los trabajadores del que pudiese decirse que se sentía «insatisfecho» fue interrogado. No hace mucho tiempo pasé una tarde con un bibliotecario jubilado llamado Mel Rosenberg, que casualmente estaba fuera de la ciudad el día de los hechos.

—Oh, claro que me interrogaron —me dijo Rosenberg—. Querían asegurarse de que estaba donde dije que estaba.

Se echó a reír sonoramente y recordó que, cuando lo contrataron, Wyman Jones le había advertido que era mejor que no fuese liberal.

—Yo me dije: «Oh, Dios mío, Wyman, ¿crees que son bibliotecarios conservadores?».

Rosenberg reía con tal fuerza que pensé que terminaría llorando. Entonces empezó a pensar en el incendio de nuevo y se puso sombrío.

—Todas las revistas de mi departamento, el Departamento de Arte, desaparecieron. Todas. Fue horrible. No tienesidea.

Los investigadores del cuerpo de bomberos prosiguieron sus interrogatorios, centrándose en todos los miembros del personal que no estaban allí aquel día por alguna razón. Enviaron una circular a los administradores dando a entender que pondrían en marcha un «plan de acción» si el pirómano resultaba ser uno de los empleados. Dicho plan incluía interrumpir las notificaciones, un ensayo para responder «preguntas difíciles» y sugirieron que a los miembros del equipo se les informase vía «red telefónica» o «por notificaciones entregadas en mano».

Veinticuatro de los doscientos cincuenta bibliotecarios de la Central no tardaron en pedir un traslado a otras sucursales. Una encuesta entre los miembros del equipo que se quedaron indicó cuál había sido el aspecto más estresante del incendio. El resultado fue desolador. Entre las respuestas: «Sentirse impotente, indefenso frente a la confusión [...], el aislamiento que supone trabajar entre estantes vacíos en un edificio que antes había sido un lugar lleno de vida»; «A pesar de que nadie murió en el incendio, tener miedo de que alguien acabe muerto o malherido debido a los problemas de seguridad» y «Sentirse como refugiados, como agujeros en una entidad orgánica». Los periódicos locales hicieron eco del malestar de los trabajadores de la biblioteca. «LA DESESPERACIÓN TRAS EL INCENDIO PROVOCA TENSIONES ENTRE LOS BIBLIOTECARIOS», rezaba uno de los titulares. Los bibliotecarios se quejaban de infecciones oculares, dificultades respiratorias, irritación en la piel y desorden de estrés postraumático. El director del Departamento Audiovisual declaró en *Los Angeles Daily News*: «Los primeros días tras el incendio, llegaba a casa, encendía un cerillo y la biblioteca aparecía en mi cabeza». Una notificación entre los administradores advertía: «El equipo de trabajadores no puede seguir en estas condiciones. Se dedican a barrer y a fregar [...]. Deberían estar protegidos durante las horas de trabajo, al menos mientras el causante del incendio ande suelto». Uno de los bibliotecarios más veteranos, preguntado por la Junta de Bibliotecarios, dijo: «Bueno, las condiciones de trabajo son pésimas. La moral varía [...]. Ha habido mucho apoyo público. Muchos bibliotecarios saben cómo podrían ayudarlos públicamente de manera concreta». Por otra parte, algunos bibliotecarios se sentían tan aislados, tan melancólicos, que se convirtieron en extraños para sus propias parejas. Glen Creason me contó que muchos matrimonios, incluido el suyo, se vinieron abajo meses después del incendio.

La administración de la biblioteca estaba tan preocupada por el estado de ánimo de los bibliotecarios que contrataron a un psicólogo, el doctor Stanley Ksionzky, para que dirigiese las sesiones de terapia de grupo. El doctor Ksionzky animó a los bibliotecarios a que se esforzasen en crear una «visualización» de cuán hermosa iba a ser la biblioteca cuando volviese a abrir sus puertas. Para aquellos que temían que sus usuarios se sintiesen abandonados, este psicólogo les propuso que los imaginasen acudiendo a otras sucursales y saliendo adelante. Los bibliotecarios intentaron encontrar algo de lo que reírse entre las ruinas. Aquellos que fueron reubicados en el vistoso edificio de la avenida Río Vista escribieron la letra de una canción con la música del tema *Oklahoma!* que empezaba así: «Río Vista / Donde los ladrones de coches pasan el día / Y si sobrevives de ocho a cinco / Vuelves a casa con un dólar y veinticinco / Y así vamos adelante / A pesar del humo que tuvimos que respirar...». Alguien propuso que formaran una banda de bibliotecarios, porque la canción fue todo un éxito entre los trabajadores. Había una nota en el tablón de anuncios del equipo: «A pesar de que el único consuelo posible, en forma de terapia de grupo, pende ante nuestras narices como si fuese una zanahoria, se han inscrito los siguientes grupos para aprovecharse de los medios existentes de reparación y sanación». Debajo había una lista de posibles nombres para la banda con los nombres de algunos de los bibliotecarios: Betty Gay y los Depresivos, Dan Dupill y los Amargados y Bill Byrne y los Pirómanos.

8.

Tales from the Time Loop: The Most Comprehensive
Exposé of the Global Conspiracy Ever Written and All
You Need to Know to Be Truly Free (2003)
Icke, David
909 I17-3

Drunk, Divorced, and Covered in Cat Hair: The True-Life
Misadventures of a 30-Something Who Learned to Knit
After He Split (2007)
Perry, Laurie
392.3428 P463

Hackers and Hacking: A Reference Handbook (2013)
Holt, Thomas J.
364.38 H7578

Organize Your Digital Life: How to Store Your
Photographs, Music, Videos, and Personal Documents in
a Digital World (2009)
Baldridge, Aimee
621.3819533 B178

Todos los meses llegan más de setecientos libros nuevos a la biblioteca. Se descargan, se sacan de las cajas, se sellan, se etiquetan, se registran en el catálogo electrónico, se forran con plástico transparente, se les coloca el código de barras y, finalmente, se ubican en los estantes. El proceso de inclusión de un libro nuevo lleva casi una semana. Una tarde, cuando estaba en el Departamento de Servicio de Colecciones, donde tiene lugar ese proceso, entre los libros recién llegados estaban: *100 Interiors Around the World*; *Hoover's War on Gays: Exposing the FBI's "Sex Deviates" Program*, y *Don't Be a Jerk: And Other Practical Advice from Dogen, Japan's Greatest Zen Master*. También había una pila de libros en español, ruso, armenio y sueco que no tardaron en ser llevados al Departamento de Lenguas Internacionales.

Peggy Murphy, que dirige el Servicio de Colecciones, empezó su carrera como bibliotecaria siendo una adolescente en Mount Vernon, Nueva York, en una época en la que el jefe de bibliotecarios llamaba a sus trabajadores sirviéndose de un contador metálico que ahora se usa para adiestrar perros. Para llamar a cada uno de los empleados utilizaba un número de clics personalizado. En el caso de Murphy, se trataba de dos clics breves. Los libros que el jefe de bibliotecarios en Mount Vernon consideraba «peligrosos» —es decir, de contenido sexual— se guardaban en un armario de metal con llave en el sótano de la biblioteca. Baudelaire, Balzac y Masters y Johnson estaban allí, tras los barrotes. De algún modo, Murphy descubrió dónde guardaba la llave del armario y, durante los descansos, iba allí a echar un vistazo y leer. Para cuando se graduó en el instituto, había logrado leer todos los libros allí guardados. «Amplió mi visión del mundo», le gustaba decir.

Los libros populares que se prestan con frecuencia a menudo empiezan a estropearse al cabo de un año, así que muchos de los que están inscritos en el Departamento de Catalogación son nuevos ejemplares de libros ya catalogados. Un libro como *El código Da Vinci*, que sale en préstamo docenas de veces en un mes, con suerte dura un año entero. Algunos libros son reemplazados antes de estar maltrechos. Por ejemplo, los libros de nombres para bebés circulan con regularidad. «Las mujeres embarazadas no quieren leer libros sucios, así que los tenemos nuevecitos», me dijo Murphy.

Otros libros muestran cierta tendencia a desaparecer después de ser prestados. La biblioteca ha comprado infinidad de ejemplares de las obras de Carlos Castaneda porque muchos de ellos jamás regresan. Otro autor, David Icke, que escribe sobre teorías de la conspiración y sobre una raza de extraterrestres reptilianos que acabarán dominando la Tierra, se encuentra —anecdóticamente, como mínimo— entre los autores cuyos libros suelen desaparecer con mayor frecuencia. Icke tiene unos lectores muy codiciosos; por este motivo, durante un tiempo la biblioteca simplemente dejó de comprar ejemplares de repuesto de sus títulos; resultaba demasiado costoso. El día en que murió Elvis Presley, alguien pidió prestados todos sus discos y nunca los devolvió. Los archivos sobre la familia Manson y el asesinato de la Dalia Negra, que incluyen recortes de periódico y recuerdos, desaparecieron hace décadas, y lo cierto es que son irreemplazables. En 1981, la policía descubrió que una mujer vendía libros en la *suite* de un hotel de Beverly Hills. Ganaba unos cuarenta mil dólares al año con su negocio de libros usados. Todos los ejemplares habían sido robados de la Biblioteca Pública de Los Ángeles. En 1982, diez mil libros que habían desaparecido de la biblioteca fueron encontrados en la casa que tenía en Los Ángeles uno de los empleados, de nombre Glenn Swartz, quien declaró sufrir un trastorno de almacenamiento compulsivo. (Dejó su trabajo). Se ha descubierto a más de uno intentando llevarse libros metidos en carriolas, a veces incluso con niños dentro.

Durante años, los estudios cinematográficos fueron los principales culpables de la desaparición de libros. En lugar de dejar constancia de los libros que necesitaban para sus documentaciones —y después devolverlos en la fecha prevista—, los estudios a veces enviaban a asistentes a la biblioteca para que los robasen. El sistema implicaba que uno de estos asistentes se quedaba fuera junto a una ventana y el otro le pasaba el libro deseado desde dentro. Cosas como estas ocurrían con tanta frecuencia que la biblioteca acabó teniendo un empleado cuyo principal cometido era visitar los estudios de vez en cuando para recuperar los libros. Para poner fin al sistema de sustracción a través de las ventanas, los bibliotecarios sellaron con cables todas las ventanas que solían servir para ese fin. (Más allá de los malintencionados, la biblioteca siempre ha mantenido una estrecha relación con los estudios. En los años cincuenta, un folleto de la biblioteca decía: «QUERÍAN HECHOS... y los encontraron en la Biblioteca», y aclaraba: «Los estudios cinematográficos intentan evitar los errores mediante la investigación [en la biblioteca]. La Twentieth Century Fox escudriña en los archivos de la biblioteca... ¡con el fin de encontrar enfoques contemporáneos para un famoso caso de asesinato!»).

· · ·

Cerca del despacho de Peggy Murphy hay una vieja máquina para coser libros, un voluminoso aparato metálico con el tamaño y la forma de un quitanieves. La máquina es tan vieja que resulta imposible encontrar ya piezas de repuesto. El Ayuntamiento de Los Ángeles disponía de un departamento de encuadernación propio. Con el paso del tiempo, dicha sección se convirtió en un departamento pequeño en el que, finalmente, solo trabajaba un encuadernador que reparaba los libros rotos de la biblioteca y los de otros departamentos del ayuntamiento. Si uno se detiene a pensarlo, las ciudades tienen miles de libros y material encuadernado: publicaciones legales para los fiscales del distrito, directorios, material de referencia, ordenanzas municipales y muchas cosas más. La última encuadernadora oficial del municipio se jubiló en 2014. No se contrató a nadie para sustituirla, y el «salario del encuadernador» dejó de ser uno de los apartados en el presupuesto del ayuntamiento. Hoy en día, si hay que reparar de urgencia los libros especiales o muy caros, se llevan a restauradores privados. Los libros normales que empiezan a romperse simplemente se tiran y se compran nuevos ejemplares para reemplazarlos.

La vieja máquina de encuadernación está colocada a unos diez metros de un grupo de torres de computadora de dos metros de altura por las que corren cientos de megabytes de información por segundo. La Biblioteca Pública de Los Ángeles está conectada a Internet desde 1994, mucho antes que la mayoría de los sistemas, lo cual fue una ventaja inesperada en relación con el incendio. Los más rudimentarios catálogos electrónicos de libros estaban ya disponibles en los años setenta, pero los sofisticados sistemas en red, parecidos a los que tenemos hoy en día, empezaron a desarrollarse a comienzos de los años noventa. En un principio, muchas bibliotecas se resistieron a utilizar esos sistemas mejorados porque ya habían gastado dinero suficiente en la primera oleada de catálogos electrónicos y no podían permitirse gastar más dinero en esa actualización. Pero Los Ángeles había perdido tantos libros en el incendio que el anticuado catálogo de tarjetas ya no podía ni remotamente ser preciso, y nunca dispuso de catálogos electrónicos porque el incendio había imposibilitado el inventario de libros. Las colecciones que sobrevivieron tuvieron que ser inventariadas de nuevo, así como los cientos de miles de libros adquiridos para reemplazar a los que ardieron. En lugar de volver a crear el catálogo original, la biblioteca decidió empezar de cero con un catálogo electrónico. Fue una de las primeras bibliotecas de Estados Unidos en hacerlo.

Según Matthew Mattson, el encargado de ella, la página web de la biblioteca tuvo más de once millones de visitas en 2015, y el catálogo se consultó en más de diez millones de ocasiones. Entre los visitantes suele haber algunos *hackers*. Mattson me explicó que casi todos los días sorprenden a alguno intentando hacer de las suyas en la web de la biblioteca. La mayoría de esos intrusos parecen estar afincados en China o Rusia. Hackear la web de la biblioteca no parece tener mucho sentido, ya que puedes acceder a ella abiertamente en cualquier momento, así que le pregunté a Mattson por qué se preocuparía alguien por hacer algo así. «Se entrenan», me dijo. Según me explicó, quienes intentan piratear la web de la biblioteca se preparan así para intentar después objetivos mayores, más seguros y valiosos.

· · ·

La fotografía más famosa entre las pertenecientes a la colección de la biblioteca es la de un elefante de cinco años llamado Bimbo Jr. montado en una tabla de surf. La instantánea fue publicada en *Los Angeles Herald* en 1962. Según el pie de foto, Bimbo Jr. tenía la «rara distinción de ser el elefante más joven en lograr semejante hito», un pie de foto de lo más peculiar que implicaba que otros elefantes hacían surf también, y que lo llamativo en Bimbo había sido su juventud. La segunda foto más conocida, según el número de visitas o de órdenes de impresión, es una de los años cincuenta en la que aparecen varias chicas con bombachos ajustados lanzando flechas a un montón de balones de playa. La siguiente es una foto de una Combi llena de gatos, estacionada en el área de entrenamiento de Venice Beach; no sabemos la fecha ni el autor. La mayoría de los tres millones cuatrocientas mil fotos de la colección de la biblioteca llegaron allí en formato físico. Todos los días se escanean unas cuantas más y se cuelgan en Internet, donde es posible buscarlas mediante palabras clave o descripciones. Algunas de las imágenes de la colección son obras de fotógrafos famosos. Ansel Adams llegó a Los Ángeles en 1939 y documentó los primeros años de la industria aeroespacial, y donó los negativos a la biblioteca. El fotógrafo afroamericano Roland Curtis tomó instantáneas de la comunidad negra en los años sesenta y setenta y también donó sus archivos. La mayoría de esos tres millones cuatrocientas mil fotos reflejan detalles cotidianos. *Los Angeles Herald Examiner*, que estuvo en circulación desde 1903 hasta 1989, donó su colección de dos millones de imágenes a la biblioteca en 1991. El *Valley Times*, un periódico de la periferia que funcionó desde los años cuarenta hasta los setenta, donó su archivo de cuarenta y cinco mil imágenes cuando cerró sus puertas.

Llevó cuatro años escanear todas las fotografías del *Valley Times*. Una de las personas encargadas de todo ese proceso es una ayudante de bibliotecaria llamada Lisa Ondoy. Cuando me dejé caer una tarde por el departamento, Ondoy estaba indexando la fotografía de tres niños de unos catorce o quince años que sostenían en sus manos un melón gigante. La imagen escaneada apareció en la pantalla de la computadora y Ondoy la estuvo observando durante unos minutos, estirando el cuello para fijarse en todos los detalles. Tecleó «adolescentes» y «Valle de San Fernando» como etiquetas, se reclinó en su silla y reflexionó durante unos segundos. «Es probable que también lo etiquete con "melones" —dijo—. Debieron de sufrir una ola de calor en 1960, porque hay un montón de historias sobre las cosas que hicieron en el valle para sobreponerse al calor».

Ondoy llevaba dos años trabajando en la creación de herramientas de búsqueda —las etiquetas descriptivas— para los archivos del *Valley Times*. Ya había etiquetado dieciocho mil quinientas fotografías. Me dijo que si trabajaba con cuidado podía completar unas tres o cuatro fotografías por hora. Ese trabajo parecía riguroso y posiblemente aburrido, pero a Ondoy le encantaba.

—Soy un poco un bicho raro —me dijo—. Me encanta encontrar cosas en las fotografías que creía que habían desaparecido. Cosas olvidadas. Tal vez parezca un poco forzado, pero es como si las salvase.

Me explicó que le encantaba cómo el archivo fotográfico del *Valley Times* había documentado la vida cotidiana.

—Tenemos un montón de fotografías de pasteles de cumpleaños y un montón de instantáneas de celebración de bodas de oro —me dijo. Y sonrió antes de añadir—: Esas me gustan de verdad.

Añadió varias etiquetas más a la foto del melón y pasó a la siguiente fotografía, que mostraba un perro al que estaban enjabonando. Ondoy me contó que el archivo del *Valley Times* incluía un buen número de fotografías de perros, y entre estas había un puñado de perros bañándose. Mientras me lo decía, tecleó las etiquetas «perros», «aseo», «baño» y «Valle de San Fernando». Amplió la fotografía y la estudió. Señaló que había un montón de toallas apenas visible en la esquina del marco, así que añadió «toallas». También añadió «pasto», pues la bañera del perro estaba colocada encima de un pedazo de hierba y, según Ondoy, a menudo la gente buscaba fotografías de pasto, así que colocaba esa etiqueta con generosidad. Otra búsqueda frecuente era el término «albercas», así que cualquier imagen en la que apareciese siquiera el píxel de una alberca se etiquetaba con esa palabra. Pasamos un rato discutiendo si la bañera de plástico en la que estaba el perro podía ser calificada como alberca, pero Ondoy decidió que no. Cargó la fotografía del perro y siguió adelante.

La siguiente imagen era el retrato de un sacerdote que sonreía ampliamente. Le había pasado los brazos por encima de los hombros a un hombre muy bien vestido y a una mujer que también sonreía, aunque no tanto como él. La fotografía había aparecido en el *Valley Times* en 1961 y el pie de foto decía: «El padre Collins como consejero de una pareja». Lisa bajó la vista para leer el resto de la nota, que hablaba del porcentaje de divorcios en Los Ángeles —era el más elevado de Estados Unidos en ese momento— y de los esfuerzos de la Iglesia católica para ponerle remedio. Ondoy etiquetó la imagen del sonriente padre Collins —«Iglesia católica», «sacerdote», «divorcio»— y siguió trabajando con una fotografía más antes de tomarse un descanso. Era de otro perro. Amplió la imagen para examinarla. Este perro no se estaba bañando. Estaba seco y tenía el pelo muy largo. El pie de foto decía: «Un gran amigo suave».

Al otro lado de la sala, Xochitl Oliva, la bibliotecaria al cargo de la digitalización y las colecciones especiales de la Central, abrió la primera de las muchas cajas que acababan de llegar al departamento. Eran donaciones de un grupo de estudiantes contrarios a la guerra, activos entre 1967 y 1971, conocidos como La Resistencia de L. A. El material que había en las cajas eran recuerdos del grupo de actividades: pósters, fotos, periódicos y folletos. La mayor parte de ese material había pasado los últimos treinta años almacenado en la casa del árbol de uno de los miembros, al norte de California. Recientemente, los integrantes del grupo habían decidido vaciar sus clósets y también, como no podía ser de otro modo, sus casas de los árboles, y querían encontrarles una ubicación permanente a sus archivos. La biblioteca los aceptó con los brazos abiertos.

—Estas cosas son alucinantes —me dijo Oliva, rebuscando dentro de la caja—. Es historia viva.

• • •

Salí del Departamento de Digitalización y me fui a dar uno de mis habituales paseos alrededor del edificio. Quería empaparme del lugar, captarlo en su totalidad. A veces resulta complicado captar un lugar que crees que conoces bien; tus ojos se deslizan por él pero no lo ven en absoluto. Es como si la familiaridad te volviese temporalmente ciega. Me obligué a mirar con más atención e intentar ver más allá del concepto de la biblioteca, tan latente en mi cerebro.

Antes de saber nada del incendio de la biblioteca, había decidido que se había acabado para mí eso de escribir libros. Trabajar en ellos era para mí como participar en un combate de lucha libre en cámara lenta; no tenía el ánimo para volver a implicarme en algo así otra vez. Pero ahí estaba. Sé que una parte de lo que captó mi interés tenía que ver con la impresión, relacionada con la familiaridad, que me causó llevar a mi hijo a nuestra biblioteca: el modo en que recuperé mi infancia, la relación con mis padres, mi amor por los libros. Mis reflexiones me acercaron de nuevo a mi madre, a nuestros ratos en la biblioteca. Resultó maravilloso y al mismo tiempo agridulce, porque justo en el momento en que yo recuperaba esos recuerdos mi madre estaba perdiendo todos los suyos. Cuando le dije por primera vez que estaba escribiendo un libro sobre bibliotecas, le encantó la idea y me dijo que se sentía orgullosa de haber desempeñado un papel en el hecho de que me fascinasen. Pero los dedos de la demencia no tardaron en apretar con fuerza, llevándola a perder de forma arbitraria retazos de memoria día tras día. La siguiente ocasión en la que le hablé del proyecto y le dije lo mucho que había pensado en nuestros viajes a la biblioteca de Brenton Woods, sonrió animándome, pero como si no entendiese qué le estaba diciendo. Cada vez que la visitaba parecía recular un poco más —empezó a mostrarse ausente, perdida en sus pensamientos o tal vez sumida en alguna clase de ensoñación vacía que ocupaba ahora el vacío que los recuerdos habían dejado—, y supe que, a partir de ese momento, era yo la que tendría que conservar aquellos recuerdos por las dos.

Mi madre me inculcó el amor por las bibliotecas. La razón por la cual finalmente me comprometí con este proyecto —primero quise hacerlo y después necesité escribirlo— fue que entendí que la estaba perdiendo. Me pregunté si existía o no un recuerdo compartido si la persona con la que lo compartías ya no podía recordarlo. La memoria oscurecida ¿rompía el circuito? Mi madre era la única persona, aparte de mí, que sabía qué habían significado aquellas tardes diáfanas. Sabía que iba a escribir este libro porque quería preservar aquellas tardes. Me dije a mí misma que dejar constancia en una página implicaría, de algún modo, salvar el recuerdo del corrosivo paso del tiempo.

La idea de que te olviden es terrorífica. No solo me asusta la posibilidad de ser olvidada personalmente, sino el hecho de que todos estemos condenados a ser olvidados; que la vida por completo no sea, en última instancia, nada; que nuestra alegría y desilusión y dolor y disfrute y pérdida haya dejado una pequeña marca en el mundo y que cuando ya no estamos, y dicha marca se borra, fuese como si nunca hubiésemos existido. Si miras al vacío durante un segundo, la suma de todas las vidas se convierte en algo nulo y sin efecto, porque, si nada perdura, nada importa. Significa que todo lo que experimentamos se desarrolla sin seguir un patrón y que la vida es algo salvaje y arbitrario, un puñado de notas sin melodía. Pero si algo de lo que hemos aprendido u observado o imaginado puede ser plasmado y salvado, y si podemos ver nuestras vidas reflejadas en las vidas previas, y si podemos imaginar que se reflejarán en las vidas por venir, podemos empezar a descubrir un orden y una armonía. Descubres que formas parte de una historia más amplia que tiene una forma y un propósito, un pasado conocido y tangible y un futuro constantemente renovado. Todos susurramos en una lata con una cuerda, pero somos escuchados, así que susurramos el mensaje a la siguiente lata con la siguiente cuerda. Escribir un libro, al igual que construir una biblioteca, es un acto de puro desafío. Es la declaración de que uno cree en la persistencia de la memoria.

En Senegal, la expresión amable para indicar que alguien ha muerto es decir que su biblioteca ha ardido. Cuando escuché esa frase por primera vez, no la entendí, pero con el paso del tiempo me di cuenta de que era perfecta. Nuestras mentes y nuestras almas contienen volúmenes en los que han quedado inscritas nuestras experiencias y emociones. La consciencia de cada individuo es un recuento de recuerdos que hemos catalogado y almacenado en nuestro interior, la biblioteca privada de la vida que hemos vivido. Es algo que no podemos compartir enteramente con nadie, una biblioteca que arde y desaparece cuando morimos. Pero si puedes tomar algo de esa colección interna y compartirlo —con una sola persona o con todo el mundo, en una página o en un relato oral—, adquiere vida por cuenta propia.

9.

La biblioteca perdida (2013)
Dean, A. M.
S

*Vom Kaiserhof zur Reichskanzlei: Eine Historische
Darstellung in Tagebuchblattern* (Vom 1. Januar 1932
bis Zum 1. Mai 1933) (1934)
Goebbels, Joseph
G 943.085 G593-2

*The Protection of Cultural Property in the Event of
Armed Conflict: Commentary on the Convention for the
Protection of Cultural Property in the Event of Armed
Conflict and its Protocol, Signed 14 May, 1954 in The
Hague, and on Other Instruments* (1996)
Toman, Jiri
709 T655

*The Holocaust and the Book: Destruction and
Preservation* (2001)
Editado por Rose, Jonathan. Serie: Studies in
Print Culture and the History of the Book
940.5315296 H7545-4

Las bibliotecas han ardido desde casi el mismo momento en el
que empezaron a construirse. Como escribió William Blades en
1880 en uno de los primeros volúmenes sobre libros que ardie-

ron, las bibliotecas son víctimas fáciles de «incendios casuales, pirómanos fanáticos, hogueras judiciales e incluso de estufas caseras». El primer registro de quema de libros fue en el año 213 a. C., cuando el emperador chino Qin Shi Huang decidió quemar todos los libros de historia que contradijesen su versión del pasado. Además, enterró vivos a más de cuatrocientos estudiosos.

La biblioteca perdida más famosa de la antigüedad fue la de Alejandría, en Egipto. Aunque se ha hablado de ella en múltiples ocasiones, es muy poco lo que se sabe realmente sobre dicha biblioteca. No quedó constancia del aspecto del edificio o de su ubicación exacta. En teoría, la biblioteca contenía medio millón de documentos y manuscritos y en ella trabajaban cien bibliotecarios residentes. Se dice que la Biblioteca de Alejandría ardió en varias ocasiones. La primera vez fue cuando Julio César atacó el puerto de Alejandría en 48 a. C. El objetivo de César no era la biblioteca, pero el fuego se inició en el puerto y se extendió hasta alcanzarla. Fue reconstruida, aunque ardió dos veces más en posteriores asaltos a la ciudad. En cada una de las ocasiones fue restaurada.

El último y definitivo incendio, que la borró para siempre de la historia, tuvo lugar en el año 640. A esas alturas, la biblioteca producía un respeto reverencial y daba algo de miedo. La gente había empezado a pensar que era una especie de ser vivo: un cerebro gigantesco, infinito y comunitario que contenía todo el conocimiento existente en el mundo, con el potencial de convertirse en una forma independiente de inteligencia que ahora tememos en la forma de las supercomputadoras. Cuando el califa Omar, que lideró la invasión musulmana de Egipto, se acercó a la biblioteca, dijo a sus generales que lo que contenía o bien contradecía el Corán, por lo que resultaba imprescindible destruirla, o bien apoyaba el Corán, en cuyo caso sería algo redundante. De cualquier manera, la biblioteca estaba condenada. Ardió durante seis meses hasta que ya no quedó nada que quemar; y los pocos libros que sobrevivieron se utilizaron como combustible para calentar el agua de los baños locales.

Todo lo relacionado con la Biblioteca de Alejandría era enigmático. En la actualidad, nadie sabe con certeza si lo que se cuenta de ella es cierto o no. Incluso su dramático final, el incendio, ha sido puesto en tela de juicio: algunos historiadores creen que los terremotos y la falta de presupuesto es lo que realmente acabó con ella. Es una piedra fundacional en la historia de las bibliotecas, pero su inicio, su desarrollo y su final siguen siendo un misterio.

En la historia de la humanidad, la mayoría de las cosas que se han llevado a cabo han estado motivadas por el dinero —sobre todo, los incendios intencionados, a pesar de que no puede ganarse dinero con el incendio de una biblioteca—. Por el contrario, las bibliotecas se queman habitualmente porque contienen ideas que pueden llegar a suponer un problema. En los siglos XIII y XIV, el papa ordenó que se recogiesen todos los libros judíos y se «incinerasen» —esa fue la palabra escogida en aquel tiempo—, porque creía que transmitían un pensamiento contrario al catolicismo. La Inquisición española introdujo la idea de las quemas de libros colectivas, en las que la gente se reunía alrededor de hogueras formadas por libros «heréticos», incluidos los escritos en hebreo, especialmente la Torá.

Los españoles siguieron quemando libros al otro lado del océano. A mediados del siglo XVI, Hernán Cortés y sus soldados quemaron montones de manuscritos aztecas con la excusa de que predicaban la magia negra. Después de la victoria de Cortés, un sacerdote llamado Diego de Landa fue el designado para sustituir el culto maya por el catolicismo entre las gentes del pueblo. De Landa, a pesar de estar fascinado por la cultura maya, supervisó la tortura y el asesinato de centenares de mayas y quemó todos los libros y las imágenes que encontró. Se sabe que solo unos pocos códices sobrevivieron a la purga de De Landa, y constan como los únicos documentos de la civilización maya de los que disponemos.

· · ·

Podríamos escribir un libro con la lista de bibliotecas perdidas del mundo. De hecho, hay varios libros que tratan el tema, incluido uno que lleva el inolvidable título de *Libricidio*, escrito por un profesor de Biblioteconomía. Si nos remontamos en el tiempo, cuando apenas había libros e imprimir copias resultaba muy caro y requería mucho tiempo, la pérdida de una biblioteca podía ser fatal. La Unesco realizó estudios entre 1949 y 1996 para dejar constancia de todas las bibliotecas que habían sido arrasadas en la historia moderna. El número de libros destruidos, según el recuento de la Unesco, es de tal magnitud —miles de millones— que a veces me cuesta pensar que queden tantos libros en el mundo.

La guerra es el principal enemigo de las bibliotecas. Algunas de esas pérdidas fueron fruto de las contingencias. Habitualmente, las bibliotecas se encuentran en el centro de pueblos y ciudades, así que cuando una población es atacada, resultan dañadas. En otras ocasiones, sin embargo, las bibliotecas se convierten en objetivos específicos. En la Segunda Guerra Mundial se destruyeron más libros y bibliotecas que en cualquier otro momento de la humanidad. Solo los nazis destruyeron unos cien millones de libros durante los doce años que estuvieron en el poder. La quema de libros fue, como indicó George Orwell, una de las actividades nazis «más características». La rabia contra los libros empezó a ser patente en Alemania desde antes de la guerra. En cuanto Hitler se convirtió en canciller, prohibió todas las publicaciones que consideraba subversivas. Las obras firmadas por judíos o por autores de izquierda fueron automáticamente incluidas en esa lista. El 10 de mayo de 1933, miles de libros prohibidos fueron reunidos en el centro de la plaza de la Ópera de Berlín en un acontecimiento que se conoció como *Feuersprüche*, «El hechizo del fuego». El *Feuersprüche* fue uno de los proyectos favoritos de Joseph Goebbels, el director de propaganda del Partido Nazi, que sabía perfectamente hasta qué punto los libros eran fundamentales en la cultura judía, a nivel teológico y también de identidad. Quemar libros judíos, según su opinión, era una forma ideal de tortura sin sangre, pues demostraba el control sin límites que podía ejercer Alemania. Los miembros del sindicato de estudiantes alemanes acarrearon los libros y los quemaron con entusiasmo. En la plaza de la Ópera los estudiantes formaron una cadena humana, fueron pasándose los libros de mano en mano y formaron con ellos un montón. Se calcula que el número de ejemplares apilados en esa hoguera debía de rondar entre los veinticinco mil y los noventa mil. Por cada libro que lanzaban al montón, un estudiante anunciaba la razón por la cual ese libro en particular había sido «sentenciado a muerte». Las razones se proclamaban como si se tratase de cargos criminales. Los libros de Sigmund Freud, por ejemplo, fueron sentenciados por corrupción espiritual y por la «exageración y la insana complicación de la sexualidad». Tras leer los cargos, el estudiante lanzaba el libro al montón y declaraba: «¡Entrego a las llamas las obras de Sigmund Freud!». Otros cargos podían ser: «tendencias judeodemocráticas», «mutilación de la lengua alemana» y «traición literaria a los soldados de la Gran Guerra». Cuando el montón se quedó completo, lo rociaron con gasolina y le prendieron fuego.

En la *Feuersprüche* imperó un ambiente festivo, con bailes, cantos y música en vivo. A medianoche, Goebbels apareció por allí y ofreció un encendido discurso, conocido como el «discurso del fuego». Esa misma noche tuvieron lugar eventos parecidos en Múnich, Dresde, Frankfurt y Breslau, y otras treinta *Feuersprüche* se celebraron en ciudades universitarias de toda Alemania a lo largo de ese mismo año. En Bonn, mientras ardían los libros, se tiene constancia de que el alcalde declaró que aquellas cenizas parecían como si «el alma de los judíos [flotase] en el cielo».

El espectáculo de acabar con los libros les resultó especialmente doloroso a los judíos, a quienes se conocía desde tiempo atrás como el «pueblo del libro». El judaísmo considera sagrados los libros, y el más sagrado de sus textos, la Torá, suele estar vestido con un manto, decorado con joyas, una coraza de plata y una corona. Cuando los libros religiosos pasan a mejor vida, se entierran y se oficia un funeral. Los judíos creen que los libros son algo más que documentos impresos: creen que tienen algo de humano y también tienen alma. Los autores rabínicos a menudo dejan de utilizar sus nombres propios y piden ser denominados con el título de sus libros. La ironía de la *Feuersprüche* fue que trataron los libros con la misma seriedad con que lo hacían los judíos; la necesidad de destruirlos admitía su poder y valor, y reconocía así el firme vínculo que los judíos mantenían con ellos.

El ritmo destructor de la guerra pasó por encima de las bibliotecas de Europa. Algunas simplemente tuvieron poca suerte y sucumbieron bajo las bombas durante los ataques aéreos que buscaban objetivos estratégicos. Pero el ejército alemán seleccionó libros para su destrucción. Enviaron equipos especiales para la quema de libros, conocidos como *Brenn-Kommandos*, a bibliotecas y sinagogas. Y fueron efectivos. Enumerar la pérdida de bibliotecas durante la guerra, ya fuese por causas accidentales o voluntarias, resulta demoledor. En Italia fueron destruidas veinte bibliotecas importantes con más de dos millones de libros. En Francia fueron otros tantos millones, incluidos trescientos mil en Estrasburgo, cuarenta y dos mil en Beauvais, veintitrés mil en Chartres y ciento diez mil en Douai. La Biblioteca de la Asamblea Nacional en París ardió, y con ella desaparecieron innumerables libros de historia y ciencia. En Metz, los oficiales ocultaron los ejemplares más valiosos de la biblioteca en un almacén anónimo para mantenerlos a salvo. Un soldado alemán encontró el almacén y lanzó una bomba incendiaria a su interior. La mayoría de los ejemplares, incluidos varios manuscritos excepcionales de los siglos XI y XII, ardieron. En Gran Bretaña, durante el *Blitz*, se quemaron veinte millones de libros o bien quedaron maltrechos por el agua utilizada para apagar los fuegos. La Biblioteca Central de Préstamos en Liverpool quedó completamente arrasada. (El resto de las bibliotecas de la ciudad permanecieron abiertas durante el *Blitz*, manteniendo un horario regular y poniendo multas si vencían los préstamos).

Después de la Conferencia de Múnich de 1938, todos los libros escritos en checo que tuviesen algo que ver con geografía, biografía o historia fueron confiscados, quemados o convertidos en pulpa de papel. En Vilnius, Lituania, ardió la biblioteca judía del gueto. Pocos meses después, los residentes del gueto fueron enviados a campos de concentración y gaseados, sirviendo así de constatación para la advertencia que hizo Heinrich Heine, el poeta alemán: «Allí donde se queman libros, acaban quemándose hombres». En Budapest, todas las pequeñas bibliotecas y una parte de las más grandes fueron destruidas. La gigantesca biblioteca de la Universidad de Lovaina, en Bélgica, sufrió más que la mayoría de las bibliotecas de Europa. En la Primera Guerra Mundial, los alemanes la quemaron. Después del armisticio, un consorcio de naciones europeas reconstruyó la biblioteca y volvió a abrir sus puertas con una gran celebración. En 1940, la artillería alemana se ensañó con ella y todos los libros que atesoraba se perdieron, incluidas las copias de los antiguos maestros y casi todo el millar de libros publicados antes del año 1500. En Polonia, el ochenta por ciento de todos los libros del país fueron destruidos. En Kiev, los soldados alemanes cubrieron las calles con libros de consulta de la biblioteca de la ciudad para que sus vehículos acorazados pudiesen atravesar el barro. Después de eso, las tropas incendiaron las bibliotecas de la ciudad; cuatro millones de libros fueron pasto del fuego. De camino a Rusia, las tropas quemaron aproximadamente noventa y seis millones de libros más.

Los Aliados bombardearon el centro de las ciudades de Japón y Alemania, e inevitablemente impactaron las bibliotecas. Theodore Welch, que estudia las bibliotecas de Japón, escribió que para cuando el ejército estadounidense llegó, en 1945, tres cuartas partes de todos los libros que había en las bibliotecas del país habían ardido o estaban en mal estado. Las pérdidas en Alemania fueron alucinantes. La mayor parte de los libros en las bibliotecas de ciudades como Bremen, Aachen, Stuttgart, Leipzig, Dresde, Múnich, Hanover, Münster y Hamburgo fueron reducidos a cenizas. Tres cuartos de millón de libros fueron destruidos en Darmstadt, más de un millón en Frankfurt y dos millones en Berlín. Al finalizar la guerra, más de un tercio de todos los libros de Alemania habían desaparecido.

$$\cdots$$

La devastación de las bibliotecas y de otras propiedades culturales durante la guerra asustó hasta tal punto a los gobiernos del mundo que los llevó a tomar medidas para asegurar que nunca volviese a suceder algo así. En 1954 se creó un tratado internacional conocido como la Convención de La Haya para la Protección de la Propiedad Cultural en Caso de Conflictos Armados. En la actualidad, dicho tratado está suscrito por ciento veintisiete países. En cualquier caso, la protección de propiedades culturales, incluidos los libros, los manuscritos, monumentos e importantes ubicaciones arqueológicas, no se tomó demasiado en serio. La destrucción siguió teniendo lugar incluso inmediatamente después de la firma del tratado. Es como si la extravagancia de la *Feuersprüche* nazi hubiese confirmado que quemar libros era un modo sencillo de darle un duro golpe a una comunidad y la idea hubiese sido adoptada por otros regímenes opresores. Cuando tenía veintitantos años, Mao Tse-Tung era ayudante de bibliotecario en la Universidad de Pekín. A menudo decía que el tiempo que pasó en la biblioteca es lo que le había ayudado a descubrir a Karl Marx y que eso supuso su despertar político. Pero, al igual que algunos médicos se convierten en asesinos, Mao fue un bibliotecario que se convirtió en partidario de quemar libros. Cuando llegó al poder, ordenó la destrucción de cualquier libro de los que él entendía como «reaccionarios, obscenos o absurdos». Durante la Revolución Cultural, ordenó purgar aquellos que transmitían viejas ideas y costumbres y envió a la Guardia Roja para «limpiar» las bibliotecas del Tíbet. En algunas de esas bibliotecas ardieron todos sus libros, excepto los de Marx, Lenin y el propio Mao.

Más recientemente, los Jemeres Rojos sacaron a la calle todos los libros de la Biblioteca Nacional de Camboya y los quemaron;

solo sobrevivió el veinte por ciento. El ejército iraquí quemó la mayor parte de las bibliotecas de Kuwait después de la invasión de 1990. Casi doscientas bibliotecas ardieron durante la guerra de Bosnia, y el noventa por ciento del contenido de la Biblioteca Nacional de Sarajevo fue destruido. El poeta Phil Cousineau escribió que «las cenizas del millón y medio de libros que ardieron» ennegrecieron la nieve que caía en Sarajevo. Bajo el mandato de los talibanes, quince de las dieciocho bibliotecas de Kabul, en Afganistán, cerraron sus puertas y la mayoría de los libros fueron quemados. Durante la guerra de Irak, solo se salvó el treinta por ciento de los libros de la Biblioteca Nacional Iraquí. A algunos de esos libros los sacaron del edificio antes de que los combates llegara a Bagdad: Sadam Husein se había quedado con muchos de ellos para su colección privada y los iraquíes, que sospechaban que la biblioteca no sobreviviría a la guerra, escondieron los libros en sus hogares. Cuando los yihadistas islámicos se retiraron de Tombuctú en 2013, destruyeron muchos de los manuscritos irreemplazables de su biblioteca, incluidos algunos del siglo XIII.

También ha ardido una buena cantidad de libros en Estados Unidos, la mayoría de ellos como afirmaciones de rabia relacionadas con el contenido de los propios libros. En los años cuarenta, por ejemplo, una profesora de Virginia Oriental llamada Mabel Riddle, con el apoyo de la Iglesia católica, inició una campaña para recoger y quemar cómics porque retrataban de manera entusiasta cuestiones relacionadas con el sexo y el delito. La hoguera, que consumió varios miles de cómics, tuvo una acogida tan cálida que la idea se extendió por ciudades de todo el país, y muchas parroquias patrocinaron sus propias quemas de cómics. En algunos casos, las monjas prendieron los primeros cerillos.

• • •

Quemar libros es un modo poco eficiente de dirigir una guerra, pues los libros y las bibliotecas no tienen valor militar, pero es un acto devastador. Destruir una biblioteca es un acto de terrorismo. La gente cree que las bibliotecas son los lugares más seguros y acogedores de una sociedad. Incendiarlas es como dar a entender que nada, en ningún lugar, está a salvo. El efecto más profundo que causa la quema de libros es emocional. Cuando arde una biblioteca, se suele decir que los libros han quedado «heridos» o son «pérdidas», como si se tratase de seres humanos.

Los libros son algo así como nuestro ADN cultural, el código de lo que somos como sociedad y también de aquello que conocemos. Todas las maravillas y los fracasos, todos los héroes y los villanos, todas las leyendas y las ideas y las revelaciones de una cultura permanecen para siempre en los libros. Destruirlos es un modo de indicar que esa cultura ha dejado de existir, que su historia ha desaparecido, que la continuidad entre el pasado y el futuro se ha roto. Apartar a una cultura de sus libros es como apartarla de su memoria, es como privarla de la capacidad de recordar sus sueños. Acabar con los libros de una cultura es sentenciarla a algo peor que la muerte: es sentenciarla a parecer que nunca existió.

• • •

Pocos meses después de que finalizara la Segunda Guerra Mundial, con las bibliotecas de Europa todavía humeantes, un escritor llamado Ray Bradbury empezó a escribir una historia titulada *El bombero*, situada en una sociedad ficticia en la que se habían prohibido los libros. Si descubrían uno escondido en la casa de alguien, se enviaba a los bomberos para quemarlo. Al igual que ocurría con los *Brenn-Kommandos*, dichos bomberos quemaban cosas en lugar de apagar fuegos. Bradbury tenía treinta años cuando empezó a escribir *El bombero*. Había crecido en Los Ángeles y escribía historias de fantasía y ciencia ficción desde que era adolescente. No tardó en empezar a publicar cuentos en revistas de ciencia ficción como *Imagination*, *Amazing Stories* y *Super Science Stories*. Acabó el bachillerato en 1938, justo en el punto álgido de la Depresión. Su familia no podía permitirse enviarlo a la universidad. Siempre le habían gustado las bibliotecas, así que, a modo de alternativa a la universidad, se pasó prácticamente todos los días durante los siguientes trece años en la Biblioteca Pública de Los Ángeles, leyendo según su criterio libros de todos los departamentos. Solía definirse como alguien «formado en la biblioteca» y creía que había aprendido más en ella de lo que lo habría hecho en la universidad. «Empecé cuando tenía catorce años y me gradué a los veintisiete —declaró tiempo después—. Estuve en todos los malditos rincones de aquel edificio. En algunas de aquellas salas tal vez leí un centenar de libros... Toda la poesía del mundo. Todas las obras de teatro. Todas las novelas de asesinatos y misterio. Todos los ensayos». Para Bradbury empezó siendo una necesidad, pero las bibliotecas —especialmente la Central— no tardaron en convertirse en su pasión. «La biblioteca fue mi nido —escribió—. El lugar donde nací; el lugar donde crecí».

Bradbury estuvo trabajando en *El bombero* durante unos meses, pero como no lo complacía lo dejó de lado. Cuatro años más tarde, el controvertido senador conservador Joseph McCarthy dio un discurso en el que afirmaba que el Departamento de Estado estaba infestado de comunistas, de gente «dudosamente leal», y despertó una oleada de paranoia por todo Estados Unidos. Bradbury, que en una ocasión había descrito a McCarthy como ese «extraño senador», estaba horrorizado. Trató de finalizar *El bombero*, pues parecía contener inquietantes premoniciones del actual estado de la política.

Bradbury y su esposa tenían cuatro hijas. Cuando intentaba trabajar en casa, pasaba más tiempo jugando con ellas que escribiendo. No podía permitirse pagar un estudio, pero sabía de un sótano en la Biblioteca Powell de UCLA donde alquilaban máquinas de escribir a diez centavos la hora. Se le ocurrió que sería una especie de curiosa simetría escribir un libro sobre la quema de libros en una biblioteca. En cosa de nueve días, tecleando en UCLA, Bradbury le puso el punto final a *El bombero*, que había acabado convirtiéndose en una novela corta. Gastó nueve dólares con ochenta centavos en el alquiler de la máquina de escribir.

La historia de *El bombero* es sobrecogedora. El protagonista es un joven bombero llamado Montag que vive con su mujer, Mildred. Su vida parece ordenada, pero también es monótona y constreñida. Mildred parece una especie de sonámbula, narcotizada por una corriente continua de entretenimiento televisivo y drogas. Montag se comporta como un bombero obediente pero guarda un peligroso secreto: ha empezado a sentir curiosidad por los libros y se ha quedado con varios de los que le habían ordenado quemar. En su trabajo ha quemado miles de libros obedientemente, pero en cuanto empieza a leer, descubre la importancia de lo que ha estado destruyendo. «Por primera vez —piensa— me he dado cuenta de que había un hombre de tras de cada uno de estos libros». Un día, Mildred lo descubre leyendo, informa a sus colegas del Departamento de Bomberos, y estos queman su casa y sus libros. Los bomberos intentan matarlo, pero Montag logra escapar. Abandona la ciudad y, finalmente, topa con un campamento de marginados. Son amantes de los libros, viven como prófugos e intentan preservar la literatura memorizando libros. Constantemente recitan para ayudarse a memorizar. En el campamento vibra todo el día el sonido de las voces recitando a Shakespeare y a Proust. Tal como le dice a Montag uno de los miembros del grupo: «Exteriormente somos vagabundos, pero somos bibliotecas por dentro». Salvan los libros retomando su origen, la tradición del relato oral, que dotaba de pervivencia a las historias antes de que lo hicieran la tinta y el papel.

Curiosamente, la descripción de la quema de libros por parte de Bradbury no resulta aterradora; de hecho, parece algo maravilloso, casi mágico. Lo describe como «mariposas negras» o pájaros asados, «con alas incandescentes de plumas rojas y amarillas». En el libro, el fuego no resulta repulsivo, sino seductor: un poder bello y misterioso que puede transmutar el carácter material de los objetos. El fuego es «algo que el hombre quería inventar pero que nunca lo hizo». La elegancia de esas descripciones provoca que la idea de quemar libros resulte incluso más inquietante: es como un baile que retratase un millón de pequeños asesinatos.

Cuando acabó de escribir la obra, Bradbury intentó ponerle un título más adecuado que *El bombero*. No lograba encontrar uno que le gustase, así que un día, siguiendo un impulso, telefoneó al jefe del Departamento de Bomberos de Los Ángeles y le preguntó a qué temperatura ardía el papel. La respuesta del jefe se convirtió en el título de la novela de Bradbury: *Fahrenheit 451*. Cuando ardió la Biblioteca Central en 1986, parte de la sección de Ficción, de la A a la L, quedó destruida, incluidos todos los libros de Ray Bradbury.

• • •

Las bibliotecas también arden en periodos de paz. Se producen unos doscientos incendios al año en bibliotecas de Estados Unidos e innumerables más en bibliotecas por todo el mundo. Muchos de ellos son accidentales debido a cortocircuitos, ventiladores sobrecalentados, cafeteras defectuosas o sobrecargas en la red eléctrica. Las llamas que se escaparon de una chimenea y cayeron sobre el suelo de madera destrozaron la Biblioteca de Harvard en 1764. Las chispas de un ventilador de suelo dieron como resultado la desaparición de todos los libros de la biblioteca de Derecho de la Temple University en 1972. En 1988, una de las bibliotecas más grandes del mundo —la Biblioteca de la Academia Nacional de las Ciencias de Leningrado, cuyos primeros ejemplares databan de 1714— fue consumida por un gigantesco incendio que destruyó o dañó cuatrocientos mil libros; varios millones más quedaron arruinados debido al agua de los bomberos. La causa del incendio, al parecer, fue el defectuoso cableado eléctrico. Mientras ardía la biblioteca, los bomberos no entraron en ella, estacionaron dos docenas de camiones al lado y lanzaron agua encima del edificio durante casi veinticuatro horas. Cuando el incendio fue finalmente extinguido, apareció un buldócer para separar los libros dañados, pero una manifestación lo impidió. Lo que hicieron entonces los manifestantes fue reunir los libros húmedos que podían salvarse y se los llevaron a sus casas, los colgaron de los tendederos e intentaron arreglarlos. El día después del suceso, el director de la biblioteca, Vladimir Filov, dijo a los periodistas que solo se habían perdido unos cinco mil dólares en libros. Un día más tarde, Filov fue hospitalizado, al parecer por «problemas cardiacos». Después desapareció de la vida pública.

Muchos de los incendios en bibliotecas tienen que ver con pequeños actos arbitrarios de vandalismo. A lo largo de los años, cerillos encendidos lanzados en los buzones de devolución de libros han causado muchos incendios. A lo mejor algunas personas confundieron dichos buzones con contenedores de basura, pero la mayoría lo hicieron seguramente porque se vieron impelidas a hacer alguna clase de estupidez. Ese tipo de incendios se han vuelto tan habituales que ahora la mayoría de las bibliotecas tienen buzones de devolución apartados de los edificios principales; de ese modo, si prende el fuego, no tendrá a dónde ir.

Durante mucho tiempo se creyó que la principal causa de los incendios en bibliotecas se debía a descuidos de fumadores. Por eso las bibliotecas prohibieron fumar. El número de incendios tendría que haber disminuido, pero aumentó. En la actualidad, los investigadores están convencidos de que la mayoría de los incendios en las bibliotecas son intencionados. La piromanía es un delito muy popular. En 1986, el año en que ardió la Biblioteca Central, se tuvo constancia de cinco mil cuatrocientos incendios intencionados en Los Ángeles. En la mayoría de los casos, con ello se busca obtener un beneficio; es frecuente que alguien queme su propia casa con la intención de cobrar el seguro. Algunos incendios se deben a venganzas debidas a cuestiones amorosas o a negocios fallidos. Algunos de los que se producen en edificios gubernamentales son declaraciones políticas. La gente a veces provoca incendios para sofocarlos y pasar por valientes; a esos incendios los bomberos los denominan «fuegos vanidosos» o «fuegos heroicos». En ocasiones estos se provocan para encubrir otros delitos. Es decir, una persona mata a alguien y quema la casa en la que está el cadáver para que resulte más difícil investigar el asesinato o incluso llegar a saber que la víctima fue asesinada. (Es un cliché típico de las películas, pero ocurre en la vida real). Algunos incendios los provocan personas que sufren de piromanía, un trastorno del control de los impulsos que provoca a quienes lo sufren gratificación al ver arder cosas.

Los Ángeles ha tenido un buen número de incendios espectaculares. Es una ciudad calurosa, seca y chisporroteante, una cámara de combustión. Aquí tienes la sensación de que las llamas arden justo debajo de la superficie visible, como si esperasen, latentes, entre la maleza; se nota la presencia expectante del fuego a punto de brotar entre los hierbajos y el césped reseco. Los edificios arden y los cerros también. Los incendios en Los Ángeles tienen nombre. El incendio Thomas. El incendio La Tuna. El incendio Proud Bird. El incendio de la Estación. En los años ochenta se declaró toda una serie de incendios tanto en Los Ángeles como en los alrededores, un anillo de fuego que cercó la ciudad. Todo comenzó de modo muy simple, con un cigarro encendido, tres cerillos y una tira de goma anudada a una nota de papel. La mayoría de los incendios intencionados han tenido lugar en la ciudad de Glendale, colindante con Los Ángeles, y a lo largo de los años más de sesenta y siete casas han ardido allí. Varios de los incendios tuvieron lugar cerca de convenciones de investigadores de incendios intencionados; unos pocos se produjeron en almacenes; muchos, en terrenos vacíos. Uno, en los estudios de la Warner Bros. El set de rodaje de la serie *Los Walton* quedó destrozado. A mediados de los ochenta, los fuegos provocados por alguna de esas tres sencillas causas acarrearon pérdidas de millones de dólares.

Por aquel entonces, el jefe de bomberos de Glendale, un experto investigador de incendios intencionados llamado John Leonard Orr, escribió una novela. Describió *Points of Origin* a un agente literario como una obra basada en hechos reales que hablaba de toda una serie de incendios intencionados. «Al igual que ocurrió en un caso real —escribió—, el pirómano de mi novela es un bombero». El agente aceptó representarlo. Cuando el editor le preguntó al agente por el asombroso paralelismo con lo que estaba ocurriendo en los incendios intencionados de Los Ángeles, este se encogió de hombros y dijo:

—¡Vivimos en L. A.! Todo el mundo tiene un guion o un libro que quiere vender.

Poco después de que la novela saliese a la venta, una ferretería de Glendale llamada Ole's Home Center ardió matando a cuatro personas. En *Points of Origin* se describía un incendio parecido. El libro de Orr fue publicado en edición de bolsillo por una editorial llamada Infinity Publishing. A pesar de ser capitán del cuerpo de bomberos, algo en la conducta de Orr inquietó al resto de los miembros del equipo de investigación de incendios de Glendale; por eso colocaron un dispositivo rastreador en su coche. Dicho aparato reveló que Orr había estado presente en muchas de las localizaciones en las que poco después se declararon incendios. Más tarde se encontraron sus huellas dactilares en uno de esos escenarios. Siempre lo habían considerado una persona decente, pero también un bicho raro. Conforme aumentaban las sospechas en torno a su persona, los detectives descubrieron que Orr había intentado entrar en el Departamento de Policía de Los Ángeles, pero había sido rechazado porque los psicólogos de la policía lo diagnosticaron como «esquizoide». Finalmente, Orr fue acusado de haber provocado más de veinte incendios y también del asesinato de cuatro personas. Fue condenado por la mayor parte de los cargos. Estuvo a punto de ser condenado a muerte, pero fue sentenciado a cadena perpetua sin posibilidad de libertad condicional. Se cree que en realidad provocó más de dos mil incendios en Los Ángeles y alrededores. Tras su encarcelación, el número de incendios en la zona de Glendale descendió en un noventa por ciento.

• • •

El incendio de la Biblioteca Central no ha sido la única ocasión en la que ha ardido una biblioteca en Los Ángeles. En 1982, la biblioteca de Hollywood quedó destruida por un fuego intencionado que todavía no ha sido resuelto. Se cree que alguien encendió un pequeño fuego cerca del edificio que se extendió hasta quedar fuera de control. Los daños en la biblioteca fueron tan importantes que hubo que demolerla, y solo pudieron salvarse veinte mil de sus libros. La propia Biblioteca Central ha sufrido incendios en dos ocasiones después del ocurrido en abril de 1986. Ese mes de septiembre dio comienzo un incendio en medio de las colecciones de música y arte, donde todavía se conservaban cierto número de libros y manuscritos en los estantes. Fue un incendio relativamente pequeño comparado con las siete caóticas horas del que tuvo lugar en abril, y los bomberos pudieron extinguirlo en unos veloces treinta y seis minutos. Sin embargo, los investigadores quedaron desconcertados. El edificio estaba cerrado, solo entraban en él los equipos de rescate y un reducido número de bibliotecarios. Aquella sala tenía un único punto de entrada y había pasado por allí un guardia quince minutos antes de que empezase el fuego. Arrestaron a un hombre que rondaba por el exterior del edificio durante el incendio, pero resultó que andaba por allí con la intención de vender marihuana. Los trabajadores de la biblioteca, ya bastante alterados por el incendio principal, quedaron completamente fuera de juego con el segundo incendio. Un mes después se produjo otro, en esta ocasión en el sótano de la biblioteca. Este en cambio tuvo una fuente muy concreta: uno de los trabajadores del equipo de rescate dejó caer material caliente en uno de los conductos del sótano, que fue a parar a una pila de basura que empezó a arder.

10.

*Flipping Properties: Generate Instant Cash Profits
in Real Estate* (2006)
Bronchick, William
333.6 B869

Devious Maids: The Complete First Season (2014)
DVD

*The 21-Day Yoga Body: A Metabolic Makeover & Life-styling
Manual to Get You Fit, Fierce, and Fabulous in Just
3 Weeks* (2013)
Nardini, Sadie
613.71 N224

*Street Fighter: The Graphic Novel, Based on the Video
Game* (1994)
Strazewski, Len
740.914 H655St

Arin Kasparian trabajó durante un tiempo preparando sandwiches en un restaurante Subway. No había considerado nunca ese empleo como algo estable, pero se sentía tan cómodo ahí que su madre empezó a preocuparse. Ella quería que él hiciese algo más digno que preparar albóndigas marinadas, así que lo instó a que solicitase trabajo en la biblioteca. En un principio, a Kasparian no le interesó esa posibilidad —principalmente por una razón:

en Subway podía comer gratis—, pero su hermana lo convenció explicándole lo feliz que haría a su madre aceptando el trabajo.

—Tuve que escoger entre comer bocadillos gratis o estar rodeado de libros —dijo Kasparian—. Y también hacer feliz a mi madre.

Kasparian andaba a la mitad de sus veinte, lucía una larga melena negra y se mostraba siempre alegre y bromista. Cuando hablamos, estaba tras el mostrador de préstamos en el vestíbulo principal de la Biblioteca Central; acababa de iniciar su turno.

—Solicitar trabajo en la biblioteca resultó ser lo mejor que he hecho en mi vida —me dijo.

Su verdadero afán desde siempre había sido convertirse en director de cine, pero la «realidad me puso en mi lugar», como él me contó, al ser plenamente consciente de las dificultades que entrañaba ese objetivo. Ahora tiene pensado ir a la Facultad de Biblioteconomía y convertirse en bibliotecario para niños y jóvenes. Me dijo que se despertaba feliz todas las mañanas.

—Me siento... ¡Me siento bien! —me dijo—. ¡Todo va sobre ruedas!

En 1997, los administradores de la Facultad de Biblioteconomía detectaron un aumento en las solicitudes de ingreso, también que la media de edad de los solicitantes había descendido y que muchos estudiantes de Biblioteconomía llegaban del ámbito de las artes o de la justicia social o de la tecnología. Muchos, o al menos más que en el pasado reciente, eran hombres. Varios de ellos estaban tatuados. Otros tantos manifestaban que su inclinación por esa profesión se debía a que combinaba el manejo de información con el trato con el público. Los bibliotecarios, por otra parte, se ganaban bien la vida. En la red de bibliotecas de Los Ángeles, el salario inicial supera los sesenta mil dólares al año, y un bibliotecario de división, el encargado de varias bibliotecas, puede llegar casi a los doscientos mil. Entre los jóvenes ha cambiado el interés hacia la profesión. Hay una serie de cómics sobre un bibliotecario, una figura de acción de la recordada bibliotecaria de Seattle, Nancy Pearl, docenas de páginas web de bibliotecarios, incluida una llamada *The World's Strongest Librarian*, y se tiene la percepción de que trabajar de bibliotecario entraña una oportunidad de ser un activista social que puede luchar por la libertad de expresión y los derechos de los inmigrantes y de los indigentes al tiempo que se enfrentan al sistema decimal de Dewey. Por lo que yo puedo decir, Kasparian es el resultado final de un cambio cuyo inicio podría fecharse en 1995, cuando Parker Posey interpretó a una bibliotecaria en la película independiente *Party Girl*.

Kasparian dice: «¡Siguiente!», y una adolescente con el pelo de color verde con corte militar da da un paso al frente y le entrega una novela gráfica. Tras ella, un hombre maduro y bien parecido vestido con un traje de color gris topo lleva consigo dos guías de viaje de Taipei. Kasparian mira a los usuarios directamente a la cara mientras los espera, procesando los libros más por instinto que con la vista. Cuando el hombre de negocios se marcha, me susurra al oído:

—Nunca sé si debo mirar o no los libros que me entregan. —Le sonrío—. A veces observo los libros y no puedo *creer* que existan semejantes libros.

En ese preciso instante, una mujer que está en la fila, dos o tres lugares más atrás, lo saluda con la mano. Me cuenta que se trata de una usuaria habitual de la biblioteca:

—La conozco, aunque en realidad no la conozco. Es decir, la conozco de aquí, así que de algún modo la conozco...

Baja la voz, pues da la impresión de no estar seguro de haber descrito adecuadamente la relación. Cuando la mujer llega al mostrador, Kasparian la saluda con afecto y le dice que no la veía desde hacía tiempo. La mujer sonríe y responde:

—Tienes razón, no pasaba por aquí desde hacía un tiempo. Tuve gemelos.

Tras ella llegó una mujer de expresión triste con el pelo recogido en un chongo descuidado. Tomó aire, lo soltó y dijo:

—Estoy buscando un libro de yoga.

Un hombre de cabello gris enfundado en un holgado abrigo marrón se acercó al mostrador con una lista de veinte títulos de películas ordenadas alfabéticamente, empezando por *Anaconda* y acabando por *Gigli*.

—¿Puedo sacar estas? —le preguntó a Kasparian, quien, tras asentir, le dijo:

—¡Por supuesto!

Un joven con unas trenzas que le llegaban hasta el pecho fue el siguiente:

—¿Dónde puedo encontrar un libro de Alcohólicos Anónimos?

Dos hombres de mediana edad, con playeras polo que combinaban, pidieron prestadas tres guías de Disney World.

Una mujer menuda, con una cabellera rizada de color castaño se acercó al mostrador y dejó encima una pila de libros de la serie *Magic Tree House*.

—Son para mi hija de ocho años —le dijo a Kasparian a pesar de que nadie se lo preguntó—. No se cansa de estas historias.

Un joven con la cabeza afeitada devolvió quince libros.

—Algunos de estos ya vencieron.

Kasparian lo comprobó en la pantalla de la computadora y le dijo que la multa ascendía a diez dólares con cuarenta centavos.

—De acuerdo —dijo el joven después de pensarlo—. Pagaré diez dólares.

En el mostrador situado junto al de Kasparian, Nelson Torres estaba finalizando su turno. Me dijo que siempre había sabido que quería trabajar de cara al público porque era una persona amable y de trato fácil, que nunca había sido un gran lector, pero que empezó a trabajar en la biblioteca cuando estaba en bachillerato y que ahí seguía desde entonces. Mientras hablaba, un hombre se acercó al mostrador y le preguntó al bibliotecario si tenían los DVD de una serie de televisión titulada *Criadas y malvadas*.

—Es una buena serie —respondió Torres asintiendo.

Mientras descubría dónde estaban colocados los DVD de

Criadas y malvadas, una mujer se detuvo delante de él y palmeó sobre el mostrador.

—¿Cómo se encuentra tu madre, Nelson? —le preguntó.

—Está muy bien —le respondió. Y después volteó a ver al hombre y le dijo dónde se encontraban exactamente los capítulos de *Criadas y malvadas*.

Otro de los ayudantes, Garrett Langan, se acercó desde detrás del mostrador y colocó una mano sobre el hombro de Torres.

—Se acabó, Nelson —dijo Langan riendo—. Ahora los guardias volverán a ponerte las cadenas.

Selena Terrazas, la bibliotecaria principal, cuyo feudo incluye el Centro de Computadoras, el mostrador central, los departamentos Infantil y Juvenil y el mostrador de intercambios entre bibliotecas, estaba dando una vuelta y se detuvo a observar la escena. Es una mujer cariñosa y divertida, con el cabello de color azul y unos lentes muy modernos. Le echó un vistazo a su pulsera de *fitness* y dijo:

—¡Doy unos diez mil pasos corriendo de un lado al otro de este edificio cada día!

Y después desapareció en la sala de estudio detrás del mostrador.

Cuando vuelvo junto a Kasparian, lo encuentro ayudando a una joven inglesa a llenar la solicitud para la credencial de la biblioteca. Una mujer que va deambulando de un lado a otro con el pelo despeinado y una mochila rosa muy sucia parece estar mareada. Kasparian me dice que, cuando empezó a trabajar en la biblioteca, le daba «miedo ver a indigentes». En la actualidad, sin embargo, conocerlos lo hace sentir bien. Según sus propias palabras:

—Me transmiten energía.

Le pido que desarrolle esa idea y añade:

—Hacen que me sienta... importante. —Lo dice con algo de vergüenza, por eso aclara—: Es como si hiciese algo que realmente ayuda a la gente.

11.

Downtown with Huell Howser. [videorecording] /
#110, Church of the Open Door (2007)
DVD 979.41 L88Do-6

ARCO at 125 Years: Celebrating the Past, Anticipating
the Future (1992)
Cook, Lodwrick M.
338.78 A8815Co

Missouri, A Guide to the "Show Me" State (1941)
Writers' Program of The Works Projects Administration
in the State of Missouri
977.8 W956

How to Write Successful Fundraising Letters (1996)
Warwick, Mal
361.73 W331

Haber sido el bibliotecario de la ciudad de Los Ángeles en la época en la que tuvo lugar el incendio debió de suponer todo un reto. El personal estaba abatido. La biblioteca principal estaba cerrada y no había fecha prevista de reapertura. El seguro ayudó a cubrir los desperfectos causados en el edificio: el concreto agrietado, las capas de hollín y mugre, los agujeros que abrieron los bomberos en el tejado. A decir verdad, la Biblioteca Central, con su gruesa piel, superó los efectos del incendio bastante bien. Lo que no cubrió el seguro fue lo que contenía el edificio. El costo estimado que supuso reemplazar los cuatrocientos mil libros perdidos fue de más de catorce millones de dólares: seis millones para libros, seis millones para publicaciones periódicas y más de dos millones para la colección de patentes y otros documentos científicos y tecnológicos. Respecto a cuánto costó almacenar y reparar los setecientos mil libros dañados, solo podemos hacer suposiciones. Para el gasto de reabastecimiento de la biblioteca no disponemos de cifras.

El bibliotecario de la ciudad, Wyman Jones, estaba acostumbrado a luchar. Había nacido en Misori en 1929. Su padre había sido director de escuela, pero los miembros de su extensa familia habían sido básicamente granjeros.

—Para nosotros, la Depresión fue una catástrofe —me comentó hace poco.

Lo telefoneé a Portland, Oregón, donde se trasladó después de jubilarse de la biblioteca. Cuando le expliqué por primera vez que estaba escribiendo un libro sobre la biblioteca, me dijo que no iba a hablar conmigo porque tenía previsto escribir el suyo propio sobre el tema. Me dijo que había pensado titularlo: *Viento a favor para una bailarina de la danza del vientre.* Después de insistir enérgicamente en que no estaba dispuesto a concederme una entrevista, me tuvo al teléfono más de una hora. Así transcurrieron nuestras charlas durante los meses siguientes: me explicaba por qué no quería hablar conmigo y después no me permitía colgar el teléfono. A veces tenía que inventar excusas, después de una hora o así, cuando se me cansaba la mano de tanto tomar notas o cuando tenía que irme a preparar la cena. Hablar con él fue como ponerme a pelear con alguien que se miraba en el espejo al tiempo que me golpeaba.

—Antes de que escribas ese libro, tendrías que aprender algunas cosas sobre las bibliotecas —me dijo más de una vez—. ¿Qué sabes del tema? No eres bibliotecaria.

Durante nuestra primera conversación, retomó en varias ocasiones la cuestión de la Depresión, repitiendo una y otra vez que fue muy duro para su familia.

—No intento convencerte, Susan —me dijo—. Solo te lo cuento.

Jones dirigió varias bibliotecas en Texas antes de llegar a Los Ángeles. Tenía fama de haber creado varias redes de bibliotecas y, cuando llegó a California en 1970, se propuso echar abajo la Biblioteca Central y crear algo nuevo, más grande, en una ubicación diferente. No tenía ninguna vinculación afectiva con el famoso edificio de Bertram Goodhue. Siempre que hablábamos del edificio lo ninguneaba diciendo que se trataba del trabajo de un «arquitecto estrella» que no tenía «ni la más remota idea de lo que era una biblioteca». Opinaba que Goodhue estaba sobrevalorado.

—El mundillo de la arquitectura nunca ha tenido muy en cuenta ese edificio —me dijo.

Yo le dije que había leído un montón de halagos al respecto y que muchos arquitectos lo consideraban algo parecido a una obra maestra.

Wyman Jones

151

—Bueno, es posible que más de uno sienta nostalgia porque iba allí a leer o algo así —dijo resoplando—. No me gusta que nadie se burle de mí diciendo que es una maravillosa obra arquitectónica.

Después de que una coalición de arquitectos, conservacionistas y especialistas en urbanismo, impusiese su criterio y la ciudad decidiese finalmente renovar y expandir la Central en lugar de echarla abajo, Jones cedió y supervisó las obras a regañadientes. Enfocó el incendio como un detalle más en la larga lista de inconvenientes a los que tuvo que hacer frente a lo largo de sus veinte años como bibliotecario.

—Verás, viví tres terremotos y tres disturbios mientras estuve allí —me contó una tarde mientras hablábamos por teléfono—. A lo que hay que añadir tres infartos de miocardio.

Me dijo que los bibliotecarios a menudo le parecían exasperantes y, muy frecuentemente, demasiado liberales. («Su sindicato es ridículo. Durante veinte años dirigí ese lugar y jamás me dieron crédito para una sola cosa»). Y los administradores municipales eran peores; él los recordaba con especial desagrado.

—¿La Junta Municipal? Pensaba en ella como si fuese una novia difícil —me dijo—. Tenía que hacer trucos de magia, tocar el piano para ellos, tenía que tenerlos contentos, de eso se trataba. Trabajé durante demasiados años con políticos de segunda fila y con incompetentes. Y ¿sabes una cosa?, trabajé muy duro durante mucho tiempo, pero jamás acepté un soborno.

Me dijo que era tan conocido en Los Ángeles cuando trabajaba en la biblioteca que no podía ir a ningún sitio porque lo reconocían en todas partes. Me sorprendió oír eso porque no creo que nadie acostumbre reconocer al director de la biblioteca de su ciudad, especialmente fuera de contexto, pero Jones insistió en que, si iba a cenar a un restaurante, la gente se le acercaba a saludarlo en infinidad de ocasiones.

—Estuve veinte años en la biblioteca. ¡Veinte años! En todas partes había alguien que quería algo de mí. ¿Sabes lo que es eso?

¿Entiendes por qué no podía pasar mi jubilación en una ciudad como esa? —me preguntó—. ¿Comprendes por qué me mudé?

Como no respondí de inmediato, me increpó:

—Eh, vamos, ¡respóndeme! No intentes agradarme. Dime por qué tuve que trasladarme.

Incluso aunque la ciudad hubiese dispuesto de catorce millones de dólares extra para reabastecer una biblioteca de primer orden como la Central, habría sido una tarea titánica. Jones me dijo que la mayoría de los libros estaban descatalogados, y que los que estaban disponibles había que pedírselos a siete mil distribuidores diferentes.

—En primer lugar, se requiere tener mucha experiencia para conseguir esas malditas cosas —dijo Jones cortante—. Precisa mucho tiempo y un montón de dinero. ¿Crees que sería fácil? ¿Lo crees? Créeme, no lo fue.

$$\bullet \;\; \bullet \;\; \bullet$$

Lodwrick Cook, el director de ARCO, era el presidente adjunto de la campaña «Salvemos los Libros», que se creó para conseguir fondos para reemplazar los ejemplares perdidos de la Biblioteca Central. Cook podía ver la biblioteca desde sus oficinas en la calle Quinta y, en cuanto el incendio fue sofocado, ofreció espacio en las oficinas de ARCO a la gente de Wyman Jones y a los miembros del equipo de la biblioteca. El director de relaciones públicas de ARCO, Carlton Norris, advirtió a los bibliotecarios que la «gente del petróleo a veces... utiliza un lenguaje rudo y directo» que podría resultar desconcertante, pero, a pesar de todo, Jones aceptó el ofrecimiento.

Los bibliotecarios estaban acostumbrados a economizar con el presupuesto municipal, así que se vieron sorprendidos por las oficinas de ARCO. Según Carlton Norris, la fotocopiadora supuso una fuente de regocijo. A la gente de ARCO, por su parte, los bibliotecarios los dejaron alucinados. Norris me dijo que muchos de ellos habían crecido en pueblos petroleros muy pequeños que no disponían de bibliotecas. Veían a los bibliotecarios como personas elegantes, cultas y refinadas.

Lodwrick Cook puso en marcha «Salvemos los Libros» con una donación por parte de ARCO de quinientos mil dólares y empezó a buscar apoyos. Escribió cartas de su puño y letra a la mitad de las personas relacionadas con Hollywood. «Querido George —le escribió al director de cine George Lucas—, una terrible tragedia nos une [...]. Dios sabe que cada hora tienes a alguien agarrándote por las solapas para pedirte dinero [...] pero la Biblioteca es el semillero y el campo de cultivo de la comunidad creativa de esta ciudad». Le escribió a Jack Valenti, director de Motion Pictures Association of America, que aceptó formar parte del comité en cuanto supo que Lew Wasserman, dueño de los estudios Universal, también había firmado. Juntos, Valenti y Cook, enviaron cartas a todos los dirigentes de estudios cinematográficos y a los principales productores de Los Ángeles pidiéndoles que colaborasen. El objetivo era conseguir diez millones de dólares para salvar los libros de la ciudad.

Las solicitudes salieron de inmediato. El dinero llegó con rapidez. Algunos donativos fueron cuantiosos. El J. Paul Getty Trust, por ejemplo, donó dos millones; la Times Mirror Foundation, propietaria en aquel entonces de *Los Angeles Times*, donó quinientos mil. Sidney Sheldon, autor de *bestsellers* de pacotilla como *Más allá de la medianoche*, donó veinticinco mil. El doctor Seuss donó diez mil. Algunas donaciones fueron de unos pocos dólares. La mayoría de esas donaciones pequeñas iban acompañadas de notas explicando por qué querían apoyar a la biblioteca. Las razones eran de lo más variadas. «¿Por qué una vieja pareja de San Francisco querría donar dinero a la Biblioteca de Los Ángeles para salvar sus libros?», decía una de las notas. «Bueno, [mi] padre tuvo un ataque y murió en la Biblioteca Pública de L. A. el 17 de julio de 1952. Un ataque de miocardio o apoplejía. Nunca llegué a saber qué exactamente. Buena suerte con su campaña». Donaron libros, incluidos un montón de tapa dura enviados por Louis L'Amour de parte de su viuda; una gran colección de libros pertenecientes al autor de *Tarzán*, Edgar Rice Burroughs, por parte de su familia; mil cuatrocientos libros de cocina por parte de los herederos de un coleccionista. Charlton Heston organizó una fiesta para recaudar fondos para «Salvemos los Libros». Varias compañías de publicidad cedieron casi sesenta vallas publicitarias por toda la ciudad para ayudar a expandir el mensaje.

El alcalde Tom Bradley instó a sus votantes a que donasen todo lo que pudiesen. Los actos para recaudar fondos se multiplicaron por la ciudad. Los escolares recogieron botellas y latas. Los vecinos realizaron subastas en sus jardines para «Salvemos los Libros». Por toda la ciudad se extendió un propósito concreto que a mucha gente le resultó inspirador. Fue como otra versión de las brigadas de voluntarios que se montaron el día del incendio: gente desconocida trabajaba codo con codo, libro a libro, para salvar lo que el incendio había dejado. En una ciudad que suele parecer siempre dividida y malencarada, la preocupación por la biblioteca supuso una rara experiencia de unidad. Aun así, surgieron reproches de tanto en tanto. Uno de esos disidentes escribió:

Querido alcalde Bradley:

Encuentro obsceno que la gente parezca ansiosa por gastar enormes sumas de dinero en salvar LIBROS cuando el ayuntamiento seda a docenas de hermosos, sanos, inteligentes y adorables perros y gatos TODOS LOS DÍAS, debido a que la ciudad es DEMASIADO NECIA como para dar esos animales en adopción... Como suele pasar, sus necesidades siguen pasándose por alto mientras una causa de moda se convierte en la misión de un puñado de INTELECTUALES PRETENCIOSOS. P.D.: Y no olvidemos los delfines que mueren en la bahía de Santa Mónica. ¡*Salvemos los libros* en su lugar!

El comité se las ingenió a la hora de encontrar otras maneras de recaudar fondos para completar las donaciones. Jones propuso crear el mayor bingo del mundo —la propuesta fue desestimada—. Otra persona sugirió que se jugase un partido benéfico con Los Angeles Lakers en el que los entrenadores fuesen personajes famosos, como Joan Van Ark de la serie *Knots Landing* —propuesta aprobada y programada, con la entrenadora Van Ark en el equipo contrario—. Abrieron una tienda con *merchandising* de «Salvemos los Libros» —tazas, separadores, camisetas— en el vestíbulo del edificio ARCO. Una gala para recaudar fondos con el príncipe Andrés y Sarah Ferguson como anfitriones organizada con precisión militar, incluidos los simpatizantes de la biblioteca con temas de conversación para los invitados especiales. A la esposa de Lodwrick Cook le dieron una pequeña charla informativa para aclararle que a Sarah Ferguson «no le interesaban ni la moda ni los peinados» y que al príncipe Andrés «no le interesaban los deportes, pero a Sarah sí».

Veinte mil escolares y dos mil adultos participaron en el concurso de ensayo que propuso «Salvemos los Libros», que ofrecía boletos para viajar por Europa entre otros premios. El tema del ensayo era: «Qué significa la biblioteca para mí». Ray Bradbury era uno de los jueces. Los ensayos que ganaron eran profundos, inquietantes y oscuramente emotivos. La mayoría de ellos podían leerse como confesiones desde un casi brutal sentido de la soledad, suavizada únicamente por un lugar como la biblioteca, donde la gente solitaria puede sentirse algo menos sola estando con otras personas. «Durante años, yo fui un castillo en la biblioteca, compartiendo una campiña de silencio, en silencio, con otras personas parecidas enclaustradas en su propia soledad...», así comenzaba uno de ellos. «Empecé a comprender el planeta en el que vivo y aprendí a aferrarme a mi esperanza... y de algún modo la tristeza de la vida cotidiana que me rodeaba empezó a resultarme tolerable...».

Uno de los ganadores fue un poema escrito por una bibliotecaria llamada Jill Crane, que había trabajado limpiando después del incendio. Empezaba así:

Transportamos en nuestras manos montones de libros
Chamuscados y húmedos.
La historia, la imaginación, el conocimiento
Se colaba entre nuestros dedos.
Empaquetamos lo que quedó.

Desde la entrada sur de la biblioteca hasta el edificio ARCO, se extendía en la calle Hope una enorme estructura estilo fin de siglo con un auditorio formado por cuatrocientos asientos y una fachada decorada con nueve amplios arcos. Durante décadas, ese edificio había sido el más alto de Los Ángeles. Se construyó originalmente para que fuese la sede de una congregación cristiana evangélica llamada la Iglesia de la Puerta Abierta. Los carteles de neón del edificio, en los que se leía «JESÚS SALVA», podían verse desde prácticamente cualquier rincón de la ciudad, y los himnos que sonaban en el carillón dos veces al día también podían oírse desde cualquier parte.

Como las afiliaciones en el centro de la ciudad disminuyeron, la Iglesia de la Puerta Abierta decidió reubicarse en las afueras de la ciudad. Le vendieron el edificio en 1986 a Gene Scott, el pastor de una congregación pentecostal conocida como el Centro Cristiano Westcott. Scott, doctorado por la Universidad de Stanford, provenía del Idaho rural y se describía a sí mismo como «el creyente más agnóstico y el más agnóstico de los creyentes». Tras una juventud rebelde, seguida de una introspección algo menos juvenil —periodos que plasmó con detalle en su ensayo *Una mirada filosófica a Cristo*—, Scott empezó a predicar en 1968. Atrajo a una considerable cantidad de apasionados seguidores. A partir del año 1975, sus servicios fueron televisados en la cadena Faith Broadcasting Network. En cuestión de unos pocos años, su espectáculo era emitido a todas horas y podía verse en ciento ochenta países. Sus seguidores entendían sus sermones como normativos. Los trabajadores de la Biblioteca Central se dieron cuenta de que si Scott hablaba de un libro en concreto en sus sermones, la demanda de dicho libro aumentaba enormemente. Scott hablaba de lo que él entendía como el místico poder de las Grandes Pirámides. Cada vez que lo hacía, en la biblioteca solicitaban en masa el libro de Peter Tompkins *Secrets of the Great Pyramid*.

Scott no se comportaba como el típico líder eclesiástico. Lucía una exuberante cabellera plateada, una barba tupida y unos lentes redondos de montura fina sobre el puente de la nariz. Le gustaba llevar sombreros, estilo salacot o mexicano, durante sus sermones, y tenía la costumbre de garabatear palabras en griego, hebreo o arameo en los pizarrones que tenía alrededor. Cuando no estaba escribiendo en el pizarrón, solía mirar directamente a la cámara. Para algunas personas su mirada resultaba turbadora, pero para otras tenía un poder magnético. En términos generales, su tono era desafiante. De vez en cuando planteaba preguntas directamente a las cámaras; preguntas como, por ejemplo, «¿Crees que soy aburrido?». Mientras predicaba solía lanzar maldiciones. De vez en cuando, durante las homilías, fumaba. En otras ocasiones había una joven muy guapa bailando en el escenario mientras predicaba. En una fase posterior de su carrera, en su programa de televisión predicaba desde el asiento trasero de su Cadillac descapotable, acompañado por la misma joven en bikini. Scott estaba divorciado y vivía en una hacienda en Pasadena. Era una persona de múltiples habilidades. Tocaba la guitarra, poseía una de las mayores colecciones particulares de biblias del mundo y era autor teatral. Una de sus obras, *Jumpin' at the Oval Office*, contaba la historia de una *jam session* imaginaria entre Fats Waller y el presidente Franklin Delano Roosevelt. Era muy diestro recaudando fondos. Le gustaba animar que su público donara dinero a su iglesia con declaraciones del tipo: «Si no envías dinero, deberías vomitar tumbado bocarriba». Su técnica, por lo visto, era efectiva. Con el dinero que ganó siendo predicador se compró un *jet* privado y varios ranchos de caballos. Cuando le preguntaban si creía adecuado que su iglesia recaudase tanto dinero, Scott respondía: «Por lo que yo sé, mi ministerio no forma parte del Concilio Evangélico de la Responsabilidad Financiera».

Alguien de la biblioteca sugirió que sería estupendo para «Salvemos los Libros» organizar un maratón televisivo como el que había montado Jerry Lewis para la distrofia muscular. Gene Scott, que era miembro del comité de «Salvemos los Libros», se postuló para organizar el maratón en el enorme auditorio de su iglesia y ejercer de maestro de ceremonias. Algunos de los miembros del comité creían que Gene Scott era un poco estrafalario, pero sabían que el hecho de que él organizase el evento supondría un éxito debido a su enorme audiencia y a su persuasivo carácter. Su participación fue respaldada por Wyman Jones, que también se ofreció a demostrar dos de sus talentos menos conocidos —era pianista de jazz y prestidigitador— en el programa.

El maratón se emitió en directo en enero de 1987, duró veinticuatro horas y volvieron a emitirlo en diferido al día siguiente. Los voluntarios se hicieron cargo de doscientas líneas telefónicas para las donaciones. Habían fijado el objetivo de recaudación en dos millones de dólares. Muchos famosos se vieron obligados a aparecer en el programa leyendo fragmentos de sus libros favoritos. Fueron docenas de lectores famosos, incluidos Red Buttons, el exgobernador Pat Brown, Angie Dickinson, el entrenador de los Lakers Pat Riley, Ernest Borgnine, Eddie Albert y Henry Kissinger. Dinah Shore leyó una parte de *El príncipe de las mareas*. Charlton Heston leyó el último capítulo de *Moby Dick*. Zsa Zsa Gabor apareció por allí, pero olvidó llevar un libro consigo.

Otros famosos actuaron. Lodwrick Cook, conocido como un importante hombre de negocios, bailó solo en el escenario al ritmo de la canción *Just a Gigolo*. Uno de los periodistas que cubrió el evento describió su actuación como «seductora». Más tarde, la esposa de Cook declaró a *Los Angeles Times*: «Mi madre me telefoneó y me dijo que [Lod] estaba bailando... y yo dije: "Oh, Dios mío"». La actuación de Cook resultó tan excitante que, en cuestión de minutos, generó cien mil dólares en donaciones. Wyman Jones brilló a gran altura, especialmente tocando el piano. A lo largo de todo el maratón televisivo, la banda de Gene Scott, llamados los

Un-Band, tocaron versiones de los Beatles. Scott no paró de fumar de una caja de puros, anunciando a los lectores y las actuaciones con una floritura, y en términos generales podría decirse que parecía encantado con el espectáculo, por el flujo de donaciones y por la sorprendente cantidad de famosos y gente poderosa que pasó por el escenario. Finalmente, el maratón televisivo superó los dos millones de dólares. Es posible que esa fuese una de las noches más extrañas en la historia de Los Ángeles, una ciudad que ha vivido un buen puñado de noches extrañas.

12.

Special Report of the History and Present Condition of the Sheep Industry of the United States (1892)
Publicado por la Authority of the Secretary of Agriculture
636.305. U51

Let's Go Gold Mining (1964)
Hall, J.P.
332.4973 H177

Slavery in the West: The Untold Story of the Slavery of Native Americans in the West (2011)
Nixon, Guy
970.3 M685Ni

Les Caresses... (1921)
Richepin, Jean
F.841 R528-4

Entre los primeros libros que adquirió la biblioteca de Los Ángeles estaban *Hints to Horse-keepers, On the Sheep Industry, How to Make Money* y un título muy sencillo: *Honey Bees*. La primera biblioteca pública de la ciudad abrió sus puertas en 1844, cuando un club social llamado Amigos del País creó un salón de lectura en su sala de baile. En aquel entonces no había muchos libros en el sur de California, y las colecciones más amplias se encontraban en las misiones españolas, inaccesibles para el público en general. Cuando Amigos del País se endeudó, cerraron el salón de lectura. El interés por disponer de una biblioteca se mantuvo y en 1872 se formó una asociación para crear una biblioteca en la ciudad. Para conseguir dinero, la asociación patrocinó una Fiesta Dickens, a la cual los asistentes debían acudir disfrazados como sus personajes favoritos de Charles Dickens. La fiesta duró una semana entera. *Hints to Horse-Keepers* y *On the Sheep Industry* se adquirieron con los beneficios de la fiesta.

Lo primero que necesitaba la biblioteca era un edificio en el cual ubicarse. Un miembro de la asociación de la biblioteca llamado John Downey accedió a donar un espacio en un inmueble de su propiedad, el Downey Block, en el centro de la ciudad. Era un edificio de pequeñas oficinas y disponía de un patio exterior en el que semanalmente se subastaban esclavos. La esclavitud en el estado de California era legal debido a una ley de 1850 en la que se autorizaba a los blancos a comprar niños nativos americanos como «aprendices» y a «ofrecer» dinero por nativos americanos que hubiesen sido declarados «vagabundos»; de ese modo, se les obligaba a trabajar por el dinero que habían costado. (La ley, conocida como Ley para el Gobierno y la Protección de los Indios, no fue derogada por completo hasta 1937).

La biblioteca abrió en enero de 1873. Ser socio costaba cinco dólares al año. En aquel tiempo, cinco dólares representaban la paga de varios días de un trabajador medio, así que solo la gente con posibilidades podía permitírselo. Las normas de la biblioteca eran severas y estrictas. Los hombres tenían que quitarse el sombrero para poder entrar en ella y a los usuarios se les aconsejaba que no leyesen demasiadas novelas, a menos que no temiesen convertirse en lo que la asociación catalogaba como «demonios de la ficción». Aquellos libros que se consideraban «de dudosa moralidad, o de baja calidad, o mal escritos, o condescendientes» quedaron excluidos de la colección. A las mujeres no se les permitía acceder a las instalaciones principales, pero poco después de que abriese la biblioteca se le añadió una

«Sala para Damas» con una selección de revistas. Los niños simplemente no podían entrar.

El espacio habilitado en el Downey Block consistía en una sala de lectura con largas mesas y sillas de respaldo recto. Había un pequeño guardarropa donde los usuarios podían dejar sus sombreros y sus paraguas; de vez en cuando dejaban allí patos y pavos. A pesar de que la apertura de la biblioteca fue bien recibida, a algunos les preocupaba que compartir los libros y permanecer en espacios cerrados pudiese entrañar el contagio de enfermedades. Según *Los Angeles Herald*, aquel espacio era «insuficiente e inadecuado [...], una amenaza para la vida». En aquella época, la gripe, la viruela y el tifus eran frecuentes en las ciudades. Una de las autoridades de la ciudad declaró en *Los Angeles Times* que cualquiera que compartiese un libro sabiendo que algún miembro de su familia sufría una enfermedad contagiosa estaba cometiendo «poco menos que un crimen».

El primer bibliotecario de la ciudad de Los Ángeles fue un austero asmático llamado John Littlefield. Odiaba los lugares abarrotados más que nadie, así que se ausentaba de la sala de lectura en cuanto podía para ocultarse en su despacho y fumar un compuesto medicinal de estramonio para calmar sus pulmones. Según uno de los primeros informes anuales de la biblioteca, el hecho de que Littlefield fumara no les gustaba nada a los usuarios. «Cuando [Littlefield] tose y resuella y gorjea y fuma —indica el informe—, los abominables humos [del estramonio] llenan el establecimiento por completo y prácticamente ahogan a todos los que están allí». Littlefield parecía, en términos generales, una persona agobiada, rencorosa y atormentada. Cada vez que algo lo obligaba a salir de su despacho, mascullaba: «Bueno, si tengo que hacerlo supongo que tendré que hacerlo», a lo que le seguía un sonoro gruñido. De algún modo, logró mantenerse seis años en el puesto. Su sucesor era un pintor alcohólico llamado Patrick Connolly que estuvo allí un año escaso.

Mary Foy apenas tenía dieciocho años cuando fue contratada

Mary Foy

para reemplazar a Connolly. Si bien resulta sorprendente que pensasen en una persona tan joven para el puesto, la mayor sorpresa era que dicha persona fuese una mujer, dado que en 1880 la biblioteca seguía siendo una organización dirigida por y pensada para hombres. A las mujeres todavía no les era posible disponer de su propia credencial de la biblioteca y solo se les permitía el acceso a la Sala para Damas. No había ninguna biblioteca en el país dirigida por una mujer, y solo una cuarta parte de los empleados de las bibliotecas en Estados Unidos eran mujeres. La feminización de las bibliotecas tendría lugar una década más tarde.

Foy resultó ser una administradora austera y eficiente, a pesar de que era tan joven que su padre tenía que ir a buscarla al trabajo todos los días. La biblioteca no disponía de un catálogo, pero Foy estaba tan familiarizada con el material que podía encontrar cualquier cosa en los estantes en cuestión de minutos. Perseguía con saña a quienes debían multas por retrasos y depositaba el dinero en un bolso de cuero que llevaba colgando del pecho en bandolera. Los usuarios masculinos adultos la respetaban. Entre sus responsabilidades se encontraba arbitrar los partidos de ajedrez y de damas, que no dejaban de jugarse a lo largo de todo el día en la sala de lectura. Ella también fijaba las apuestas entre los usuarios por cuestiones triviales.

Mary Foy probablemente habría seguido siendo la bibliotecaria de la ciudad durante muchos años, pero cuando el alcalde que la había seleccionado dejó su cargo en 1884, la junta de la biblioteca votó para despedirla. La razón que dieron fue que al padre de Foy le estaban yendo muy bien los negocios y podía hacerse cargo de su hija; se dio por hecho que ya no necesitaba el trabajo. Además, un conocido ranchero llamado L. D. Gavitt había muerto y su hija Jessie estaba desesperada por encontrar trabajo, así que la junta decidió que ella ocupara el puesto. Foy se fue entre protestas y publicó una áspera crítica contra la junta de la biblioteca en el periódico cuando se marchó. Acabaría convirtiéndose en maestra y sufragista.

· · ·

Gavitt y su sucesora, Lydia Prescott, dirigieron la biblioteca sin tener que afrontar incidente alguno. En 1889, una periodista de Ohio llamada Tessa Kelso se presentó al puesto. Kelso era corpulenta y de pecho abundante, llevaba el pelo corto y salía a la calle sin sombrero, detalle muy llamativo en aquel entonces, pues la mayoría de las mujeres llevaban el pelo largo recogido en chongos y nunca salían a la calle sin sombrero. Kelso no estaba casada y fumaba cigarros. La gente la definía como una mujer «poco convencional». Era tan brillante y persuasiva que convenció a la junta de que la contratase a pesar de no tener experiencia en ese tipo de trabajo, más allá de haber cubierto para su periódico una convención de bibliotecarios en una ocasión.

Kelso creía que la biblioteca era aburrida y necesitaba modernizarse. Abolió la tarifa de afiliación. En muy poco tiempo, el número de socios creció de poco más de un centenar a veinte mil. Colocó la mayor parte de los libros en estanterías de libre acceso y permitió que los niños mayores de doce años accediesen a la biblioteca si tenían una media superior a noventa en los exámenes de sus escuelas. Montó «estaciones de entrega», una versión anterior de las sucursales, en zonas en las que vivían inmigrantes. Trasladó la biblioteca de las abarrotadas estancias de Downey Block a un espacio mucho más amplio en el nuevo edificio del ayuntamiento. Gracias a ese espacio adicional, esperaba que la biblioteca pudiese crecer y empezar a prestar más libros; ella imaginó una especie de almacén para raquetas de tenis, partidos de futbol «en pista cubierta, linternas mágicas y toda la parafernalia relacionada con la diversión íntegra y saludable que [...] no está al alcance de niños y niñas corrientes». Ella creía que una biblioteca podía ser algo más que un depósito de libros. Creía que debía ser el «centro educativo y de entretenimiento de la ciudad». Su ambición no llegó a verse cumplida durante su dirección, pero anticipó en casi cien años la idea moderna que se tiene de lo que puede llegar a ser una biblioteca.

Aunque Kelso no tenía formación como bibliotecaria, le gustaba que la gente que trabajaba para ella estuviese cualificada. Contrató como ayudante a una mujer llamada Adelaide Hasse, que había sido campeona de carreras de bicicleta en Los Ángeles al tiempo que se formaba como bibliotecaria, y ambas formaron una escuela de bibliotecarias, uno de los primeros programas de biblioteconomía de la Costa Oeste. La escuela se hizo famosa por su rigor. Un número considerable de sus estudiantes reaccionaron a la presión académica con desmayos y ataques de nervios. En 1898, una estudiante de la escuela llamada Corinne Wise falleció de repente. Algunos atribuyeron su muerte a la extrema ansiedad que le provocaban los exámenes. Kelso descartó ese argumento por absurdo e incluso suspendió a dos estudiantes que chismorreaban sobre la muerte de Wise.

Cuando Kelso se hizo cargo del puesto, la colección de la biblioteca incluía doce mil libros. Adquirió nuevos ejemplares y, bajo su dirección, la colección creció hasta los trescientos mil. En 1893, Kelso firmó un pedido por una gran cantidad de novelas, incluida una del autor francés Jean Richepin. Protegido de Baudelaire, Richepin era conocido por el tono marcadamente erótico de sus obras. Después de publicar *La chanson des gueux* en 1876, Richepin fue acusado y juzgado en Francia por el cargo de conducta indecente. Para cuando Kelso pidió *Le cadet*, Richepin gozaba de cierto prestigio en Europa, pero su obra en Estados Unidos seguía considerándose escandalosa.

El comité de adquisición de libros de la biblioteca aceptó la compra de *Le cadet*, aunque no se sabe con certeza si alguien en dicho comité sabía de qué trataba el libro, por dos motivos: en primer lugar, porque ninguno de ellos hablaba francés, y en segundo, porque el libro seguramente formó parte de una lista a la que apenas debieron de dedicarle tiempo. *Le cadet* llegó a la biblioteca sin hacer ruido. Lo registraron y lo colocaron en el estante correspondiente como cualquier otro libro y perfectamente podría haber pasado desapercibido durante décadas. Pero por alguna clase de serendipia, un periodista de *Los Angeles Examiner* que sabía de la reputación de Richepin se percató de su existencia. El artículo que escribió ese periodista provocó una auténtica conmoción. Dio pie a toda una serie de editoriales muy críticos por parte de los periódicos locales, poniendo en tela de juicio el criterio de Kelso. El director de la Primera Iglesia Metodista de Los Ángeles, el reverendo J. W. Campbell, creía que Kelso tenía tratos con el demonio, así que propuso una vigilia pública de rezos por el alma de la bibliotecaria. «Oh, Señor, concédele tu gracia salvadora a la bibliotecaria de la biblioteca de la ciudad de Los Ángeles —rezó Campbell— y líbrala de todo pecado, y haz de ella una mujer digna de su oficio.»

Kelso dejó *Le cadet* en su estante y después emprendió lo que *Los Angeles Times* denominó «una acción sensacional y decididamente noble»; es decir, demandó al reverendo Campbell por injurias. Afirmó que su condena había interferido en sus capacidades para llevar a cabo su trabajo y que no sabía que *Le cadet* fuese una novela controvertida. Es más, indicó que había sido el comité de adquisición de libros, y no ella, el que había aprobado su compra. En su demanda añadió que, dado que no era metodista, la condena por parte de un ministro de esa Iglesia resultaba particularmente injuriosa. Pidió cinco mil dólares por daños y perjuicios, el equivalente a ciento cuarenta mil dólares en la actualidad.

El caso no dejó de dar vueltas durante meses hasta convertirse en una cuestión de libertad de expresión. Kelso insistía en que la adquisición de aquel libro era una muestra de su libertad de expresión. El reverendo Campbell replicó diciendo que su derecho a rezar por el alma de cualquiera también era una manifestación de su libertad de expresión. A medida que el juicio avanzaba, la libertad de expresión de Campbell pareció tomar ventaja en el terreno de la moral, pero el tribunal decidió fallar a favor de Kelso basándose en el hecho de que Campbell había intentado denigrarla. La Iglesia pagó una cantidad no revelada, pero la victoria de Kelso tuvo un costo mayor para ella: la opinión pública y la junta de la biblioteca nunca volvieron a estar de su parte.

Poco después del caso Campbell, Kelso demandó al ayuntamiento por no haberle reembolsado nunca los gastos que le había supuesto viajar a una convención de bibliotecarios. Se le pagó ese dinero, pero finalmente su gusto por litigar hizo de las suyas con Kelso y, en cuanto acabó el juicio, la junta de la biblioteca la instó a que dejase el puesto. Se resistió, afirmando que había sido buena para la biblioteca, pero la junta insistió y acabó imponiéndose. Todos los asuntos relacionados con la biblioteca se siguieron con expectación en la ciudad, así que la renuncia obligatoria de Kelso fue públicamente conocida. En la portada del *Los Angeles Times* pudo leerse: «¡SE ACABÓ! Punto final a la agonía del caso de la bibliotecaria. La junta se reunió con carácter de urgencia [...] ayer por la tarde con el objetivo de arrancarle la cabellera a la señorita Kelso con toda la pompa exigida».

Después de Kelso, la biblioteca siguió adelante bajo la tranquila supervisión de directoras como Clara Bell Fowler y después Harriet Child Wadleigh. Creció y creció y acabó abarrotando las estancias del consitorio que, tiempo atrás, habían parecido tan espaciosas. La biblioteca era un poco como un manicomio. Los usuarios se rozaban unos con otros al sentarse a las mesas de lectura. Los libros se amontonaban en los estantes y en los mostradores y formaban pilas en las escaleras y en el desván. Otros tantos se pudrían en el sótano. A petición de Harriet Wadleigh, la junta de la biblioteca lanzó un llamado para financiar una nueva biblioteca independiente, pero no hubo respuesta. Se publicó un artículo en *Los Angeles Herald* que decía: «QUEREMOS UNA NUEVA BIBLIOTECA. La respuesta es que no hay fondos a la vista».

La biblioteca se expandió como se expandió la ciudad. Los Ángeles florecía como urbe y crecía. Tan solo en el año 1887, dos mil agentes de la propiedad se dedicaron a vender terrenos en la ciudad. El ferrocarril de la Southern Pacific y el ferrocarril de Santa Fe se enzarzaron en una guerra de precios hasta que el boleto de tren de Chicago a Los Ángeles llegó a costar un dólar, una tentación prácticamente irresistible para encaminarse al oeste. El ferrocarril cubría aquella inmensa y agotadora distancia atravesando el país en unos pocos días. Cientos de miles de personas acudieron a California. En los siguientes veinticinco años, fue esa una de las mayores migraciones internas en la historia de Estados Unidos.

• • •

En 1898, el marido de Harriet Wadleigh encontró una veta de oro en el jardín de naranjos que tenía detrás de su casa, y al llegar al año 1900 la pareja decidió vivir en unas vacaciones permanentes. Fue el momento adecuado, pues la relación de Wadleigh con la junta de la biblioteca no era muy buena. La persona que la reemplazó, Mary Letitia Jones, fue la primera bibliotecaria de Los Ángeles graduada en una escuela de bibliotecarias. Antes de llegar a

Los Ángeles, Jones había dirigido bibliotecas en Nebraska e Illinois, donde había recibido elogios por su delicadeza y profesionalismo. Jones tenía los labios finos, era alta y llevaba su rubia cabellera recogida en un chongo que le añadía quince centímetros a su altura. Era una mujer seria, eficiente e innovadora en su particular estilo. Empezó al frente de la biblioteca rebajando en dos años la edad mínima de los niños que podían entrar, lo que posibilitó que accediesen a ella los mayores de diez. Contrató a bibliotecarias afroamericanas para las sucursales de los vecindarios con una mayoría de población negra y las animó a crear una colección de libros sobre la «experiencia de ser negro». La biblioteca prosperó. Circulaban unos cuatrocientos mil libros al año cuando Jones se hizo cargo de la biblioteca. Hacia 1904, la cantidad se había duplicado.

El público en general no fue realmente consciente de la importancia de las bibliotecas públicas hasta finales del siglo XIX. Antes de esa fecha, se entendía que las bibliotecas eran cosa de los estudiosos y de las élites más que un recurso público indispensable y democrático. Algunas bibliotecas públicas seguían haciendo pagar cuotas de entrada. El cambio de actitud tuvo lugar con la visión filantrópica del empresario escocés Andrew Carnegie, quien puso en marcha el proyecto de un edificio para la biblioteca en 1890. Carnegie nació en Escocia y después emigró a Estados Unidos. Su padre era tejedor y la familia se había movido entre la pobreza y un modesto confort mientras él fue niño. Siendo jovencito, disponía de muy poco dinero para gastar; no podía permitirse, por ejemplo, pagar los dos dólares para ser miembro de la biblioteca local. Acabó haciendo fortuna con el acero y el ferrocarril, y en un momento dado llegó a ser el hombre más rico del mundo. Cuando alcanzó la mediana edad, decidió dedicar el último tercio de su vida a regalar su dinero. La decepción que le había supuesto, siendo niño, no poder pagar la inscripción a la biblioteca lo había acompañado todos esos años, así que escogió las bibliotecas como uno de sus principales beneficiarios de su visión filantrópica. Ofreció elevadas subvenciones para la construcción de bibliotecas en comunidades que decidieron apoyar ese proyecto aplicando impuestos para que saliesen adelante. Pueblos y ciudades empezaron a interesarse por recibir los fondos de Carnegie y el proceso de las solicitudes provocó que el interés y el apoyo a las bibliotecas públicas aumentasen. Carnegie llegó a edificar mil setecientas bibliotecas en mil cuatrocientas comunidades. Financió seis pequeñas bibliotecas en Los Ángeles, que se añadieron a la red principal de sucursales.

Durante su quinto año en el puesto, Mary Jones tenía razones suficientes para creer que su trabajo estaba asegurado. El informe anual de la junta para 1904 alababa su trabajo. En junio de 1905, acudió a la reunión mensual de la junta. Después de acabar con el asunto que tenían entre manos, el director de la junta, un abogado llamado Isidore Dockweiler, se dirigió a Jones y le pidió que dimitiese. Como Jones parecía perpleja, Dockweiler le explicó que la

Mary Jones

junta creía que sería mejor para todos que fuese un hombre quien dirigiese la biblioteca. De hecho, ya había pensado en alguien: un periodista, poeta, editor, historiador y aventurero llamado Charles Fletcher Lummis.

Incluso para las costumbres de la época, el despido de Jones fue incomprensible. Las mujeres habían estado al frente de la biblioteca de Los Ángeles desde 1880, dirigiendo la institución antes de que la mayoría de las bibliotecas del país nombrasen a mujeres para esos cargos. Al contrario que Kelso, Jones no era una persona que causara problemas. El rumor que siguió a su despido proclamaba que Dockweiler, candidato a vicegobernador y padre de trece hijos, le había hecho proposiciones a Jones y ella lo había rechazado.

Las primeras personalidades en el movimiento estadounidense a favor de las bibliotecas fueron hombres, la mayoría de ellos pertenecientes a familias adineradas de Nueva Inglaterra, que entendieron que apostar por las bibliotecas era algo parecido a una misión religiosa, pues consistía en llevar la sabiduría a las masas ignorantes. Hubo varias bibliotecarias mujeres, pero se trató de una minoría sin poder alguno que básicamente ocuparon puestos subordinados. Cuando se creó la Asociación de Bibliotecas de Estados Unidos, en 1876, entre los miembros fundadores había noventa hombres y trece mujeres. Once años más tarde, Melvil Dewey, creador del sistema decimal Dewey, abrió la primera escuela para bibliotecarios. La profesionalización de ese ámbito atrajo a más mujeres, que fueron aceptadas en una época en la que había pocos puestos de trabajo disponibles para ellas. Además, se fundaron muchas bibliotecas a partir de clubes femeninos de lectura, lo cual hacía que dichas bibliotecas fuesen mucho más receptivas a la contratación de mujeres. Pero lo que realmente las atrajo a ese campo fue el espectacular aumento de bibliotecas a finales del siglo XIX, incitado por el ejemplo de Carnegie. Montones de comunidades por todo el país empezaron a construir bibliotecas a toda marcha. Ese *boom* implicó la inmediata necesidad de más bibliotecarias. En esa época, uno de los pocos campos laborales abierto a las mujeres era el de la enseñanza, por lo que las bibliotecas se convirtieron en una especie de acceso lateral. Debido a la gran demanda de bibliotecarias, la habitual resistencia masculina a la apertura de miras se vio superada por la urgencia de dicha reclamación. Es más, como sugería un artículo de 1876 titulado «Cómo hacer que las bibliotecas locales sean un éxito», incluso a aquellas mujeres que tenían titulación superior se les podía ofrecer un sueldo más bajo que el de los hombres porque aceptarían de todos modos el trabajo.

. . .

Charles Lummis llegó a Los Ángeles en 1885, cuando *Los Angeles Times* le ofreció un puesto de trabajo en su equipo. Por aquel entonces, Lummis era periodista en Ohio. Aceptó la oferta e hizo las maletas. Después decidió que iría caminando desde Ohio hasta California. El primer vestuario que llevaba puesto Lummis para afrontar ese viaje eran unos pantalones cortos, una camisa de franela, calcetines de color rojo como el jitomate, zapatos para caminar y un abrigo de lona con veintitrés bolsillos que él llenó con toda clase de objetos que fue recogiendo a lo largo del camino, incluidas varias pepitas de oro, astas de reno, tabaco, piedras hermosas y pieles de serpiente de cascabel. A la mitad del camino a California, se cambió los pantalones cortos por unas mallas de ante. Tras su llegada a Los Ángeles, Lummis siguió vistiendo de un modo que resultaba chocante para un hombre caucásico de la década de 1880. Sus prendas de ropa preferidas eran un saco de tres botones y unos anchos pantalones de brillante pana verde, que remataba con una faja estampada de colores rojo y negro. Su segundo atuendo preferido era una chaquetilla recortada de gamuza y unos pantalones acampanados tan estrechos que resultaba difícil imaginar cómo se los habría enfundado. Casi siempre lucía un sombrero Stetson de ala ancha y un par de mocasines. Vistió de ese modo toda su vida, incluidos los cinco años que estuvo al frente de la biblioteca de Los Ángeles.

Obviamente, la pinta de Lummis resultaba muy llamativa. Tenía un rostro alargado, ovalado, una mirada intensa, nariz picuda y una boca de labios carnosos. Era bajito y nervudo, con una tensa musculatura de boxeador profesional. Había nacido en Lynn, Massachusetts, en 1859. Su padre, viudo, era un severo e inflexible pastor metodista que pretendía educar a un severo e inflexible muchacho. Lummis se rebeló en cuanto pudo librarse de las garras de su padre. Estudió en Harvard y trató con Teddy Roosevelt. Apenas destacaba en lo académico, pero se ganó una reputación como luchador, también como boxeador y como jugador de póquer. Para muchos estudiantes, la larga cabellera que lucía Lummis resultaba ofensiva. Cuando era alumno de primer año, los miembros de grados superiores publicaron un anuncio en el periódico advirtiendo que si Lummis no se cortaba el pelo, ellos mismos tomarían unas tijeras y lo harían por él.

A Lummis no le interesaba especialmente la educación convencional, pero leía y escribía con auténtico afán, sobre todo poesía. En el verano de su último año en la universidad decidió publicar sus poemas. Le pareció que un libro con páginas de papel sería algo demasiado ordinario, así que se le ocurrió imprimir sus poemas en corteza de abedul. Consiguió toda una remesa de cortezas y las pulió hasta hacer que casi fuesen transparentes, como hojas de papel. Él mismo cosió y encuadernó cada uno de los ejemplares. Ese libro es hermoso, particular, ligero como el polvo y diminuto: del tamaño de una caja grande de pastillas. Muchos de los poemas de Lummis son reflexiones en torno al esplendor natural de Nueva Inglaterra, pero el más famoso de todos es una oda al tabaco, una de las mayores pasiones de Lummis. Se titula «Mi cigarro», y empieza así:

> *¡Mi cigarro! No puedo olvidar*
> *Cómo Kate y yo, bajo el sol,*
> *Nos sentábamos a la sombra de un olmo,*
> *Y enrollábamos la fragante hierba juntos...*

Lummis tenía talento para la poesía, pero el mayor de todos sus talentos era la autopromoción. Envió copias de *Birch Bark Poems* a periódicos y revistas. Logró que Walt Whitman y Henry Longfellow recibiesen un ejemplar, que ambos elogiaron. El extraño y pequeño libro de Lummis acabó vendiendo miles de copias, unos números alucinantes para una antología de poesía escrita por un estudiante.

Tras publicar *Birch Bark Poems*, Lummis perdió el interés por seguir en la universidad. Se fue de Harvard y les dijo a sus amigos que iba a convertirse en periodista. Pero entonces, en un giro inesperado de los acontecimientos, se casó con su novia, una estudiante de Medicina llamada Dorotea Rhodes, y se trasladó con la familia de ella a una granja en Ohio. Según cuenta Mark Thompson en su excelente libro *American Character: The Curious Life of Charles Fletcher Lummis and the Rediscovery of the Southwest*, Lummis se las ingenió para dirigir la granja de los Rhodes al tiempo que buscaba oportunidades para escribir. Un año después le ofrecieron una columna en un periódico local. Su columna se hizo tan popular que llamó la atención de Harrison Gray Otis, editor del recién inaugurado *Los Angeles Times*, quien convenció a Lummis para que se mudase a Los Ángeles y escribiese para su periódico.

• • •

A Lummis le gustaba decir que había ido caminando hasta California porque quería encontrar por el camino «alegría e información». Le avergonzaba conocer tan poco Estados Unidos y creía que cruzar el territorio a pie podría ponerle remedio a sus carencias. Por otra parte, lo de llevar a cabo una larga caminata casaba con él: era un hombre inquieto, curioso y aplicado en lo que a retos físicos se trataba. Le gustaba la idea de alejarse de la burguesía de la Costa Este. El Oeste parecía más puro y auténtico, un lugar en el que uno podía reinventarse; un lugar en el que nadie lo amenazaría con unas tijeras si se dejaba el pelo largo. Lummis concibió el viaje a Los Ángeles, que él denominaba «mi vagabundeo», como un viaje existencial. Fue el primero de otros muchos que realizó durante su vida.

Su vagabundeo fue también un *performance*; con una envoltura absolutamente inusual, como había sucedido con su libro de poemas impreso en corteza de abedul. Sabía que si llegaba a pie a California, y vestido además de un modo inusual, llamaría la atención. Antes de abandonar Ohio, convenció a un periódico local para que publicase el diario de su viaje, que pensaba escribir en forma de carta semanal. A su primera columna la tituló de un modo extravagante: «LAS PIERNAS DE LUMMIS: Calculando la distancia entre Cincinnati y Los Ángeles. Sesenta y tres millas recorridas y solo tres mil ciento treinta y siete por caminar». Las columnas eran divertidas y coloquiales y entusiastas. Describían el sencillo reto de caminar casi cincuenta kilómetros al día; también todo aquello que veía y experimentaba mientras caminaba: qué cazó, qué pescó, a quién conoció, sus muchos dolores y malestares, la ilusión al conocer a sus primeros vaqueros auténticos. Mientras atravesaba la mitad del país, supo transmitir la fascinación que llegó a sentir por el sudoeste de Estados Unidos y la cultura nativa americana.

El viaje fue duro. En Misori lo asaltaron unos vagabundos y tuvo que atravesar montañas nevadas al cruzar Nuevo México. En Arizona cayó desde un saliente de roca y se rompió el brazo, que él mismo tuvo que entablillarse con unas ramas y retazo de su propia ropa. (Más adelante se enfrentó a una calamidad aún mayor al tener que aprender a enrollar los cigarros con una sola mano.) En algunos momentos apenas dispuso de agua o comida. Durante la mayor parte del viaje estuvo solo. En Colorado adoptó a un cachorro de galgo abandonado y lo llamó *Sombra*. Le encantaba disfrutar de la compañía de *Sombra*, pero, tras unas cuantas semanas, el perro enfermó de rabia y Lummis se vio obligado a sacrificarlo.

A pesar de todos los retos, fue la mejor época de su vida. No tenía que dar cuentas a nadie, vivía de su ingenio, transitaba una frontera y sentía y veía cosas nuevas cada día. Se sentía vivo. Estaba convencido de que caminar era bueno para su alma. Y sin duda fue muy bueno de cara a la publicidad. Su columna se publicaba en un montón de periódicos de todo el país. Otros periódicos cubrieron su viaje como un acontecimiento informativo. La gente se amontonaba para verlo pasar. A veces, cuando cruzaba pueblos, cientos de personas lo aclamaban. Para cuando llegó a California ya era famoso.

Charles Lummis

13.

Some Strange Corners of Our Country: The Wonderland
of the Southwest (1906)
Lummis, Charles Fletcher
987 L958-3

20,000 Leagues Under the Sea [electronic resource] (2003)
Verne, Jules
E-audiobook

Century of Struggle: The Women's Rights Movement in the
United States (1968)
Flexner, Eleanor
324.373 F619

Encyclopedia of All Nations (1861)
Murray, Hugh
910.3 M982

Lummis no parecía estar especialmente ilusionado cuando llegó a Los Ángeles. Describió la ciudad como un «lugar pequeño y aburrido donde viven unas doce mil personas... [y] donde hay quizá unos seis edificios de tres pisos o más». Los Ángeles, en 1885, no era gran cosa comparada con Boston, donde Lummis había pasado la mayor parte de su vida. Apenas podía decirse que fuese una ciudad. Incluso en California, Los Ángeles era considerada mucho menos sofisticada e importante que San Francisco. La ciudad lo decepcionó, pero a Lummis sí le ilusionaba su nuevo trabajo en

Los Angeles Times. La atención que había despertado con su vagabundeo le había seguido hasta allí, y el tiraje del periódico aumentó en cuanto él empezó a publicar.

Pero casi de inmediato también reapareció su desasosiego. En realidad ya no le gustaba tener un trabajo. Echaba de menos el drama que entrañaba vagar de aquí para allá. Para tranquilizarlo, el editor del *Times* lo animó a cubrir historias que ocurriesen fuera de la ciudad. Las guerras apaches estaban teniendo lugar en el sudoeste, así que Lummis volvió a viajar para escribir sobre ellas. Su interés por la región y por sus gentes persistía. Decidió aprender español y hablaba en una curiosa mezcla de inglés y español siempre que podía.

En uno de sus viajes, Lummis sufrió un ataque de parálisis. Se recuperó lo suficiente como para volver a ponerse en camino, disparar un rifle o enrollar sus cigarros, pero empeoró cuando regresó a Los Ángeles, pues apenas podía arrastrarse hasta el trabajo. Finalmente tuvo que decir a los del *Times* que necesitaba un descanso para poder recuperarse. Se trasladó al pueblo de San Mateo, en Nuevo México. Dio por hecho que conservarían su puesto de trabajo para cuando estuviese en condiciones de regresar, pero el *Times* empezaba a estar cansado del espíritu viajero de Lummis y dejaron de confiar en él, igual que lo había hecho su esposa. El editor lo despidió; Dorothea se divorció de él.

Lummis siempre había gastado todo lo que tenía en libros, y aun sin trabajo siguió haciéndolo. Cuando mejoró su salud, empezó a trabajar como escritor y fotógrafo por cuenta propia. Escribió con auténtica temeridad sobre la corrupción en San Mateo. Tuvo que abandonar el pueblo después de que sus historias fuesen publicadas porque le avisaron que los jefes del negocio criminal tenían planeado matarlo. (Un asesino a sueldo le siguió la pista y le disparó en una pierna pocos meses después de haberse ido de San Mateo).

En cuanto Dorothea y él se divorciaron, Lummis se casó con una mujer llamada Eve Douglas, que había conocido en Nuevo

México, y después se fue de viaje a Perú y a Guatemala con el etno-fotógrafo Adolph Bandelier, que estaba estudiando los pueblos indígenas. Eve y él regresaron a Los Ángeles en 1893. Apenas disponían de dinero. Trabajó intensamente aceptando cualquier tarea que le propusiesen. Haciendo caso omiso de sus instintos, aceptó un puesto como editor en una revista regional llamada *Land of Sunshine*, patrocinada por la Cámara de Comercio. Lummis transformó aquella revista de corte propagandístico en una publicación seria. Le cambió el nombre a *Out West* y convenció a escritores de la talla de Jack London o John Muir para que publicasen allí sus historias. También empezó a firmar una columna propia. La tituló «En la guarida del león» y la escribía desde el punto de vista de un puma que hablaba en perfecto inglés.

Además de su trabajo en *Out West*, escribió libros y poemas y tradujo importantes documentos en español. Intentaba mantener con vida el espíritu ranchero de California, que se estaba perdiendo a toda velocidad debido al aumento de la población. Entregado totalmente a la causa de preservar la historia, fundó el Southwest Museum y el Landmarks Club of Southern California, que tenían el objetivo de preservar las viejas misiones españolas. También dedicó mucho tiempo a presionar a favor de los derechos de los nativos americanos, importunando muchísimo al gobierno federal.

Lummis ahorró suficiente dinero como para comprar una parcela de tierra al este de Los Ángeles, en los límites de Arroyo Seco, y se dispuso a construir allí una casa. Le llevó diez años completar la extravagante estructura de piedra, que puso en pie con los cercos de postes de teléfonos abandonados y traviesas del ferrocarril. A su casa la llamó El Alisal. Era la casa familiar de los Lummis, pero también un lugar de reunión para artistas y escritores. Lummis solía referirse a sus fiestas como «ruidos». Algunos de esos ruidos estaban centrados en cuestiones españolas, con trovadores y comida típica. Otros eran juicios bufos en los que Lummis era acusado por alguno de los invitados de no saber en qué consistía pasarla bien. El defendido era entonces interrogado por los otros invitados, lo exculpaban y seguían la fiesta. En la mayoría de esas fiestas en El Alisal abundaba el alcohol.

La vida de Lummis no parecía apuntar de manera natural hacia el hecho de convertirse en bibliotecario. Más bien podría decirse que nunca habría imaginado dedicarse a ello hasta que le ofrecieron el trabajo. Era un ávido lector y se había reunido en algunas ocasiones con la junta de la biblioteca para animarlos a que adquiriesen libros sobre California y el sudoeste de Estados Unidos. Varios de los miembros de la junta acudían con regularidad a los ruidos de El Alisal. Pero Lummis no tenía experiencia alguna en lo referente a dirigir una biblioteca. Cuando se anunció su nombramiento como bibliotecario de la ciudad de Los Ángeles, en 1905, el consejo editorial de *Los Angeles Times* argumentó que no estaba preparado para el cargo porque jamás «había puesto un pie en una biblioteca, viste extravagantes trajes de pana y todo el mundo sabe que bebe y maldice constantemente».

Vista exterior de El Alisal

A esas alturas, la vida personal de Lummis estaba despresti-
giada. Había tenido docenas de aventuras extramatrimoniales. Se
rumoreaba que entre sus amantes se incluían Arcadia Bandini de
Stearns Baker, una de las mujeres más adineradas de California;
Kate Wiggin, autora de la novela *Rebecca of Sunnybrook Farm*;
varias de sus secretarias; la evangelista Aimee Semple McPherson y
la hija adolescente de Harrison Gray Otis, uno de los editores de
Los Angeles Times, que fue quien lo trajo a Los Ángeles. Lummis
también había descubierto que tenía una hija ilegítima, resultado
de un breve romance cuando estaba en la universidad. Después de
conocerse, la chica se mudó a Los Ángeles para vivir con él.

No es sorprendente que Lummis fuese el centro de incontables chismes. Era temerario, dramático, quijotesco, romántico y,
quizá, un poquito embustero. Bebía mucho. Sufría un montón de
enfermedades que posiblemente tuviesen carácter psicosomático.
Su capacidad para llamar la atención, antaño infalible y con estilo,

Sala de estar de El Alisal

era ya para mucha gente algo estéril, una muestra de egoísmo. Isidore Dockweiler era uno de los mejores amigos de Lummis, invitado habitual en El Alisal. Cuando le propuso a Lummis que se hiciese cargo de la biblioteca, tal vez este lo entendió como una oportunidad para poner algo de paz en su tormentosa vida.

• • •

Mary Jones no estaba de acuerdo con que la despidieran de la biblioteca, y sobre todo le parecía contradictorio que tuviera que dejar su puesto por el mero hecho de no ser un hombre, así que no tomó en serio la petición de la junta y al día siguiente acudió al trabajo. Dijo a los integrantes de su equipo que debían comportarse como si se tratase de un día cualquiera y que no tenía intención de seguir hablando del asunto. Esa misma tarde, la junta de la biblioteca se reunió con Lummis para aclarar los detalles de su trabajo. El salario que le ofrecieron era el doble que el de Jones. La junta invitó a Jones a unirse a ellos, con la esperanza de que trajese consigo su carta de renuncia. En lugar de eso, ella les leyó una declaración en la que afirmaba que no tenía pensado dejar su trabajo «dado que se exige mi renuncia únicamente basándose en que lo mejor para el departamento es que no sea una mujer quien se encargue de la administración».

Dockweiler respondió que no era necesario que Jones presentara su renuncia porque había sido despedida. Lummis estaba sentado al fondo de la sala. Después de un rato de tenso silencio, se puso de pie y dijo que había aceptado el trabajo porque le habían dicho que Jones había causado baja voluntariamente. Añadió que intentaría seguir «afirmando el carácter de la biblioteca, que ya gozaba de muy buena reputación». A Lummis, que era un apasionado de los derechos de las minorías, no parecían desconcertarle las circunstancias de su contratación.

Al día siguiente, el Friday Morning Club, la más distinguida organización femenina de la ciudad, se reunió y Mary Jones tuvo oportunidad de hablar. Dijo a los presentes que seguía considerándose la bibliotecaria de la ciudad y que tenía las llaves de su despacho y de la caja fuerte de la biblioteca y que iba a quedárselas. Lummis estaba en su casa, inquieto, y escribió una columna para *Out West* justificando sus motivos para aceptar el trabajo, indicando que «ningún otro trabajo público [...] en California está dirigido por una mujer, y tampoco se espera que sea así».

Al día siguiente, un millar de mujeres firmaron una petición asegurando que la Gran Guerra de la Biblioteca de Los Ángeles solo finalizaría si Jones era ratificada como directora bibliotecaria y los miembros de la junta que habían intentado echarla eran expulsados. Ni la junta ni el alcalde, Owen McAleer, ante quien rendían cuentas los miembros de la junta, respondieron. Pocos días después, lideradas por el Friday Morning Club, las mujeres de Los Ángeles se manifestaron en apoyo a Mary Jones. Abarrotaron las calles. La multitud no impidió que Lummis se acercara al ayuntamiento vestido con su traje de pana verde y su sombrero Stetson, y allí fue nombrado bibliotecario de la ciudad. Después de eso, salió de Los Ángeles y se fue de pesca con su hijo. Jones acudió a su oficina de la biblioteca, seguramente haciendo tintinear las llaves.

Las noticias sobre el conflicto se expandieron y las bibliotecarias de todo el país mostraron su apoyo a Mary Jones. Algunas de ellas viajaron hasta Los Ángeles para formar parte de las protestas. Muchas fueron a visitar a Jones a su despacho; algunas de ellas le llevaron flores. Al alcalde McAleer le irritaba profundamente la atención que la controversia estaba volcando sobre la alcaldía y deseaba solucionar esa situación lo antes posible, así que convocó una reunión general. Acudieron miles de mujeres, incluidas las activistas feministas Susan B. Anthony y la reverenda Anna H. Shaw. La discusión en la que se enzarzaron fue estridente y en absoluto concluyente. Los miembros de la junta de la biblioteca se negaron a hablar cuando los interpelaron. El alcalde McAleer anunció entonces que iba a despedir a todos los miembros de la junta de la biblioteca. Ellos, sin embargo, se negaron a ser despedidos. Se estancaron en ese punto muerto durante semanas. Ya en ese punto, la Biblioteca Pública de Los Ángeles era dirigida por una directora a la que habían despedido pero que se negaba a irse y tenía una junta cuyos miembros habían sido despedidos pero que se negaban a acatar la orden.

La Gran Guerra de la Biblioteca podría haberse prolongado indefinidamente, habida cuenta de que Mary Jones había dejado bien claro que no tenía intención de rendirse, pero el alcalde McAleer estaba tan desesperado que consultó al abogado del ayuntamiento para ver si podían encontrar alguna clase de remedio legal. Todo esto ocurrió sesenta años antes de la ley federal que prohibiría la discriminación laboral por cuestiones de género. Pocos días después, el abogado del ayuntamiento anunció su decisión afirmando que la bibliotecaria de la ciudad era un cargo en el que el despido era libre, así que la junta tenía el derecho legal de cesarla por cualquier razón que considerasen adecuada, incluido el hecho de ser mujer. Tanto Jones como las mujeres que la apoyaban estaban indignadas y siguieron oponiéndose, pero quedó claro que el abogado tenía la ley de su parte y no iba a ceder. Finalmente, Jones cambió de opinión y se fue de Los Ángeles, aceptando un trabajo como directora de la biblioteca de Bryn Mawr, una universidad para mujeres en Pensilvania. Su renuncia fue comentada en *Los Angeles Times* bajo el siguiente titular: «EL RESULTADO DE LA PROLONGADA DISPUTA SOBRE QUIÉN TIENE QUE ESTAR AL FRENTE DE LA BIBLIOTECA, SI UN HOMBRE O UNA MUJER: ISIDORE DOCKWEILER Y *BLANDO* MILLER CONSIGUIERON FINALMENTE LA CABELLERA DE LA SEÑORITA JONES».

En cuanto Jones vació su despacho, el informe anual del ayuntamiento presentó al nuevo bibliotecario. Lummis era «probablemente el hombre de letras más famoso de California... un autor de reputación nacional... cuyo nombre aparece en todas las enciclopedias más recientes; un hombre con una gran experiencia como editor, explorador, autor, crítico literario e histórico, historiador, lexicógrafo, organizador y director de varias empresas importantes; un estudioso pero también un líder pragmático». El anuncio reconocía que Lummis no era el «producto de una formación en cuestiones bibliotecarias», pero «su educación como intelectual y como hombre, su sentido común, determinación y aplomo, así como su bien conocida capacidad de "hacer lo que hay que hacer", creemos que es sin duda lo más importante».

Lummis volvió de su excursión de pesca para tomar posesión del cargo en ese primer día oficial. Le envió un memorando a su equipo con relación a la tormenta que había rodeado su contratación. «A pesar de no tener ninguna culpa, tanto ustedes como yo nos encontramos en una situación no carente de incomodidad —escribió—. Quién fue, podría o debería haber estado al frente de la biblioteca ya no es asunto nuestro. Soy el bibliotecario y así debería ser por mucho tiempo tanto para ustedes como para mí, pues de ese modo adquiriremos el hábito de empujar todos hacia el mismo lado... Voy a darle a esta biblioteca lo mejor que hay en mí». Lummis seguía luciendo la misma larga cabellera, sin las restricciones que había mostrado en Harvard. Decidió darle relevancia a su nuevo comienzo, precisamente, cortándose el pelo, acontecimiento que los periódicos locales trataron como si fuese una noticia relevante.

• • •

Si de algo podían estar seguros era de que Charles Lummis jamás haría las cosas de un modo normal. No llegó a Los Ángeles de un modo normal. No había vivido según unos parámetros normales. No iba a convertirse en un bibliotecario normal. Definía su manera de gestionar como «un experimento de la democracia». Para él, dirigir la biblioteca era otro de sus grandes proyectos, y se obsesionó con perfeccionarla. Atendió a los detalles tanto como a las grandes cuestiones: trabajó en un ambicioso plan para convertir la biblioteca en una de las mejores del mundo y, al mismo tiempo, hacía recomendaciones a los miembros de su equipo sobre qué deberían comer durante el almuerzo. (Declaró: «Nada de pepinillos ni chucherías para las chicas de la biblioteca. Tienen que comer tres veces al día de forma regular»).

Se sentía personalmente responsable de la salud intelectual de los usuarios de la biblioteca. Le preocupaba la popularidad de los libros pseudocientíficos, que él consideraba «indignos del cerillo que los haría arder». En lugar de eliminar dichos libros de la colección, estableció una etiqueta que indicaba que eran «libros de usar y tirar», para que los lectores supieran a qué atenerse. Contrató a un herrero para que le hiciese un sello de marcar con una calavera y dos tibias cruzadas —el símbolo usado para los venenos— y lo empleó para sellar las portadas de los libros ofensivos. También creó cartas de advertencia para colocarlas en los libros moralmente cuestionables. Quería que las tarjetas rezasen: «Este libro es de la peor clase que podemos tener en la biblioteca. Lamentamos que no tengas mejor criterio y quieras leerlo», pero lo convencieron de que usase un tono más comedido. Las tarjetas, con la forma de puntos de libro, decían: «Para un posterior y más estricto tratamiento de este tema, consultar...», seguido de un espacio en blanco para que los bibliotecarios pudiesen escribir libros mejores sobre el asunto. Lummis apuntó en su diario que creía que la marca de veneno era una de las mejores innovaciones de la biblioteca. También usó otro hierro para solucionar un problema de otra índole. Robaban muchos de los libros de consulta más valiosos de la biblioteca, así que los marcó indicando: «Propiedad de la Biblioteca de Los Ángeles». Los usuarios se quejaban de que Lummis trastocaba la diferencia entre público y privado en la biblioteca, pero él no cejó en su empeño. «Nosotros marcamos a las vacas, ¿verdad? —escribió en su informe anual—. ¿Es que acaso nuestros libros de consulta son menos valiosos?».

Le encantaba la biblioteca, pero se sentía fuera de lugar cuando acudía a las convenciones nacionales de directores de biblioteca. Pensaba que eran todos unos «pomposos», así que creó un grupo en el que esperaba refugiarse junto con sus compañeros bibliotecarios más iconoclastas. Lo llamó «Bibliosonrisas», también conocido como «Bibliotecarios que, a pesar de todo, son seres humanos». Uno de los miembros fundadores fue Tessa Kelso, que compartía con Lummis su desprecio por el *statu quo*. El eslogan del grupo era: «¡Ánimo, Asociación Estadounidense de Bibliotecas!». Su bebida oficial era el coñac de albaricoque. Cada uno de los miembros tenía un apodo bibliosonrisa. El apodo de Lummis era Sombría Realidad.

• • •

Desde el primer momento hubo quejas respecto al hecho de que Lummis se ausentase de la biblioteca durante días. Iba a pescar con cierta frecuencia y también pasaba mucho tiempo atendiendo otros proyectos —sus libros, el Southwest Museum, y también seguían interesándole los asuntos de los nativos americanos—, pero gran parte del tiempo que estaba fuera de la biblioteca lo pasaba en El Alisal, donde en ocasiones estaba catorce o quince horas seguidas atendiendo asuntos de la biblioteca. Trabajar desde casa le iba mejor. A pesar de ser un director poco convencional, le apasionaba su trabajo, y muchas de las cosas que hizo por la biblioteca la convirtieron en la institución que es hoy en día. Para cuando dejó el cargo, la de Los Ángeles era algo más que una buena biblioteca de préstamos; presionó lo suficiente como para convertirla en un respetable centro de investigación para estudiosos. Creó una colección de fotografía, una colección de historia de California y una colección de historia de España. Pensó que una colección de autógrafos sería un gran logro, así que creó una colección de autógrafos especiales con material de papelería y escribió a todos los personajes relevantes de ese momento —desde su viejo amigo Teddy Roosevelt hasta William Jennings Bryan o Frederick Remington— pidiéndoles su rúbrica y algo que la acompañase en la misma página, un comentario o un garabato. Prácticamente todos a quienes se lo pidió le enviaron un autógrafo y, en muchos casos, con elaborados dibujos. Para cuando dejó la biblioteca, en 1910, Lummis había conseguido setecientos sesenta autógrafos, muchos con dibujos y anotaciones, de los más significativos artistas, políticos y científicos del mundo.

Cuando Lummis se hizo cargo de la biblioteca, el sistema de colocación de los libros se había convertido en algo ilógico. El Departamento de Filosofía, por ejemplo, incluía libros sobre quiromancia, peleas de gallos, adulterio, carreras de bicicletas y criadas. Lummis reorganizó los departamentos temáticos; su objetivo era crear un sistema que le permitiese a cualquiera encontrar cualquier cosa en los estantes en cuestión de minutos. Deseaba crear una biblioteca plenamente accesible: «Un taller para estudiosos que incluya a todos los aprendices de pintores o a los chicos de clase trabajadora o a los conductores de tranvías que deseen aprender, tal como lo harían los profesores de griego o los aficionados al arte». Su voluntad inclusiva era infrecuente en esa época. Hizo campaña para que entre sus usuarios se encontrasen aquellos que no habían ido nunca antes a una biblioteca. Para atraerlos, pegó carteles en colegios y tiendas y fábricas que decían:

¿Te IMPORTA la LECTURA? ¿Te IMPORTA APRENDER?
La Biblioteca Pública de Los Ángeles es PARA TI.

Los avisos animaban a la gente a no tenerle miedo a la biblioteca.

[La biblioteca] no solo tiene libros, sino también personas que te ayudarán a encontrarlos y a utilizarlos. Pregunta en la Sala de Consulta qué es lo que quieres. Si no lo encuentras —y no puedes disfrutar de ello—, envíame una postal... Cuanto más aprendas, mayor salario podrás exigir.

Sinceramente tuyo,

CHAS. F. LUMMIS,
Bibliotecario

Envió cartas a las compañías de ferrocarril, pidiéndoles que animasen a sus empleados a acudir a la biblioteca, porque los libros eran «lo último de lo que un ser humano debería prescindir».

Los esfuerzos de Lummis para atraer a más gente tuvieron tanto éxito que la biblioteca se vio obligada a encontrar un local más grande. La mayoría de los residentes de Los Ángeles habían votado a favor de la propuesta de construcción de una biblioteca en 1904, pero el ayuntamiento no había hecho ningún esfuerzo por sacar adelante el plan. En 1906, Lummis firmó el alquiler de la planta superior del edificio Homer Laughlin, al otro lado de la calle, junto a Angels Flight, el funicular que transportaba a la gente pudiente de Bunker Hill desde lo alto de la colina hasta el distrito financiero. El espacio en Homer Laughlin era el doble de grande del que había dispuesto la biblioteca en el ayuntamiento y en él encontraron acomodo los ciento veintitrés mil libros de la colección. Para deleite de Lummis, disponían también de una zona de fumadores y de un jardín en la azotea. «No [será] un jardín de juguete con macetas de terracota para flores, sino un auténtico jardín —escribió—. Probablemente el único de ese estilo [en una biblioteca] en el mundo».

Pero después de dos años en el edificio Homer Laughlin, la biblioteca de nuevo necesitó un espacio mayor. Crecía exponencialmente: ya en ese momento, su colección era la decimosexta más grande de todo Estados Unidos. Crecía a la misma velocidad que lo hacía la ciudad. En 1900, Los Ángeles era la población estadounidense número treinta y seis en cantidad de habitantes. En 1905 era la número diecisiete. En 1908, Lummis firmó el contrato de alquiler para la tercera planta de un edificio del centro que era tres veces más grande que el espacio del que habían dispuesto en Homer Laughlin. El inquilino principal del edificio era unos grandes almacenes, así que los usuarios de la biblioteca tenían que pasar por los pisos de la tienda y dejar que subiesen y bajasen los clientes. El alquiler era exorbitante y los términos del contrato, terribles. Si alguien le planteaba una pregunta al respecto, Lummis la ignoraba. Le encantaba que se tratase de una ubicación espléndida en un hermoso edificio; además, desde la azotea se tenían unas maravillosas vistas.

• • •

Una de las cosas que Lummis no podía tolerar era que cualquiera de sus usuarios rondase por la biblioteca sintiéndose perdido. Su solución fue preparar al personal para que se mostrase agresivamente útil. «No esperen a que nadie los llame —les dijo—. ¡Busquen la oportunidad de ayudar!». Con esa intención, Lummis estableció el Departamento de Lectura, Estudio e Investigación. Dicho departamento contaba con dos empleados de tiempo completo dispuestos a «saltar encima» —esa fue la expresión que escogió Lummis— de cualquiera que entrase en la biblioteca «con pinta de estar poco familiarizado o de no saber adónde ir». Para dirigir ese nuevo departamento, Lummis contrató a un viejo amigo, el doctor C. J. K. Jones. El doctor Jones era un antiguo pastor unitario, miembro de la junta de la biblioteca, propietario de más de doscientos libros sobre el cultivo de naranjas, limones y vides. De hecho, el doctor Jones era el dueño de la mejor biblioteca privada sobre cítricos de todo el estado, según un perfil que apareció en la revista *California Citragraph Magazine* en 1918. Apelando a las «sobradas cualificaciones» de Jones para liderar el departamento, sin especificar en qué consistían esas cualificaciones, Lummis le ofreció un considerable salario y el título de la Enciclopedia Humana. Jones sería una especie de «mostrador de información andante» que rondaría por la biblioteca y daría respuesta a todas las dudas que tuvieran los usuarios.

El doctor Jones era un hombre corpulento con una boca en forma de arco muy fino, barba blanca recortada y unos aires de estar encantado de haberse conocido. Tenía la costumbre de palmearse la frente cuando le hacían una pregunta, como si tuviese que sacudir la respuesta para sacarla del depósito de almacenamiento que era su cerebro. No tenemos noticia de cómo se relacionaban los usuarios con él, pero los miembros de la biblioteca lo odiaban. No soportaban ni su vanidad ni su sueldo, que duplicaba el de los bibliotecarios veteranos. Jones sospechaba que no le tenían mucho aprecio. Se quejó con Lummis de que en ocasiones encontraba limones y martillos en su escritorio, lo cual él interpretaba como un insulto. Las fricciones entre los miembros del equipo y la Enciclopedia Humana llegaron hasta oídos de la prensa. «¿Es la Biblioteca Pública de Los Ángeles la casa de los mil escándalos?», proclamaba un artículo en *Los Angeles Times* al tiempo que planteaba la posibilidad de que el muy bien pagado

El doctor C. J. K. Jones, la *Enciclopedia Humana*

doctor Jones pasase la mayor parte de su tiempo en el jardín de la azotea de la biblioteca regando los geranios.

Poco después, el *Times* puso en duda la efectividad del doctor Jones como fuente de información para la biblioteca, pues salió a la luz que había sido contratado sin llegar a pasar el examen de servicio civil obligatorio para todos los empleados de la biblioteca. Cuando la administración del ayuntamiento le dijo que si no aprobaba el examen se arriesgaba a perder su trabajo, Jones se sintió indignado, argumentando que su nivel intelectual hablaba por sí mismo. El ayuntamiento insistió y finalmente Jones se vio obligado a presentar el examen. No lo pasó. Entre otras preguntas, se equivocó en estas: «Nombre tres antologías para niños y descríbalas», «Haga un breve resumen de la actual ley de derechos de autor» y «¿A qué nos referimos cuando hablamos de "leyendas artúricas"?». Según la persona que corrigió el examen, el doctor Jones también «se equivocó a la hora de responder las preguntas relativas a los cuentos de hadas». Por lo visto, cuando se le pidió que citase tres cuentos de hadas, Jones incluyó entre ellos *Veinte mil leguas de viaje submarino*, de Julio Verne. Su modesta calificación en el examen lo llevó a aparecer en la primera plana de los periódicos. *Los Angeles Herald* mostró el siguiente titular: «EL MUY BIEN PAGADO DIRECTOR DE INVESTIGACIÓN REPRUEBA EL EXAMEN».

Que Jones reprobara el examen, así como su impopularidad entre los miembros del equipo de la biblioteca, no hablaba bien de Lummis. Pero él defendió a Jones y explicó que su conocimiento era tan vasto que era imposible medirlo adecuadamente a través de un examen. Resulta difícil entender por qué Lummis se empeñó de tal modo en proteger a Jones; por lo visto, no era capaz de apreciar el engreimiento y el narcisismo de aquel hombre. En su segundo intento, Jones aprobó el examen. De ese modo, pudo conservar su trabajo como Enciclopedia Humana, pero su reputación jamás se recuperó y la prensa local siguió disfrutando el burlarse de él. El *Times* resumió el incidente de este modo: «La raza

humana [...] tiene razones para regocijarse en los albores del siglo
XX por haber producido [...] y traído hasta las orillas del tiempo al
doctor C. J. K. Jones».

• • •

Lummis había demostrado su inteligencia en muchos sentidos.
Sabía cómo llamar la atención y se le daba de maravilla hacer cosas
que para los demás podían resultar imposibles. Era valiente. Era
emprendedor. Atraía a la gente con el mero poder de sus convicciones; era una persona magnética. Estaba acostumbrado a los
dramas, los retos y una buena dosis de caos. Cuando empezó a
trabajar en la biblioteca, su vida personal era un desastre, y El Alisal parecía un circo. El Alisal era una casa pequeña e irregular,
Lummis vivía allí junto con su mujer, sus hijos y su hija ilegítima,
así como una familia de trovadores y una inacabable afluencia de fies-
teros que iban y venían sin responder a un horario concreto. En
1907, uno de los trovadores mató a una de las personas que trabajaban en la casa para los Lummis. Aun así, las fiestas prosiguieron,
hasta dos o tres por semana, fundiéndose unas con otras, pues algunos de los invitados no se molestaban en marcharse. Un día, en
1909, la esposa de Lummis, Eve, apareció en los periódicos deta-
llando las cerca de cincuenta aventuras extramatrimoniales de su
marido. Fuera de sí, Eve se fue de El Alisal y se trasladó a San Francisco con dos de sus hijos, Turbesé y Keith. Su hijo Quimu se quedó con el padre. Lummis adoraba a sus hijos. Se aferró a ellos, especialmente después de que su hijo mayor, Amado, muriera de
neumonía a los seis años de edad. Le gustaba tanto estar rodeado
de niños que a menudo solía invitar a mujeres embarazadas a que
se quedasen en El Alisal por tiempo indefinido para poder estar
presente cuando dieran a luz. Cuando Turbesé y Keith se fueron a
San Francisco con Eve, Lummis quedó destrozado. Los trámites
del divorcio con Eve, así como los detalles de sus infidelidades,
fueron material para los medios de prensa locales. Le prestaron

más atención que nunca desde que estaba en Los Ángeles, lo cual resulta destacable pues su vida había sido noticia desde su llegada.

Lummis fue un hombre brillante, pero no sabía protegerse. Al igual que le ocurrió cuando trabajaba en *Los Angeles Times* —cuando perdió su trabajo, tomándolo por sorpresa—, nunca pensó que su comportamiento o la controversia que lo rodeaba pudiesen poner en peligro su puesto en la biblioteca. Vivía sumido en una especie de ignorancia autoimpuesta, voluntaria, persistente y temeraria. Se sentía orgulloso del nuevo espacio de la biblioteca en el edificio de los grandes almacenes Hamburger, pero no tomó en cuenta que firmar un contrato de alquiler desfavorable podría resultarle desfavorable también en el ámbito personal. La junta reconoció que había mejorado la colección de la biblioteca y que había atraído a un enorme número de nuevos usuario, pero sus transgresiones también resultaban igual de considerables. Había pasado casi ochenta días del año 1907 lejos de la biblioteca, por ejemplo, y había incluido sus cigarros como gastos. Contratar al doctor Jones sin haber pasado el imprescindible examen lo había hecho parecer un hombre descuidado. A fin de cuentas, su lealtad para con el doctor Jones ni siquiera le resultó beneficiosa como amigo. Jones fue el primero en declarar que Lummis se ausentaba con frecuencia de la biblioteca: declaró como testigo en una demanda que interpuso uno de los empleados aduciendo que la biblioteca estaba siendo mal administrada.

● ● ●

Los informes anuales de Lummis para la junta de la biblioteca tampoco eran los habituales recuentos tediosos; estaban llenos de anécdotas y eran discursivos, plagados de afirmaciones en relación con el estado de las bibliotecas y de la ciudad y de la vida, y a menudo incluían extensas y elaboradas descripciones de las bibliotecas de otras ciudades que había visitado por todo Estados Unidos. Le gustaba mucho redactar esos informes. Los dividía en secciones tituladas «La batalla de los estantes», «Frijoles cuando la bolsa está abierta» y «¿Para qué estamos aquí?». Los informes a menudo superaban las ciento veinte páginas. Para los directores de otras bibliotecas de todo el país, estos informes se convirtieron en algo legendario y solían pedir copias para poder leerlos y pasárselos a los miembros de sus equipos. Gracias a ellos, Lummis era seguramente el bibliotecario más conocido de Estados Unidos.

Sin embargo, tras cinco años de leer los informes de Lummis, los integrantes de la junta de la biblioteca de Los Ángeles ya no los encontraban tan encantadores y le llamaban la atención por su verborrea y su rimbombancia. Lummis ignoraba sus críticas, las atribuía a la politiquería mezquina. La junta era, de hecho, una institución política. Uno de los miembros más recientes era una mujer llamada Shelly Tollhurst, que había apoyado abiertamente a Mary Jones en la Gran Guerra de la Biblioteca. Lummis trataba a la junta como una molestia imprescindible. «La biblioteca es una institución magnífica a la que nada puede poner trabas... excepto las insignificancias políticas», se quejó en una ocasión Lummis con el alcalde, aludiendo a la «incapacidad de ciertas buenas personas de comprender las responsabilidades y las funciones que cumple una gran biblioteca pública».

Lummis cambió para siempre la Biblioteca Pública de Los Ángeles. La hizo más democrática y también más sofisticada, con más contenido, más accesible y más conocida. Al mismo tiempo, ofendió a algunas personas y gastó demasiado dinero, y su vida privada lo puso en boca de todo el mundo. Finalmente, sus amigos en la junta de la biblioteca le dieron la espalda y a finales de 1910 lo presionaron para que dejara el cargo. Incluso la Enciclopedia Humana, al que él había defendido a un alto costo, lo abandonó: en cuanto Lummis anunció su renuncia, el doctor C. J. K. Jones se ofreció para ocupar su puesto.

. . .

Que lo despidieran de la biblioteca supuso un duro golpe para Lummis. «Recordarás que yo no era una dulce chica graduada en la escuela de bibliotecarias —le escribió a Isidore Dockweiler—. Yo era un estudioso y un pionero y un hombre con dos puños para luchar que se adentró en las raíces de esa afeminada biblioteca y la convirtió, en dos años, en una institución con carácter, una biblioteca fuerte, de la que todos estamos orgullosos». Para sus amigos, Lummis quiso dar a entender que dejar la biblioteca era un feliz giro de los acontecimientos. Dijo que estaba cansado del trabajo, que le «absorbía todas las energías» y que había «malgastado» seis años que podría haber dedicado a escribir sus libros. «Me siento bastante bien», escribió en su diario después de ser despedido. «Dentro de poco estaré en disposición de construir la casa y salir por ahí a hacer ejercicio [...] y acabar mis libros y escribir otros nuevos y también artículos y [...] restaurar las misiones que más lo necesitan [...], también sospecho que me levantaré y pescaré una trucha esta primavera, la primera en muchos años [...]. Me parece bien no tener que preocuparme por nada relacionado con la biblioteca y poder hacer lo que quiera». Se embarcó en un programa de mejora personal. Dejó el alcohol, el tabaco y las maldiciones. Intentó poner algo de orden en su vida, que seguía siendo un desastre: no tenía dinero, estaba sumido en un proceso de divorcio, había prometido acabar varios libros y, de algún modo, se las había ingeniado para vivir con dos de sus amantes a la vez en El Alisal.

El fin de su tiempo en la biblioteca fue el principio del fin de su vida. Jamás volvió a mostrar el carisma y la confianza que lo llevaron a cruzar casi cinco mil kilómetros a pie por Estados Unidos, o por las selvas de América Central, o a recorrer los pueblos tribales del sudoeste: todos esos viajes, plenos de energía y curiosidad, que habían hecho de su vida algo tan singular e inspirador. En 1911 llevó a cabo una expedición arqueológica a Guatemala, pero estando allí contrajo unas fiebres que lo dejaron ciego. Se las arregló para seguir escribiendo sirviéndose de toda una serie de secretarias que se turnaban para escribir al dictado; algunas de ellas se turnaron también como sus amantes. Incluso siguió tomando fotografías. Lo logró al tener a su lado a su hijo Quimu, que describía la escena y guiaba su cámara. Algunos de sus amigos dudaban de que se hubiese quedado ciego. Tras años de escuchar las dramáticas historias de Lummis, dejaron de creerlo. De hecho, en 1912 anunció que había recuperado milagrosamente la vista, lo cual acabó de convencer a muchos de sus amigos de que todo había sido una pantomima.

La intrépida vida que Lummis había llevado empezó a contraerse. Lo obligaron a dejar el Southwestern Museum que él había fundado. Perdió la facilidad para escribir. Los libros que pensaba publicar no se materializaron. Empezó a firmar una columna en *Los Angeles Times*, pero tras unas cuantas semanas el periódico la suprimió. En 1915, Lummis recibió buenas noticias. El rey de España quiso nombrarlo caballero por todo lo que había hecho para salvaguardar la contribución española a la cultura norteamericana. En cierto sentido, era como un reconocimiento al trabajo de su vida, y Lummis lució el emblema de caballero alrededor de su cuello el resto de su vida. Por desgracia, no le quedaba mucho tiempo. Estaba prácticamente arruinado. Le suplicó a Isidore Dockweiler que le ayudase a encontrar un trabajo como funcionario; le dijo que estaba dispuesto a aceptar cualquier cosa en cualquier departamento y que prefería que tuviese alguna relación con el esfuerzo físico. Le dijo también a Dockweiler que estaba seguro de que sus escritos no iban a tardar en aportarle dinero, pero que mientras tanto tenía que comer. Dockweiler nunca le respondió.

De algún modo, Lummis continuó haciendo de las suyas. De vez en cuando seguía montando fiestas en El Alisal. Se casó de nuevo. Hizo otro viaje a los pueblos con casas de adobe del sudoeste que tanto le gustaban. Dejó constancia del viaje en su diario, habló de los paisajes de ensueño, de las montañas rojas y de los valles salvajes, de las estruendosas manadas de antílopes, de las nubes desplazándose con rapidez sobre el horizonte. Eran los mismos paisajes con los que se había topado en 1884, cuando era un joven que cruzaba el país a pie. Nadie había hollado aquellos paisajes y su melancolía lo llevó a pensar que dejarían de ser tan puros. Pero durante un tiempo, en ese último viaje, pasó por Nuevo México, donde todo era antiguo e inmaculado, y volvió a ser joven, valiente, vigoroso. No se sentía solo, todavía estaba motivado por ambiciones que la mayoría de la gente habría juzgado imposibles o desquiciadas, y todavía estaba convencido de que las vería cumplidas. Cuando regresó a Los Ángeles, el bulto que pensaba que era fruto de una infección debido a la picadura de un insecto resultó ser cáncer. Mientras agonizaba, escribió dos libros más: una colección de poemas titulada *A Bronco Pegasus* y una antología de ensayos titulada *Flowers of Our Lost Romance*. Vivió lo bastante como para ver impresos los primeros ejemplares de *A Bronco Pegasus* que llegaron a El Alisal y supo que una editorial había comprado *Flowers of Our Lost Romance*. Tal vez estuviese convencido de que todavía le quedaba algo de vida, pero, a última hora de la tarde del 25 de noviembre de 1928, Charles Fletcher Lummis falleció. En la actualidad, la Biblioteca Pública de Los Ángeles dispone de sus informes anuales, sus diarios, sus reportajes sobre las guerras apaches, su libro de poemas *Birch Bark Poems*, sus libros sobre las misiones españolas, sobre los indios pueblo, los moqui y la historia de México, y el libro *Letters from the Southwest, September 20, 1884, to March 14, 1885*, la colección de columnas en las que relató su glorioso vagabundeo por el país.

14.

Wasa-Wasa, A Tale of Trails and Treasure in the Far North (1951)
Macfie, Harry
971.05 M144

Map Librarianship: An Introduction (1987)
Larsgaard, Mary Lynette
025.176 L334

Buried in Treasure: Help for Compulsive Acquiring, Saving, and Hoarding (2014)
Serie: Treatments That Work
Tolin, David F.
616.8522 T649

Genealogy, and Enjoying It (1982)
Coleman, Ruby Roberts
929.01 C692-1

El Departamento de Historia está en el piso inferior de la biblioteca y es el que ocupa más espacio de todos los departamentos, pues empieza en la parte inferior de la escalera mecánica y cubre todo lo ancho del ala nueva del edificio. Glen Creason, uno de los bibliotecarios más veteranos del departamento, entró en la Facultad de Biblioteconomía en 1979 con la idea de que aquel iba a ser un buen sitio para conocer a mujeres atractivas. Ese mismo año, el presidente de la RAND Corporation anunció que las bibliotecas no iban a tardar en ser algo obsoleto. Creason es el bibliotecario de la Biblioteca Central que más tiempo lleva allí. Luce un revoltijo de cabello entre rubio y cano con toda una serie de mechones acomodados como mejor les place, una barba salvaje y un cuerpo que es como un signo de exclamación. Le gusta fingir que es una persona severa y cínica, tal vez con la voluntad de ocultar que es un blandengue profundamente sentimental. Se muestra nostálgico al recordar los tiempos en los que la biblioteca tenía una central telefónica operada por una elegante señora llamada Pearl; cuando se enviaba material de un departamento a otro a través de tuberías neumáticas; los tiempos en los que uno se dirigía a las bibliotecarias como «señora» o «señorita» o, en raras ocasiones, «señor»; los días en que un bibliotecario llamado Tom Owens caminaba ocho kilómetros de ida y ocho de vuelta cada día; cuando Creason comía junto con un dependiente llamado Ted Itagaki, «que podía comerse una hamburguesa en tres bocados». Se muestra menos nostálgico al hablar de la época posterior al incendio, cuando se vio superado por la desesperación. Aquellos días en los que trabajó en la sede temporal de la biblioteca en la calle Spring y las agujas hipodérmicas caían de los estantes cuando sacabas los libros. Con el paso de los años, él mismo se había convertido en una especie de biblioteca: era el depositario de incontables historias sobre los usuarios más interesantes de la biblioteca. Uno de los que me habló, por ejemplo, era un antiguo profesor de matemáticas de Wisconsin que sufrió un ataque de nervios y acabó en Los Ángeles: se pasaba el día en el Departamento de Historia leyendo o cortándose el pelo encima del bote de basura, y de vez en cuando les decía a los bibliotecarios cosas como: «Voy de Racine a Sheboygan a finales del invierno. Con mi pene y mis pezones congelados», antes de regresar a sus actividades. O los gemelos octogenarios —Creason y sus colegas se referían a ellos como Heckle y Jeckle— que acudían a diario a la biblioteca y pasaban la mayor parte de su tiempo leyendo a Herodoto y Tucídides y contándole a Creason el mismo chiste todos los días durante siete años. O el usuario que afirmó ser el sultán de Brunéi —no lo era— e insistía en que había sufrido una hemorragia cerebral en el preciso instante en el que John F. Kennedy fue asesinado. A lo largo de los meses que pasé con él, Creason me contó historias sobre el Hombre Goma, el Hombre Cuerno y el Hombre Cronómetro y de Stampy y del general Hershey y de su compinche, el coronel Dismay, y de alguien a quien Creason había apodado como el Buscador de Oro, que vestía con ropa de minero y siempre pedía la revista *Buried Treasure*. Las historias de Creason sobre usuarios eran desconcertantes y enternecedoras. La primera vez que nos encontramos, me describió, sin cinismo alguno, a una mujer vestida de un modo atractivo que se acercó al mostrador un día y le dijo que había estado en el océano Atlántico desde 1912, que se había convertido en una foca y que había nadado hasta el puerto de Los Ángeles.

Durante los años en que Creason trabajó en la Biblioteca Central fue cuando se produjo el incendio; la crisis del sida, que acabó con varios bibliotecarios; la reapertura del edificio; la adaptación de la biblioteca al omnipresente Internet; su divorcio, del que él responsabiliza en parte a la depresión que sufrió tras el incendio, y que su hija Katya entrase a formar parte del equipo de la biblioteca. Esa es una de las muchas parejas paternofiliales en la red de bibliotecas de Los Ángeles. Creason ayudó a los historiadores Will y Ariel Durant durante la elaboración de sus libros. También atendió a un usuario llamado Richard Ramírez, que buscaba libros sobre tortura y astrología. (Ramírez resultó ser un asesino en serie conocido como el Rondador Nocturno y fue sentenciado a muerte acusado de trece asesinatos en Los Ángeles. «Realmente daba miedo», me dijo Creason). Bobby Fischer, el maestro del ajedrez, acudía con regularidad al Departamento de Historia cargando una pesada maleta marrón, pero habitualmente se las arreglaba solo. A veces Creason habla de jubilarse, pero resulta difícil imaginárselo en otro lugar que no sea tras el mostrador; eso si no está viendo un partido de los Dodgers. Da la impresión de ser un librero de pies a cabeza cuando dice cosas como: «Cuando la biblioteca abrió de nuevo sus puertas, ¡qué alegría volver a ver los libros!».

· · ·

Una mañana de sábado, Creason me llamó y me dijo que quería presentarme a alguien. El departamento parecía poseído por cierta somnolencia cuando llegué. Había unas pocas personas sentadas en sus escritorios, hojeando libros. Una mujer que estaba en una mesa en un rincón de la sala se estaba pintando las uñas. Rodeé el mostrador de información del departamento y dejé atrás el carrito de «descartados». Entre las cosas que tenía encima había una biografía de Billy Carter, *The Vital Records of Franklin, Maine*, y un raído y manchado ejemplar de un libro de cuentos tradicionales titulado *Wasa-Wasa*, traducido del sueco. El Departamento de Historia es un poco como un cajón de sastre: incluye todos los materiales relacionados con la historia de la biblioteca, así como el muy popular Departamento de Ginecología y la colección de mapas de la biblioteca, una de las cinco mayores de Estados Unidos. La colección de mapas ha crecido exponencialmente desde que se estableció como fondo de consulta en la biblioteca. La única sustracción significativa fue el cierre de la Sala de Mapas del Ejército, que estuvo abierta durante la Segunda Guerra Mundial como depósito oficial del servicio de mapas y cartas de navegación del ejército.

Creason es el bibliotecario más veterano al cargo del Departamento de Mapas. Cuando fui a su encuentro aquella mañana, estaba acompañado por otras tres personas cerca de la zona donde se guardan los mapas más valiosos. Una de esas personas —un hombre más bien grueso con un tupido bigote que se presentó como Brian Hatcher— era un coleccionista de mapas especializado en aquellos impresos por el Club Automovilístico del Sur de California. Ese día, Hatcher llevaba consigo tres tubos llenos de mapas que se disponía a donar a la biblioteca. Dijo que no le alegraba hacerlo, pero que su mujer le había pedido que empezase a reducir su colección o ella lo haría por él.

Junto a Hatcher había un hombre joven que llevaba unos lentes de cristal grueso, un audífono y que parecía un tanto distraído. «Este es C. J., la persona que quería que conocieses —me dijo Creason, desplazándose hacia él—. Está aquí para trabajar con los mapas». El otro hombre del grupo era el padre de C. J., John Moon. John me dijo que C. J. era sordo y autista, que le fascinaban los mapas y que tenía un amplio conocimiento de la materia. El interés de C. J. por los mapas se despertó pronto. Cuando tenía cinco años, el único regalo que había pedido para Navidad era la *Thomas Guide*, una de esas guías anilladas en espiral con los planos de zonas metropolitanas, ideales para taxistas y agentes inmobiliarios. Pero C. J. no deseaba una *Thomas Guide* cualquiera: quería la edición de 1974 de San Bernardino. A los once años, C. J. era ya seguramente uno de los mayores expertos mundiales en las guías *Thomas Guide*. Mientras su padre me explicaba esto, C. J. estudiaba los estantes con los mapas. De repente, volteó hacia mí y me preguntó la dirección de mi casa. Cuando se la dije, permaneció inmóvil durante unos segundos con los ojos cerrados; acto seguido, me dijo en qué página estaba mi casa en la edición de Los Ángeles de la *Thomas Guide*. Creason sacó la guía del estante, pasó las páginas y lo comprobó. Mi calle estaba justo en medio de la página.

C. J. y Hatcher se habían conocido en una página web para coleccionistas y decidieron verse un día; es decir, era la primera vez que se veían en persona. El Departamento de Mapas parecía el lugar ideal para que se produjese el encuentro. C. J. suele frecuentar la biblioteca. Su padre y él recorren la hora de distancia que los separa de la Central al menos una vez al mes. «Para C. J. esto es un paraíso —me dijo John, trazando un círculo con el dedo sobre su cabeza—. Este es su mundo».

Durante el año pasado, C. J. había estado ayudando a Creason a indexar un grupo de mapas y atlas llamados la Colección Feathers. John Feathers era un tímido dietista de hospital con el pala-

Glen Creason con uno de los muchos mapas de la biblioteca

dar hendido y escaso gusto por socializar. A sus cincuenta años encontró finalmente la felicidad al lado de un hombre mayor llamado Walter Keller. Se fue a vivir a la casa de Keller, una vivienda unifamiliar en un aislado barrio en una esquina de Los Ángeles llamado Mount Washington, junto al cuartel general de la Hermandad de la Autorrealización. Feathers dedicaba su tiempo libre a coleccionar mapas. Reunió mapas de terrenos y mapas pictóricos y estudios topográficos, planos de ciudades y guías turísticas y mapas de carreteras publicados por State Farm y Rand McNally y Hagstrom, atlas para deportistas, mapas de pistas forestales, mapas de sondeos geológicos. Reunió casi toda la colección de *Thomas Guide*, incluidos los cuatro primeros ejemplares que se publicaron, así como una serie casi completa del editor que competía con *Thomas*: *Renie Atlas*. Tenía mapas comunes pero también muchos singulares: atlas especiales de 1891 y de 1903, un mapa de Europa publicado en 1592. La casa unifamiliar en la que vivía era pequeña —no llegaba a los trescientos metros cuadrados—, pero

Feathers se las ingenió para reunir aproximadamente cien mil mapas, así como su colección de jabones de hotel y cerillos de restaurantes.

Feathers murió en 2012 a los cincuenta y cinco años de edad. Keller había muerto antes que él. La propiedad de la casa pasó a manos de los familiares de Keller, que decidieron venderla para que la tiraran, así que contrataron a un agente llamado Matthew Greenberg para que la pusiera a la venta. Keller y Feathers habían llevado una vida tranquila en aquella pequeña casa. Cuando Greenberg fue a verla por primera vez, esperaba encontrarse con las típicas cosas que se acumulan a lo largo de una vida: posiblemente un triste y sobrio paisaje de zapatos y sacos, macetas descuidadas, alguna foto colgada en la pared, un plato roto. Pero la casa de Keller estaba abarrotada. Cada centímetro estaba ocupado por alguno de los mapas de Feathers, que se apilaban en el suelo y en hileras de cajas, amontonados en los armarios de la cocina, incluso metidos en el horno. Habían sacado la instalación del equipo de música para dejar espacio a las *Thomas Guide*. Greenberg no tenía claro qué hacer con todo aquello porque no tenía ni idea de si los mapas tenían algún valor o podía tirarlos a la basura, pero no podía decidir por cuenta propia. En lugar de eso, llamó a la biblioteca y lo pasaron con Glen Creason. «Tiene que venir a ver esto —le dijo Greenberg—. Tengo una casa entera llena de mapas».

Aquella noche, Creason estaba tan nervioso que no pudo dormir. Cuando llegó la mañana, se dirigió a la casa acompañado por diez bibliotecarios amigos y unas cuantas cajas vacías. A lo largo del día llenaron más de doscientas cajas de cartón con material. En la actualidad, el tamaño de la colección de mapas de la biblioteca se ha duplicado. El gran volumen de la Colección Feathers es asombroso. Ocupa el equivalente a dos campos de futbol plagados de estanterías. La complicación que entrañaba semejante hallazgo es que llegó desordenado, sin responder a ningún tipo de clasificación; un pecado capital para una biblioteca, pues su compromiso se basa en que todo resulte fácilmente accesible. Indexar mapas es tedioso y lleva muchísimo tiempo —es un proceso muy exigente, agota la vista—, sin margen para el error. Cada mapa tiene que ser indexado por el nombre de la compañía que lo imprimió, el nombre del mapa, el año en que fue impreso, el lugar que describe y todos los rasgos característicos que hay que indicar con el fin de categorizarlo. El día en que nos conocimos, C. J. ya había indexado doscientos mapas. Le gusta trabajar siete horas seguidas en el indexado, sin pausa para comer, cuando acude a la biblioteca, pero su padre insiste en que al menos coma un sándwich. Como parecía muy impaciente por empezar a trabajar, Creason atravesó con él la puerta cerrada hasta las pilas donde estaban los mapas sin indexar. Mientras esperábamos a que regresasen, su padre me dijo, casi como si fuese un secreto, que la familia Moon tenía un vínculo especial con la biblioteca.

—¿En qué sentido? —le pregunté.

—¿Sabe lo del incendio de 1986? —me preguntó John—. El abuelo de C. J. fue uno de los bomberos que ayudó a extinguir el fuego. Hay una placa junto a la puerta principal dedicada a los bomberos. Allí podrá encontrar su nombre. Capitán Howard Slaven.

Mientras estaba allí, estupefacta ante aquella suerte de serendipia, Creason regresó con un mapa en las manos que C. J. había encontrado entre las páginas de una guía de calles. Creason, que es un serio aficionado a la cartografía y siente debilidad por los mapas pictóricos, lo desplegó sobre la mesa y se inclinó sobre él. Dijo «vaya» casi entre dientes varias veces. Finalmente, se enderezó, palmeó el mapa y dijo: «Este es uno de esos momentos... uno de esos raros momentos...». Sacudió la cabeza. «Nunca lo había visto. Nunca había puesto los ojos sobre algo así antes.» Era el mapa de los Juegos Olímpicos de verano de 1932, celebrados en Los Ángeles justo en el momento más duro de la Gran Depresión. Fueron los Juegos en los que compitió por primera vez el gran atleta Babe Didrikson Zaharias. El mapa era de un cremoso color amarillo y mostraba finas líneas para las carreteras y rectángulos rojos para los muchos lugares en los que se competía por toda la ciudad, incluidos el Rose Bowl, el Griffith Park y el Marine Stadium. Ese mapa, obviamente, había sido creado para ayudar a los turistas a encontrar lo que buscaban en el gigantesco desperdigamiento de la ciudad de Los Ángeles; en la parte de arriba del mapa había una frase que animaba, al tiempo que increpaba: «Evitar confusión». El mapa tenía la misma capacidad de congelar el tiempo que una instantánea. Podría haberse quedado entre las páginas de la guía urbana para siempre si C. J. no hubiese reparado en él. Pero lo había encontrado, lo había rescatado. Sería indexado y catalogado como parte de la Colección de Mapas Feathers de la Biblioteca Pública de Los Ángeles, una pieza más del enorme rompecabezas que la biblioteca intentaba siempre completar: el ciclo sin fin que cuenta la historia de lo que somos.

15.

the old L.A. Public Library burned
down
that library downtown
and with it went
a large part of my
youth.
...
that wondrous place
the L.A. Public Library

Charles Bukowski, "The Burning of the Dream"
Septuagenarian Stew (1990)
Bukowski, Charles
818 B932-1

En cuanto el incendio quedó extinguido, el Departamento de Bomberos puso en marcha la investigación. Se dedicaron al caso los tres equipos de investigación de incendios intencionados del departamento, y los agentes de la ATF se les unieron. Algunos de esos investigadores permanecieron de incógnito en la biblioteca por si acaso regresaba el pirómano. El resto rondó por el barrio haciendo preguntas, siguiendo pistas, buscando pruebas.

El ayuntamiento dio publicidad a la investigación con carteles y anuncios en la radio. Los cien mil empleados municipales encontraron notas en los sobres de su pago preguntándoles información y ofreciendo hasta treinta mil dólares a modo de recompensa. Más de cuatrocientas personas llamaron o enviaron cartas. La mayoría de las pistas no resultaron de utilidad. Uno de los comentarios más repetidos fue que el fuego había sido obra de libios porque la relación entre Libia y Estados Unidos pasaba por un mal momento. Otros comentarios fueron mucho más específicos:

> Señores, el CULPABLE del incendio de su librería es...
> El señor Theadore V, de X Porno Cinema [...], él es el capo número uno de la mafia en Massachusetts [...], también es el cerebro del tráfico de drogas y ¡está repartiendo sus drogas por L. A.!

> Queridos señores, en relación con el causante del incendio, tengan en cuenta a [nombre] en primer lugar. Es una persona con problemas mentales [...]. Pregunten a un psiquiatra por esta cuestión: le harán un diagnóstico y es posible que digan al instante que es un demente.

> Querido señor, este hombre, Richard W..., podría ser quien inició el fuego de su biblioteca.Cree que es DIOS. Nació bajo el signo de Aries. Admitió haber participado en violaciones en grupo junto a su pandilla de motociclistas y es posible que haya asesinado a otras personas. Me ha estado acosando para que fuese su devota, porque tiene muchos prejuicios. Porque soy oriental. Me dijo que yo era una bruja y que me quedaban tres meses de vida. Si él [...] saca algún libro, será sobre la comprensión de DIOS, budismo, religión zen o brujería. Tal vez no quiera devolver los libros. Así que quemó la biblioteca porque es incapaz de tomar prestado nada.

Los investigadores descubrieron que un conocido vidente de Los Ángeles, Gerry Bowman, había comentado el caso. Bowman tenía setenta y cinco mil años y vivía en las selvas de Sudamérica con una manada de caballos mágicos en miniatura mientras también se las arreglaba para ser residente de Los Ángeles. Su espíritu guía era el apóstol Juan. Curiosamente, cuando Juan el Apóstol hablaba por boca de Bowman, tenía un marcado acento australiano. A la gente le encantaba Bowman; su programa de radio, «Out of the Ordinary Radio», tenía una enorme audiencia. Estaba conectado a Juan el Apóstol cuando habló del incendio.

ENTREVISTADOR: ¿Es posible nombrar o identificar a las personas involucradas [en el incendio de la biblioteca]?

BOWMAN/JUAN EL APÓSTOL: No estamos interesados en hacerlo.

ENTREVISTADOR: ¿Intentarán en otras ocasiones quemar la biblioteca?

BOWMAN/JUAN: Sí, dentro de seis meses. Habrá otros intentos de quemar la biblioteca —las viejas instalaciones— dentro de seis meses.

PÚBLICO (*resoplando*): ¿Por qué?

BOWMAN/JUAN: Porque [los culpables] son estúpidos. Sus motivos parecen ser que están enfadados... Así que intentarán acabar con aquello que es valioso para otros, privarlos de ello, porque sienten que ellos también están privados. ¿Entiende lo que digo? Por eso atacan... Lo intentarán de nuevo dentro de seis meses.

• • •

Las investigaciones de incendios intencionados son siempre muy problemáticas. Incluso el incendio más grande puede ser causado por un simple cerillo; con suerte, una prueba nimia que seguramente quedará consumida en el momento en que se inicie el incendio. Un incendio puede arder despacio. El pirómano dispone de muchísimo tiempo para alejarse antes de que la cosa se ponga seria. El inicio de un incendio puede ser poco más que el parpadeo de una llama, un tirabuzón de humo. Para cuando el incendio es ya cosa seria, el responsable puede encontrarse muy lejos. Resulta difícil de imaginar un delito más perfecto que uno en el que las herramientas desaparecen y el acto en sí puede desarrollarse de manera casi imperceptible. De todos los delitos mayores, los in-

cendios intencionados son los que peor se investigan. Un pirómano tiene el noventa y nueve por ciento de posibilidades de salir
indemne.

Lo que hizo que el incendio de la biblioteca resultase especialmente complicado a la hora de investigarlo fue que tuvo lugar en
un espacio público. A menos que saques prestado un libro, el tiempo que pasas en una biblioteca no deja registro alguno. El incendio
en la Biblioteca Central comenzó una hora después de que abriesen las puertas. Había ya doscientos usuarios en el edificio, y no
hay modo de saber cuántas personas entraron o salieron antes de
ese momento. La biblioteca está abierta a todo el mundo, lo que
convierte en sospechosos a todos. Para los investigadores no hay
modo de ser selectivo en esa búsqueda.

Los investigadores esperaban que los miembros del equipo de
la biblioteca se hubiesen fijado en alguien que hubiese actuado de
manera extraña esa mañana, lo cual les habría ofrecido algo por
donde empezar. Un bibliotecario veterano dijo que había visto a
un desconocido de cabello rubio entrar en la sala de los trabajadores aquella mañana y servirse una taza de café. Era fácil acceder a
la sala de los trabajadores, a pesar de que obviamente no formaba
parte del espacio público. Los bibliotecarios lo habían sacado. En
otro departamento, habían visto entrar a un hombre joven —posiblemente, el mismo joven— en una zona restringida. Cuando el
bibliotecario que estaba a cargo lo reprendió, el hombre afirmó ser
uno de los nuevos empleados y le dijo que estaba echando un vistazo a las pilas de libros. El bibliotecario, avergonzado, le dio la
bienvenida al equipo y retomó su trabajo. Más o menos a la misma
hora, vieron a un hombre joven entre las pilas de libros del Departamento de Historia, que estaba cerrado para todo el mundo a excepción de los miembros del equipo. Cuando una de las bibliotecarias del departamento se dio cuenta, le preguntó si era uno de los
nuevos empleados y él le respondió que estaba buscando un periódico. Se demoró allí unos diez minutos y después, sin previo aviso,
se dio la vuelta y se fue. En la entrada de la calle Hope, que es la que

utilizan los empleados antes de que abran las puertas al público, un joven que no disponía de tarjeta de empleado intentó entrar. El guardia de seguridad lo detuvo y le explicó que la biblioteca no estaba todavía abierta al público. El hombre replicó diciendo que andaba buscando un teléfono y se dispuso a entrar al edificio. El guardia lo tomó por el brazo y volvió a decirle que no podía entrar. El joven se zafó dando un fuerte tirón, dio media vuelta y se fue.

Infracciones como esas no son habituales, pero tampoco cabe destacarlas. El joven acabó obedeciendo cuando le pidieron que se fuese, así que nadie prestó atención a ello, o apuntó siquiera su nombre, o pidió la ayuda de otro guardia. Cada uno de esos incidentes duró solo un instante y nadie pudo fijarse con atención. Lo único que podían recordar los miembros del equipo era que el joven tenía una altura y peso convencionales y que su cabello era rubio y suavemente ondulado y que lo llevaba peinado hacia atrás para despejar la frente. Fue una descripción muy similar a la que ofreció la mujer mayor a la que había sorprendido ver correr a un joven después de que sonase la alarma de incendios. Basándose en estas descripciones, se preparó un retrato robot. El resultado fue el retrato de un hombre de unos veintitantos años con unos llamativos ojos, nariz ancha, bigote estilo morsa y una cabellera que recordaba ligeramente, aunque era más corta, a la de Farrah Fawcett en *Los Ángeles de Charlie*.

• • •

¿Qué fue de Harry Peak después del 29 de abril de 1986? Hasta donde yo sé, siguió comportándose del mismo modo que siempre, realizando trabajos extraños aquí y allí, pasando el rato, probándose como actor en audiciones, dejándose llevar por el sueño. Cumplía con los recados que le encomendaba un abogado llamado Leonard Martinet, afincado en San Francisco. Harry y Demitri Hioteles ya no eran pareja por aquel entonces, pero seguían siendo amigos. Hioteles regentaba un servicio de limusinas y a veces contrataba a Harry como chófer. Y como todo en lo que Harry se involucraba, ayudarlo le obligó a pagar un precio. En una ocasión, Harry se ofreció a cambiar el aceite de una de las limusinas. Vació el motor y después, antes de poner el nuevo aceite, salió para fumarse un cigarro. Tal vez se fumó más de uno, o quizá se fue a dar una vuelta, la cuestión es que tardó horas en volver. Mientras tanto, otro de los conductores se llevó la limusina sin ser consciente de que no tenía aceite. A los pocos kilómetros, el motor explotó. Hioteles me contó esta historia con un profundo suspiro. «Harry haciendo de Harry —me dijo—. Haciendo cosas estúpidas como esa».

El día del incendio, Hioteles había estado en el mostrador de los acomodadores de autos en el Sheraton, charlando con un amigo. Sonó el teléfono. Era Harry, parecía mareado. Insistió para que Hioteles intentase adivinar dónde había pasado la mañana. Hioteles dio por hecho que le contaría una de sus historias, que había estado bebiendo con alguien como Jack Nicholson o Nick Nolte. En lugar de eso, Harry exclamó que había estado en el incendio de la biblioteca. Hablaron sobre lo intenso que había sido y cómo el calor había obligado a un guapo bombero a sacarlo en brazos del edificio. La historia sonaba casi verosímil, pero no tenía sentido. Hioteles no podía imaginarse a Harry en una biblioteca, no podía recordar haberlo visto leyendo un libro. A Harry le gustaba incluirse en acontecimientos públicos, así que Hioteles lo dejó que contara la historia durante un rato y después se olvidó de ella, lo que solía hacer con muchos de los cuentos de Harry.

Escuchar en voz alta aquella historia debió de encender alguna chispa en la mente de Harry. Quizá le resultó placentero que lo escuchasen, le emocionó ser uno de los personajes de aquel oscuro drama. Esa noche regresó a Santa Fe Springs y se emborrachó con antiguos amigos del bachillerato. Les contó lo del incendio; en esta ocasión agrandó un poco más la historia. Les dijo que había estado en el incendio, y que un guapo bombero lo había sacado en brazos de allí, y añadió, en tono de confidencia, que había sido él quien había iniciado el fuego. Fue una conversación entre borrachos, fácilmente olvidable; además, sus amigos dudaban de su palabra, pero Harry insistió en afirmar que era cierto. Cuando regresó a Los Ángeles, Harry contó a sus compañeros de piso otra versión de la historia. Les dijo que había estado en la biblioteca llevando a cabo un trabajo de investigación para el bufete de abogados de Martinet y que, una vez iniciado el incendio, había ayudado a una anciana señora a escapar del fuego por una ventana. Y después un guapo bombero lo había sacado en brazos del edificio.

Siguió repitiendo la historia, variándola ligeramente en cada nueva ocasión, como si fuese un sastre que ajustase una chaqueta, añadiendo un pedazo de tela aquí y sacando otro de allí, dando un paso atrás después para evaluar dónde había que ajustarla más. Le dijo a Dennis Vines que había estado en la biblioteca aquella mañana porque quería saber cómo solicitar un puesto de funcionario. Vines nunca había oído a Harry hablar de la biblioteca. Supuso que era otra de sus historietas, porque sabía lo mucho que le gustaba decir que se había visto envuelto en algún acontecimiento. Vines había desarrollado el hábito de comprobar la veracidad de lo que Harry decía, así que le pidió detalles de la biblioteca, cosas sencillas como dónde estaba la entrada. Harry no tenía ni idea. Eso lo convenció de que estaba mintiendo. Se dijo que seguramente Harry había visto los camiones de bomberos en el centro de la ciudad y había decidido que de aquello podía salir una conversación interesante.

$$\bullet \ \bullet \ \bullet$$

Terry Depackh, uno de los investigadores del incendio de la biblioteca, me dijo no hace mucho tiempo que aquel caso fue especialmente exasperante. Todas las pistas llevaban a puntos muertos, y los investigadores no disponían de prueba alguna ni de testigos oculares. Tampoco tenían un móvil, aunque Depackh se inclinaba a pensar que cualquiera que lo hubiese provocado probablemente sería «un pirómano». La descripción que habían aportado los bibliotecarios del tipo que se había colado para tomarse un café era la única pista visual de un sospechoso potencial, pero realmente no era útil. Lo único que los bibliotecarios podían decir con certeza era que la mañana del incendio habían visto a alguien en un lugar que no le correspondía estar.

Un mes después del incendio, una mujer llamada Melissa Kim llamó a la línea de teléfono destinada a aportar información y dijo que el compañero de departamento de su hermano se parecía al hombre del retrato robot. También dijo que dicho compañero de departamento, Harry Peak, le había contado a su hermano que estaba en la biblioteca cuando se produjo el incendio. Dijo que Harry había solicitado un trabajo recientemente en el Departamento de Bomberos de Santa Mónica, pero que había reprobado el examen de acceso. Depackh, convencido de que lo que decía aquella mujer resultaba interesante, le pasó la información a Joe Napolitano, un investigador jubilado que estaba echando una mano con el caso. A primera vista, Harry Peak no parecía dar la talla como sospechoso. Nada lo conectaba a la biblioteca. Todo indicaba que era otro de los miles de jóvenes que van de aquí para allá en Los Ángeles, saltando de un trabajo a otro, cambiando de departamento con frecuencia, sin oficio ni beneficio, soñadores alimentados por el flujo constante de esperanza y sol. Pero a Napolitano le intrigó el hecho de que Harry le hubiese dicho a alguien que había estado en la biblioteca aquel día combinado con el hecho de que hubiese solicitado trabajo como bombero. Como había demostrado en Glendale el famoso John Leonard Orr, los bomberos pirómanos existen, y sin duda son un problema persistente y desconcertante en el cuerpo. Cerca de un centenar de bomberos son detenidos todos los años, según *Firesetting Firefighters—The Arsonist in the Fire Department*, publicado por el National Volunteer Fire Council en los años noventa. Aunque Harry no era bombero, la información aportada por aquella mujer indicaba que había demostrado interés por serlo, y tal vez podía haberse visto impulsado por algún tipo de afán de venganza al haber reprobado el examen. Por otra parte, encajaba a la perfección con el típico perfil de bombero pirómano, habitualmente hombres blancos entre los diecisiete y los veinticinco años.

El grupo de investigación de incendios decidió mantener a Harry bajo vigilancia. Este descubrió que le seguían los pasos. En lugar de molestarse al ver a los investigadores sentados en un coche fuera de su casa, platicó con ellos y les llevó café y donas. Aquella situación debió de parecerle irreal, la escena de una extraña película en la que él era la estrella principal. Debió de pensar que podría sacarle partido de algún modo, pues era muy bueno en eso.

Diez días después de que Melissa Kim llamase a la línea telefónica, su madre telefoneó a Napolitano. En primer lugar, le preguntó si la recompensa de treinta mil dólares todavía seguía en pie. Cuando le confirmaron que sí, dijo que había visitado a su hijo recientemente y que había visto a Harry Peak y que se fijó en que se había cortado el pelo y se había afeitado el bigote, como si pretendiese cambiar de aspecto. Añadió que, el día después de estar allí, Harry la llamó por teléfono y le dijo gritando que «no era un pirómano» y que «solo por el hecho de haber estado en la biblioteca el día del incendio y parecerse al del retrato robot no quería decir que él hubiese provocado el incendio».

Napolitano decidió que era el momento de interrogar a Peak. Terry Depackh y él fueron a su casa para hacerle unas cuantas preguntas. Harry les dijo que estaba nervioso, que le preocupaba que lo tratasen como a un sospechoso. Depackh le preguntó dónde había estado el día del incendio y Harry respondió que en la biblioteca. Le dijo que había ido al centro de la ciudad para hacer un recado para Martinet y que estaba buscando un lugar donde desayunar. Vio la biblioteca y decidió entrar porque era un edificio muy bonito. Pasó una media hora dando vueltas, admirando la decoración. Entre las diez y las once de la mañana notó el olor a humo y oyó que alguien gritaba «fuego». En su afán por salir corriendo de allí, se topó con una mujer mayor y la tiró al suelo, pero se detuvo para ayudarla y la acompañó hasta la calle. Dijo que cuando estaba fuera vio a un juez del Tribunal Superior de Justicia al que conocía, y que se quedaron juntos para ver cómo ardía el edificio.

Cuando acabó, Harry les dijo a Depackh y a Napolitano que apostaría cualquier cosa a que la persona que provocó el incendio no había pretendido que fuese algo tan grande. Los investigadores tomaron nota de su declaración y señalaron las discrepancias. Nadie notó el olor a humo cuando empezó el incendio porque no apareció humo hasta una media hora después de que se diese la alarma, y nadie gritó «fuego» porque el fuego no fue visible hasta que el edificio fue evacuado. Depackh le preguntó entonces a Harry si se había cortado recientemente el pelo y el bigote. Harry dudó. Le preocupaba mucho su aspecto y estaba especialmente orgulloso de su cabellera rubia, pero dijo a los investigadores que no se acordaba.

16.

Hollywood Babylon (1975)
Anger, Kenneth
812.09 A587

How to Draw Buildings (2006)
Beasant, Pam
X 741 B368

*In Commemoration of the Greatest Engineering Triumph
of the Ages and Most Wonderful Accomplishment of Human
Endeavor in All History: The Building of the Panama
Canal, the San Diego Panama-California Exposition Opens
Wide Its Portals and Invites the World* (1915)
Folio 917.941 S218-4

*God's Drum and Other Cycles from Indian Lore; Poems by
Hartley Alexander* (1927)
Alexander, Hartley Burr
811 A376

Después de que Lummis fuese despedido de su trabajo en la biblioteca, la Enciclopedia Humana llevó a cabo un infructuoso intento de quedarse con su puesto. La junta, por su parte, optó por un tranquilo bibliotecario de rostro amable que venía de Misori llamado Purd Wright, quien arregló el desbarajuste que había provocado Lummis a su paso y ocho meses más tarde renunció por un puesto en la biblioteca de Kansas City. Su sucesor, que permaneció en el cargo durante veinte años, fue Everett Robbins Perry, el director de la Biblioteca Astor de Nueva York. Perry era un hombre bajito con una frente imponente y una mirada penetrante, cuya idea del atuendo para el tiempo de ocio consistía en un saco de tres botones y una corbata de nudo simple. Perry era tan imperturbable como impetuoso había sido Lummis. «Es todo un profesional —indicó la junta después de entrevistar a Perry—. Escucha bien, no habla mucho [...]. En su esencia está el granito de Nueva Inglaterra. La imaginación y el espíritu creativo no forman parte de su carácter». La junta sospechaba que Perry no tenía «buena mano» para las amistades y que apenas disfrutaba de vida emocional, pero creyeron que podía hacer un excelente trabajo como bibliotecario. De hecho, Perry era un hombre apasionado, pero su pasión se manifestaba única y exclusivamente en lo relativo a las bibliotecas, y juzgaba a las personas según compartiesen esa pasión con él o no. El equipo de la biblioteca de Los Ángeles lo adoraba. Lo llamaban Padre Perry.

Por aquel entonces, la ciudad era un lugar palpitante y próspero, y crecía con tal rapidez que se borraba y se reescribía con cada minuto que pasaba. La industria petrolera irrumpió, literalmente, en el sur de California en 1903 y no tardó en engullir todo el país. La industria cinematográfica echó a andar en 1910 con la producción de la película de D. W. Griffith *In Old California* y creció a toda velocidad. La ciudad era un revoltijo, una mezcla de matones, estrellas del espectáculo, inmigrantes, timadores, mecanógrafas, vaqueros, guionistas, estibadores y familias de granjeros, todos sumidos en un movimiento incesante, buscando su rincón, buscándose un sueldo o no, sobándose el lomo. La expansión de la ciudad fue tan veloz que resultó desconcertante. Tenía algo parecido a la metástasis. La ilusión y la vitalidad eran tan elevadas que tenían un trasfondo extraño, como de algo que está totalmente fuera de control. Incluso el brillante y atractivo Hollywood tenía una vertiente de drogadicción, alcoholismo, escándalos sexuales y asesinatos. Llevaba añadido un sentido de desesperación y soledad. En 1920, Olive Thomas, una antigua chica Ziegfield casada con el hermano de la actriz Mary Pickford, murió debido a una sobredosis de medicamentos para la sífilis que tomaba su marido. En 1921, el actor Fatty Arbuckle fue arrestado y acusado de haber violado y asesinado a la aspirante a actriz Virginia Rappe, que había estado bebiendo e inyectándose morfina en el momento del asesinato. Al año siguiente, el director de cine William Desmond Taylor fue hallado muerto con un disparo en la espalda.

Mucha de la gente que llegaba a Los Ángeles no traía nada consigo y esperaba encontrarlo todo allí. Andaban a la caza de cualquier cosa que fuese gratis. La biblioteca atrajo a muchos de esos recién llegados. El préstamo de libros en toda la red de bibliotecas de Los Ángeles se duplicó y luego se triplicó. En 1921 se contabilizaron más de tres millones de préstamos; más o menos, mil libros por hora. En un día cualquiera, diez mil personas atravesaban el umbral de la biblioteca. Los bibliotecarios atendían doscientas mil consultas al año. A menudo, las zonas de lectura se convertían en simples salas de estar. La mezcolanza de usuarios era tan variada como la propia ciudad. En la hora de los cuentos infantiles, que era conocida como la Hora de la Diversión por los más pequeños, «los más favorecidos se rozaban con los más necesitados [...]. Los hijos de las familias pudientes que acudían con sus niñeras a la biblioteca leían las mismas historias que las pequeñas niñas rusas o italianas que arrastraban a un bebé sucio de la mano», según palabras del *Times*. Durante la hora de la comida, los ejecutivos se alineaban apoyados en las paredes, codo con codo, con sus elegantes pajaritas, hojeando libros y periódicos.

La moda de mejorar como persona o reinventarse tuvo mucho éxito en este nuevo lugar que parecía salido del mismísimo desierto. La biblioteca era parte de esa moda, habida cuenta de que ofrecía las herramientas necesarias para moldear un nuevo yo. En 1925, un hombre llamado Harry Pidgeon completó un viaje en barco alrededor del mundo en solitario, convirtiéndose en la segunda persona en lograrlo. Había conseguido los planos para su barco y había adquirido buena parte de sus conocimientos náuticos gracias a los libros que sacó prestados de la Biblioteca Pública de Los Ángeles. A su barco, *The Islander* (El Isleño), se le conocía como *The Library Navigator* (El Navegante de la Biblioteca).

• • •

A esas alturas, la biblioteca de Los Ángeles llevaba en funcionamiento casi cuarenta años y reflejaba lo que era la ciudad, pero también la moldeaba, como moldeaba el mundo que se desarrollaba a su alrededor. En el año que entraría en vigor la Prohibición, cuando la ley sobre el alcohol parecía ya inevitable, se sacaron en préstamo todos los libros sobre destilación de licor en casa, y la mayoría de ellos nunca más volvieron. (El interés por dichos libros aumentó rápidamente cuando *Los Angeles Times* publicó este artículo: «La biblioteca se deshará de todos los libros sobre alcohol», que venía a decir que si la ley seca se aprobaba, todas las guías sobre destilación casera serían destruidas). Empezó la guerra y también encontró su manera de estar presente en la biblioteca. En 1917, la Asociación de Bibliotecas de Estados Unidos —ALA— creó la Biblioteca del Consejo de Guerra, y Everet Perry fue nombrado director de la División Suroccidental. El consejo finalmente hizo acopio de seiscientos mil libros para enviárselos a las tropas en el extranjero. La ALA ofreció otros programas durante la guerra por todo el país. Bajo el lema de «Combatir los engaños rojos», diseñó talleres sobre los peligros de los bolcheviques para mantener a los usuarios alejados de los pensamientos antipatrióticos. Como parte de ese esfuerzo, Perry pidió a sus bibliotecarios que eliminasen todos los libros que entrañasen «un elogio de la cultura germánica». Una de sus bibliotecarias le comentó que había encontrado la frase «Maten a los ingleses» garabateada en algunos ejemplares de historia alemana. La ALA elogió la biblioteca de Los Ángeles por sus programas durante la guerra, especialmente por aquellos que ayudaban a «americanizar» a los inmigrantes de la ciudad animándolos a leer en inglés y a formar parte de los grupos de la biblioteca. En un boletín informativo, la organización felicitó a la biblioteca por haber dado cabida a un acto en el que «una mujer judía muy culta habló [de] literatura inglesa a un amplio grupo de personas de su mismo credo [...] ¡y estos judíos ahora no dejan de leer lo mejor de las literaturas americana e inglesa!». Por alguna curiosa razón, el texto acababa con una lista de detalles extraños, casi surreales, relacionados con los hábitos de lectura de la ciudad, como el hecho de que los chinos de Los Ángeles tendían a leer literatura griega o que los bomberos buscaban libros sobre conejos.

En esa época, la biblioteca —y todas las bibliotecas del país— se había convertido en parte esencial del paisaje estadounidense, una unión cívica, un alto en la vida cotidiana. Todo el mundo viajaba por la biblioteca. En un lugar así, en ese cruce de caminos, era posible encontrarse incluso con alguien a quien habías perdido. A veces la gente buscaba a antiguos amores escribiendo mensajes en los libros de la biblioteca con la esperanza de que la persona a la que buscaban leyese el mensaje; como si la biblioteca se hubiese convertido en una red pública de comunicación, un intercambio de llamadas y respuestas anheladas. Los márgenes de las páginas estaban llenos de peticiones escritas con lápiz lanzadas al inmenso océano de la biblioteca. «Querida Jennie: ¿dónde has estado?», decía una nota escrita en la página de un libro de la biblioteca de Los Ángeles en 1914. «Te he buscado en tres ciudades y puse anuncios en vano. Sabiendo que te gustan los libros, escribo esta nota en todos los libros que puedo con la esperanza de que llegues a leerla. Escríbeme a mi antigua dirección, por favor».

· · ·

Nadie estaba del todo seguro de si esa especie de lugar con forma miscelánea era realmente una ciudad o no. Los Ángeles no se parecía en nada a las antiguas ciudades del Medio Oeste o del este, y su perfil se desparramaba como si hubiese sido creado por una fuerza centrífuga más que por algo que aglutinase a la ciudad alrededor de su centro. La nueva urbe se confundía con los antiguos ranchos. Todavía podían encontrarse huertos de naranjos en el centro. Era la única gran ciudad del país, y la más extensa de la Costa Oeste, en la que la biblioteca principal no disponía de un edificio propio. En 1914, Everett Perry tenía previsto trasladar la biblioteca desde el caro edificio Hamburger a un edificio algo más económico cerca de allí, donde compartiría espacio con una farmacia y una tienda de comestibles. Era una ubicación un tanto extraña. En 1921 se propuso la votación en el ayuntamiento de una propuesta para construir una biblioteca. La campaña a favor puso de relieve la humillante realidad de ser una ciudad carente de las típicas instalaciones urbanas, toda una vergüenza para una urbe que estaba intentando creer que era realmente una ciudad. «¡Crece, Los Ángeles! —decía un panfleto—. ¡Construye tu propia Biblioteca Pública y ocupa el lugar que te corresponde entre las ciudades progresistas!». Otro panfleto instaba: «¡Usted, que paga sus impuestos, pague cincuenta centavos al año y ayude a que desaparezca ese estigma asociado a la ciudad de Los Ángeles!». En todas las salas de cine de la ciudad se pasaba un cortometraje mostrando las atestadas salas de lectura. Un folleto favorable a la construcción de la biblioteca afirmaba sin rodeos:

EL MONTÓN DE RAZONES POR LAS QUE NECESITAMOS
UNA BIBLIOTECA DECENTE

Porque: toda ciudad que se respete a sí misma dispone de su propia biblioteca. San Francisco y Seattle hacen que parezcamos un pueblo cuando vemos sus estupendas bibliotecas, la mejor prueba de su cultura y su desarrollo intelectual. «Los Ángeles», podrían decirnos, «no ha avanzado lo suficiente como para disponer de una biblioteca pública de primera clase», mientras nuestra conciencia cívica siente vergüenza y humillación.

Un historiador local llamado Luther Ingersoll publicó una apasionada carta favorable a la construcción de la biblioteca. Se titulaba «Nuestra deshonra pública», y en ella Ingersoll suplicaba al municipio que acabase con los «intolerables abusos» infligidos a los ciudadanos debido a la inadecuada biblioteca de la ciudad. Lamentaba la situación de los bibliotecarios, encajonados en cuartuchos «rodeados de bacalao, cebollas, hamburguesas y queso Limburger».

La votación sobre la biblioteca fue todo un éxito, con un setenta y un por ciento de votos a favor. Pero solo se consiguieron dos millones y medio de dólares para la construcción del edificio, una suma exigua. La Biblioteca Pública de Nueva York, por ejemplo, había tenido un presupuesto de nueve millones de dólares para su construcción. La cantidad ni siquiera resultó suficiente para comprar el terreno en el que estaba previsto el enclave. En 1923 se propuso una votación para pagar lo que faltaba del terreno. La ciudad puso en marcha un concurso para escoger un eslogan para dicha medida. Entre las propuestas: «Ey, timo timo / El gato y el fraude / La vaca salta sobre la luna / Pero la biblioteca no puede saltar / Así que los votantes debemos jorobarnos / Para comprobar que hay espacio suficiente». Pero el eslogan ganador era una declaración más sencilla: «La biblioteca te pertenece / No lo olvides / Vota "sí" a los dos». La medida fue aprobada y, finalmente, Los Ángeles dispuso de dinero suficiente para construir su propia biblioteca.

• • •

Como tantas de las cosas que pasan en Los Ángeles, la biblioteca echó a andar partiendo de una reinvención. La topografía del centro de la ciudad estaba en su mayor parte arrugada y estirada por toda una serie de cerros. Antaño, esos cerros habían servido como puntos de referencia. Pero cuando la ciudad empezó a desarrollarse, los cerros pasaron a convertirse en inconvenientes pues había que superarlos, construir alrededor de ellos, lo cual impedía que la ciudad creciese: eran demasiado empinados para construir estructuras grandes. Las zonas llanas como Hollywood y Watts crecieron con mucha mayor rapidez que el centro debido a su topografía irregular. Esos cerros suponían un incordio para los constructores. En 1912, una asociación de empresas propuso tender una tubería de agua desde el océano Pacífico hasta el centro de la ciudad y utilizar el agua del mar para allanar los cerros. Otros sugirieron elevarlos usando gatos hidráulicos y llevarlos a otra parte, o utilizar una flota de excavadoras para eliminarlos.

El lugar elagido para la biblioteca fue un terreno entre la calle Flower y Grand Avenue, limitado por las calles Quinta y Sexta. Situado en el flanco sur de Bunker Hill Ridge, estaba tan inclinado que lo habían designado topográficamente como Normal Hill. La pendiente era demasiado pronunciada para construir algo del tamaño de la biblioteca que se había pensado, así que enviaron un puñado de excavadoras de vapor que fueron arañando el cerro hasta que casi quedó a nivel, creando un ligero ángulo en el costado de Grand Avenue. (Más adelante, otros muchos cerros del centro de la ciudad fueron allanados o nivelados. El propio Bunker Hill descendió dieciocho metros).

El candidato mejor posicionado para diseñar la biblioteca era un arquitecto neoyorquino llamado Bertram Goodhue, que se había hecho un nombre en California por haber diseñado la Exposición Panamá-California celebrada en San Diego en 1915: toda una serie de edificios con paredes de estuco, tejados de terracota y una fastuosa decoración. El diseño se hizo tan famoso que inspiró toda una oleada de construcciones que recuperaban el estilo colonial español, tanto en el sur de California como más allá.

Goodhue era esbelto y caballeroso, de figura un tanto femenina, con una cabellera rubia ondulada y cierto aire de tragedia inminente. Nació en Connecticut y a los quince años se convirtió en aprendiz en un estudio de arquitectura de Nueva York. Además de la arquitectura, destacó en el diseño de libros y en tipografía. Inventó la Cheltenham, uno de los tipos de letra más populares, usada en los titulares de *The New York Times* durante décadas. Era un adicto al trabajo y solía pasar unas quince horas al día sobre su mesa de dibujo. También era una persona ensimismada y neurótica, y sufría de inexplicables dolores, incontables males y una persistente ansiedad. Alternaba los estallidos de júbilo, que tenían lugar cuando se veía expuesto al arte elevado, con los periodos melancólicos. Sus amigos lo consideraban voluble y poético. En su tiempo libre disfrutaba realizando intrincados dibujos de ciudades imaginarias.

Los primeros edificios de Goodhue fueron iglesias neogóticas y residencias con tejados puntiagudos y elaboradas celosías de piedra. Su visión estética empezó a cambiar en 1892, cuando visitó México y España y se enamoró de los brillantes colores y la exuberancia de la arquitectura. En 1902 viajó a Egipto y a la península arábiga y volvió fascinado por las cúpulas y el trabajo con los azulejos característicos de los edificios islámicos. Visitó California por primera vez justo con el cambio de siglo. Cuando regresó a Nueva York, les contó a sus amigos que California le había encantado y que estaba deseando volver. Los Ángeles, sin embargo, le había contrariado un poco porque era un lugar extraño. En una carta, la describió como «una ciudad dolorosamente grande en la que prácticamente no hay nadie nacido en el Dorado Oeste, sino una heterogénea amalgama de actores y actrices de cine y emigrantes de Kansas, Nebraska, Iowa...».

Poco después de acabar su trabajo en la Exposición Panamá-California, Goodhue voló en avión por primera vez y lo que vio desde el cielo lo transformó. Le dejó estupefacto el poder de las formas simples y llamativas del paisaje en la distancia, la profundidad que transmitían incluso a kilómetros de altura. El viaje en avión cambió su modo de pensar en los edificios. Su siguiente encargo fue el Capitolio Estatal de Nebraska. Su diseño fue mucho más sencillo y geométrico que sus anteriores edificios, mostrando una base baja y ancha de piedra y una torre muy alta. En medio de la pradera de Nebraska, se alza como una especie de monumento a la era de las máquinas, un faro de piedra caliza. Desde el cielo tiene una poderosa presencia.

Goodhue también empezó a jugar con la idea de que un edificio debía ser como una especie de libro, una entidad que pudiese «leerse». Quería que la forma del edificio, su arte, sus decoraciones, sus inscripciones, incluso su paisajismo, quedasen unificados por un tema que materializase el propósito de su construcción. La experiencia del edificio tenía que ser de sumersión. Todo tenía que trabajar en el mismo sentido para contar una historia que hablase del edificio.

Esa clase de singularidad en el diseño y la decoración es algo propio de las construcciones religiosas, pero era infrecuente en las seculares. Goodhue sabía que se trataba de un objetivo complejo: en lugar de limitarse a diseñar la forma del edificio, tenía que tener en cuenta su interior, la tierra que lo rodeaba y el arte que se mostraba dentro. Entendió que para llevar a cabo semejantes obras tendría que trabajar en equipo. El arquitecto planearía el edificio, un escritor desarrollaría la narración temática, un escultor crearía la ornamentación tridimensional y un artista sería el responsable de los colores y las superficies. Todos trabajarían siguiendo el mismo concepto. Goodhue empezó a explorar esa noción cuando trabajaba en el Capitolio de Nebraska y su equipo estaba formado por el famoso escultor Lee Lawrie, un artista llamado Hildreth Meiere y un profesor de filosofía llamado Hartley Burr Alexander. Además de académico, Alexander era poeta y estudioso de la cultura nativa americana y del pensamiento político. Acuñó el término *iconógrafo* para describir su papel en el proyecto.

Fueron necesarios diez años para finalizar el Capitolio Estatal de Nebraska. La idea de Goodhue de incorporar símbolos visuales y conceptuales tanto en el interior como en el exterior resulta esencial para el carácter del edificio. Se consideró todo un éxito y tuvo una gran influencia en la construcción de edificios públicos en todo el mundo.

• • •

En 1922, cuando lo contrataron para diseñar la biblioteca de Los Ángeles, Goodhue ya había diseñado docenas de edificios importantes. Había ganado premios y conseguido montones de encargos. Estaba felizmente casado. Mimaba a sus dos hijos. Tanto él como su esposa eran muy populares, recibían constantemente invitaciones para fiestas y cenas. Sin embargo, Goodhue a menudo se mostraba sombrío y parecía obsesionado con la muerte y el envejecimiento, algo que preocupaba a su esposa. El trabajo le ayudaba a distraerse de sus oscuros pensamientos. La biblioteca no fue su mayor proyecto, pero le hacía mucha ilusión. Lo afrontó con una suerte de libertad que nunca antes había experimentado. Creía que en ese proyecto podía fusionar todo lo que había aprendido y amado del mundo visual para convertirlo en un monumento de todo aquello que él valoraba más: la historia, los libros, la filosofía, el diseño, la ambición y la creatividad.

Empezó a hacer dibujos con la idea de combinar el estilo colonial español con un enfoque más moderno. A nivel temático, imaginaba que el edificio sería un tributo a las glorias del conocimiento; de hecho, sería una catedral humanista para celebrar los grandes logros intelectuales de la civilización. Cada dintel contaría una historia. Todas las paredes transmitirían mensajes. Pidió a Lawrie y a Alexander que volviesen a trabajar con él como parte del equipo de diseñadores. Goodhue tenía la impresión de que estaba creando algo que era incluso más significativo que el Capitolio de Nebraska. Sentía que estaba transformando todas las convenciones de su formación y toda la ortodoxia del estilo. Ni siquiera estaba seguro de cómo describir lo que estaba haciendo. «Mi gótico ya no tiene que ver con lo históricamente correcto —escribió en una carta a un amigo arquitecto—. Mi clasicismo ya no encaja con lo clásico [...], en Los Ángeles estoy creando una Biblioteca Pública con un extraño estilo, o falta de estilo». El edificio se convirtió en algo especialmente importante para él. «Me interesa de un modo muy personal que este edificio sea un éxito —le dijo a Everett Perry—. Prometo crear algo de lo que la ciudad pueda estar orgullosa». Tal vez incluso se imaginaba pasando el rato en la futura biblioteca. Adoraba California y en 1920 había construido una casa para sí mismo cerca de Santa Mónica.

• • •

Sus primeros dibujos mostraban un edificio achaparrado sobre una base en forma de bloque, presionado desde arriba por una cúpula. La Comisión Artística Municipal, que tenía que aprobar el proyecto, lo rechazó por parecerles inadecuado y «mediocre». Un artículo en el periódico afirmaba: «La ciudad consigue una biblioteca insignificante según los planes anunciados». Goodhue se sintió insultado, pero accedió a retocar los dibujos. Para cuando entregó la versión final de la biblioteca, la había convertido en algo totalmente diferente. Había simplificado las ventanas arqueadas de los primeros dibujos convirtiéndolas en marcos rectangulares. La base en forma de bloque era más vertical, más esbelta, y se elevaba en forma de terrazas ascendentes, formando un ensamblaje cubista de formas marcadas y angulosas con entradas por los cuatro costados. La cúpula achatada había desaparecido. El remate del edificio era ahora una enorme pero delicada pirámide que culminaba en una torre. La pirámide de la torre estaba cubierta por miles de azulejos brillantemente coloreados y coronados por un pináculo en forma de mano humana sosteniendo una antorcha dorada con una llama encendida. La fachada, de estuco color beige, estaba embellecida por las esculturas arquitectónicas de Lee Lawrie: pensadores, dioses, héroes y escritores. Por todo el edificio había inscripciones centradas en el tema de Hartley Burr Alexander «La luz del aprendizaje». Incluían citas de Platón: «El amor a la belleza ilumina el mundo»; del intelectual francés Blaise Pascal: «El pensamiento es la grandeza del hombre», y del propio Alexander, que parecía materializar el espíritu de la biblioteca pública: «Los libros son siempre una invitación, nunca limitan». El edificio tenía un no sé qué difícil de explicar. Era clásico y simétrico, pero también tenía algo extraño, tal vez un toque persa o quizá egipcio. Era fantástico y al mismo tiempo tan racional como una caja de herramientas.

El año 1924 estuvo plagado de cambios y augurios. El descubrimiento de la tumba del rey Tutankamón y la primera interpretación de *Rhapsody in Blue* electrizaron el mundo del arte y del diseño. El edificio de Goodhue fundía cierto dejo egipcio con el lirismo jazzístico de Gershwin. A la Comisión Municipal de Arte le encantaron los nuevos dibujos, así que regresó de Nueva York y se puso a trabajar intensamente en el diseño final. Esperaba que la biblioteca fuese algo más que memorable. Quería que resultase emocionante e incluso retadora; deseaba que la gente de Los Ángeles al verla tuviera que «sentarse y rascarse la cabeza». A mediados de abril prácticamente había terminado. Estaba a punto de cumplir los cincuenta y cinco y había pensado pasar el día de su cumpleaños en la ciudad de Washington dedicado a uno de los edificios que había completado recientemente, la nueva sede de la Academia Nacional de las Ciencias. A pesar de su predisposición a la melancolía, Goodhue estaba emocionado por los avances de la biblioteca de Los Ángeles. Posiblemente era más feliz de lo que lo había sido nunca.

El 23 de abril, sin previo aviso, y para sorpresa de todos los que lo trataban, Bertram Grosvenor Goodhue murió a causa de un ataque al corazón. A pesar de la importancia de la biblioteca para la ciudad y la atención que se le había prestado al proyecto, curiosamente la noticia sobre su muerte apenas causó eco en los periódicos de Los Ángeles, más allá de una única columna en *Los Angeles Times* con el siguiente titular: «LAMENTABLE MUERTE DEL ARQUITECTO DE LA BIBLIOTECA».

17.

Toward a Literate World (1938)
Laubach, Frank Charles
379.2 L366

*Teaching the World to Read: A Handbook for Literacy
Campaigns* (1947)
Laubach, Frank Charles
379.2 L366-2

Toward World Literacy: The Each One Teach One Way
(1960)
Laubach, Frank Charles
379.2 L366-4

*Apostle to the Illiterates: Chapters in the Life
of Frank C. Laubach* (1966)
Mason, David E.
379.2 L366Ma

Me uní a una clase de conversación de inglés en el Centro de Alfabetización. El profesor tenía un nombre que sonaba a noruego. Los estudiantes que estaban en el aula se presentaron identificándose como coreanos, chinos, mexicanos, ecuatorianos, taiwaneses, salvadoreños y tailandeses. La clase comenzó con un animado debate sobre la palabra más larga de la lengua inglesa. El profesor, Jorgen Olson, dijo que la palabra era *antidisestablishmentarianism* («estar en contra de la privación sistemática del reconocimiento oficial»), pero yo no estaba segura de que estuviese en lo cierto, pues yo misma había salido escaldada en una discusión sobre ese tema en el pasado. Por las palabras que estaban saliendo, sin embargo, cabía suponer que tenía razón. Cuando Olson dijo la palabra, pronunciándola de un modo delicioso, todos a excepción de la mujer tailandesa se echaron a reír, y durante los siguientes minutos los estudiantes del aula trabajaron con dicha palabra. Olson pasó entonces a la siguiente lección. Señaló hacia el pizarrón blanco que tenía a la espalda, donde había escrito PALABRAS CONFUSAS con enormes letras mayúsculas. El primer ejemplo que indicó fue el terrorífico trío formado por *latter* («último»), *later* («después») y *ladder* («escalera»). Quedarse con *ladder* no resultaba muy difícil, pero *latter* y *later* eran un embrollo, incluso tras varios minutos de explicación y ejemplos, *latter* y *later* seguían costándoles a los alumnos. Olson dijo que volvería al tema «después» y siguió avanzando en una cuestión igualmente confusa: las palabras *confident* («confiado»), *confidante* («confidente») y *confessor* («confesor»).

Entre todas esas palabras confusas, los alumnos me hablaron de sus trabajos. Había amas de casa, lavaplatos, técnicos informáticos, arquitectos, estudiantes y una manicurista. Había algunos más jóvenes y otros mayores, pero la mayoría eran de mediana edad. La clase tenía lugar en horario escolar, así que no había nadie por debajo de los dieciocho. Los estudiantes se mostraban amables y relajados unos con otros. Algunas de las parejas que parecían tener más confianza en el aula compartieron unas pocas palabras en un idioma común. Aun así, se trataban con la familiaridad de los compañeros de trabajo o los vecinos. Fuera del aula seguramente no habrían llegado a conocerse. Cuando Olson los hacía hablar en voz alta, cometían errores muy marcados y pronunciaban mal sin darse cuenta, pero incluso los esfuerzos más improductivos eran vitoreados por los compañeros, lo cual me pareció muy emotivo. Las clases de conversación siguen un plan de estudios específico, pero también funcionan como una oportunidad para practicar la expresión oral en un entorno en el que no importa si tu inglés es tentativo o tienes un acento muy marcado. «¿Qué tal te ha ido el fin de semana, Tina?», le preguntó el arquitecto taiwanés a la manicurista. Se lo preguntó en un tono muy formal, haciendo cuidadoso hincapié en la expresión *fin de semana*. La manicurista, que era de El Salvador, sonrió y le dijo: «Muy bien». Empezó a reír nerviosamente y añadió: «Solo digo "muy bien" porque no sé cómo decir más».

Olson dio un golpecito en la pizarra y dijo: «Amigos, aquí tenemos unas cuantas palabras más que quiero que practiquemos. Escuchen. *Shard* [«esquirla»]. *Implicit* [«implícito»]. *Convulsive* [«convulsivo»]. Otra vez: *shard, implicit, convulsive*». Cierto aire de desesperación se adueñó del aula.

Al igual que ocurre en la clase de conversación, cerca del setenta por ciento de los estudiantes del sistema de bibliotecas son gente que no tiene el inglés como lengua materna. Para el resto sí es su lengua materna, pero solo pueden leer como niños de primaria o bien no saben leer en absoluto. La Biblioteca Central dispone del Centro de Alfabetización más grande de la red, pero otras veinte sucursales de la ciudad también disponen de un centro. Lo dirige la propia biblioteca y cuenta con un grupo de casi seiscientos voluntarios.

La clase de conversación de la Biblioteca Central se lleva a cabo en una sala de conferencias del Centro de Alfabetización que está pintada de un insípido color beige, con la aséptica uniformidad típica de consultorio de dentista. Salí de la sala de conferencias mientras el grupo se peleaba con la palabra *convulsive* y me dirigí a la zona principal, en la que había algunos sofás y unos cuantos escritorios y varios tutores trabajando. Me senté junto a Carlos Núñez, uno de los tutores encargados de las clases de conversación que dedica el resto de su tiempo a charlar personalmente con aquellos que necesitan su ayuda. También tiene un grupo de alumnos habituales a quienes se dedica una vez a la semana. Núñez trabajaba en un *call center*, pero se lastimó la espalda y ahora tiene una discapacidad. Haraganeaba en casa, pero se aburría tanto que empezó a comprar compulsivamente en QVC por Internet. También comía mucho. Entonces decidió que tenía que salir de casa. Le gustaba la idea de ser voluntario, así que, siguiendo un impulso, se ofreció a trabajar en la biblioteca. Ahora tenía alumnos de Francia, Rusia, Venezuela, Brasil, China e incluso de las islas Galápagos. («¿Te imaginas?», me dijo levantando las cejas en un gesto de admiración por las Galápagos.) Había ayudado a que toda esa gente entendiese las facturas del teléfono y las notificaciones escolares y los formularios de impuestos. Había leído cartas personales a gente que no sabía leer. A veces les había ayudado a responder esas cartas. Trabajaba dos horas a la semana con un joven llamado Víctor, mexicano de nacimiento pero criado en Los Ángeles, que quería pedir la ciudadanía estadounidense. Núñez hacía todo eso sentado en su escritorio con el manual *The Civics and Citizenship Toolkit*, unas cuantas guías de alfabetización y un ejemplar reciente de la revista *Brides*.

Víctor tenía previsto pasar por allí aquella tarde, así que Núñez estaba repasando algunas cuestiones sobre ciudadanía para estar preparado. Mientras ordenaba la pila de libros, una mujer joven con una tupida cabellera entró en el centro, firmó y se acercó a Núñez. Le dijo que estaba escribiendo un texto sobre Ernest Hemingway y que no entendía una frase que había encontrado. El acento de la joven era robusto y musical, quizá caribeño. Le tendió una fotocopia de la página en cuestión. Núñez la leyó y le dio una explicación mientras ella tomaba notas. Cuando se fue, apareció frente al escritorio de Núñez un hombre mayor, asiático, y le preguntó qué era una *sausage roll* («salchicha envuelta en masa de hojaldre»). Núñez se quedó boquiabierto. Pocos minutos después, un joven desgarbado y musculoso que llevaba una chaqueta Pep Boys se sentó frente a la mesa de Núñez. Este me lo presentó como Víctor. Me saludó y después le dijo a Núñez que había estado practicando desde su última sesión y que creía que estaba preparado.

Núñez empezó a hacerle preguntas: «¿Qué hizo Susan B. Anthony? Nombra una guerra del siglo xix. ¿Cuál es la ley principal de la tierra?». Las preguntas no eran sencillas. Minutos antes, Núñez me había explicado que Víctor sufría de amnesia debido a un accidente laboral, así que en ocasiones tenía que esforzarse mucho para recordar las respuestas. Ese día, sin embargo, respondió bien prácticamente a todas las preguntas. Cuando no era capaz de contestar de inmediato, se concentraba golpeando con el puño en la otra mano, como si estuviese ablandando un guante de beisbol. Cuando acabaron, Núñez lo alabó y entonces Víctor dijo que quería hacerlo una vez más. Núñez volvió a empezar. «¿Qué hizo Susan B. Anthony? Nombra una guerra del siglo xix. ¿Cuál es la ley principal de la tierra?».

18.

Fishbourne: A Roman Palace and Its Garden (1971)
Cunliffe, Barry W.
Serie: New Aspects of Antiquity
942.25 C972

Occult Theocrasy (1968)
Queenborough, Edith Starr Miller Paget
366 Q3

Lucy Gayheart (1935)
Cather, Willa
CIRC

Laika the Space Dog: First Hero in Outer Space (2015)
Wittrock, Jeni
X 636 W832

Cuando se recuperó de la conmoción que había supuesto la muerte de Goodhue, su socio Carlton Winslow aseguró al ayuntamiento que él podía acabar los dibujos y sacar adelante el proyecto cumpliendo con las fechas. Puertas adentro, el equipo de Goodhue estaba destrozado. Lawrie y Goodhue eran amigos desde hacía treinta años. Antes de retomar el trabajo en la biblioteca, Lawrie concibió una tumba para Goodhue decorada con relieves de sus edificios más importantes, bajo una inscripción en latín en la que podía leerse: «No tocó nada que no adornara». (La tumba está en la iglesia de la Intercesión en Nueva York, la primera iglesia que

Goodhue diseñó). Lawrie también decidió incluir a Goodhue en la fachada de la biblioteca de Los Ángeles: encima de la entrada sudeste del edificio, en un friso junto a otras luminarias del mundo de la tipografía y la edición, entre quienes se encuentran Johannes Gutenberg y William Caxton, el hombre que llevó la primera imprenta a Inglaterra. En la escultura, Goodhue está sentado frente a una mesa de dibujo, inclinado hacia delante, mirando hacia abajo, como si estuviese a punto de empezar a dibujar.

El 3 de mayo de 1925 se colocó la primera piedra de la biblioteca. Verter el concreto para la enorme sala circular llevó veinticuatro horas. En aquella época, fue la mayor cantidad de concreto que se había vertido en la historia de la ciudad. El candelabro de techo de la sala, una gigantesca representación de bronce y cristal de la Tierra y el sistema solar, pesaba una tonelada y era tan voluminosa que, para poder trabajar con ella, se instalaron cabrestantes en la torre para poder subirlo y bajarlo para que lo limpiaran. Algunas de las decoraciones interiores del edificio eran de estuco. En otra sección había tanta ornamentación que fueron necesarios varios años para completarla. Había esculturas en los barandales, esculturas en nichos y esculturas que colgaban del techo. Dos enormes esfinges de mármol negro flanqueaban la escalera principal. En una hornacina se encontraba el símbolo que representaba la biblioteca: una escultura que portaba una antorcha conocida como la Luz del Aprendizaje, que era igual, aunque más pequeña, que la que culminaba la pirámide de la torre. En otra hornacina había una estatua de una diosa, del tamaño de una persona, con los ojos blancos y una expresión imperiosa en el rostro, conocida como la Estatua de la Civilización. El edificio tenía quince salas de lectura distribuidas a lo largo de todo su perímetro, y miles de estanterías abiertas, aunque la mayoría de los libros estaban almacenados en cuatro silos de concreto, de siete plantas de altura, en el interior del edificio. Los estantes que había dentro de las torres de concreto estaban hechos de acero, del que se aseguraba que era resistente al fuego y a los terremotos.

Goodhue quería que la gente que acudiese allí sintiese que se encontraba en algo más que en un hermoso edificio. Quería que se sintiesen parte de una meditación tridimensional sobre el poder del intelecto humano y la potencia del hecho de contar historias. Incluso el jardín formaba parte de su plan. Quería que allí se plantasen olivos, cipreses, viburnos y magnolios, todas las plantas que podían encontrarse en un jardín clásico romano, pues pretendía que allí se prolongase la experiencia de la inmersión intelectual. Entre los árboles podían encontrarse una gran variedad de esculturas, incluida una fuente decorada con imágenes de los grandes escritores del mundo, a la que llamarían el Pozo de los Escribas.

· · ·

En junio de 1926 el edificio estaba acabado y, el 15 de julio de 1926, el nuevo hogar de la biblioteca de Los Ángeles abrió oficialmente sus puertas. La primera reacción ante el edificio fue elogiosa pero complicada. «Este edificio se presenta como una emoción distintiva —escribió el crítico Merrell Gage en *Artland News*—. Como toda forma de arte creativo, resulta inquietante: provoca una impresión que satisface pero también desconcierta. No parece seguir ningún orden arquitectónico pero toma aspectos del colonialismo español, de Oriente y del modernismo europeo como si se tratase de pequeñas canciones folclóricas dentro de una gran sinfonía que se alza hasta una altura nueva transmitiendo el auténtico espíritu norteamericano». Otro escritor describió el edificio como «franco y abierto y sincero como la mirada de un niño. Al mirarlo de frente no se aprecia miedo ni vergüenza. No tiene nada que explicar ni siente necesidad alguna de justificarse».

La ceremonia del día de la inauguración fue todo un espectáculo. Más de un millar de niños disfrazados desfilaron alrededor del edificio, liderados por un hombre vestido como el Flautista de Hamelín. Los visitantes invadieron el lugar. Imperaba un ambiente de euforia, como si la biblioteca no fuera simple-

El globo zodiacal en la sala circular de la Biblioteca Central

mente una propiedad municipal, sino un logro cívico, un deseo común convertido en realidad. Un panfleto titulado «Cómo adentrarse en un libro», que se distribuyó el día de la inauguración, captaba esa ilusión: «¡Un castillo mágico en el país de las hadas! Con ricos y hermosos colores. Una exquisita armonía de líneas. Un enclave idílico. Una alegría constante para la mirada [...], las mentes de los visitantes están en sintonía con el mensaje del poeta, del profeta, del filósofo, del artista, del científico [...]. Un edificio que es un libro de cuentos [...] porque este es el hogar de nuestros más antiguos y mejores amigos: los libros». La única objeción al nuevo edificio llegó de parte de un pequeño grupo que afirmaba que la imaginería basada en triángulos y antorchas denotaba algo siniestro. Insistían en que Goodhue debía de haber sido un adorador del demonio o un masón, porque utilizó símbolos satánicos, y la biblioteca era una especie de santuario del ocultismo. Esta clase de comentarios no se tomaron en cuenta, pero incluso hoy en día existe una página web llamada Vigilant Citizen que insiste en afirmar lo mismo sobre el edificio.

El presidente de la junta de la biblioteca era un abogado local llamado Orra Monnette, cuya familia se había hecho rica en 1906, cuando su padre halló una veta de oro por valor de ciento treinta y un millones de dólares. Por lo general, Monnette se mostraba como una persona reservada y hablaba en voz baja, con las maneras propias de las personas distinguidas, pero la nueva biblioteca le impresionó hasta tal punto que su discurso sonó como si tuviese don de lenguas. El texto de su discurso fue publicado posteriormente y se le dio forma de poema:

Los intérpretes y los actores presentan los siguientes temas:
Las más profundas verdades que son los más ocultos misterios
[de la vida;
La existencia trágica del hombre;
El ansia del deseo correcto;
Esperanzas y vanidades;
Destino manifiesto;
Edades del pasado;
El resumen de la historia;
Los viajeros incansables de la vida;
Los infatigables trabajadores de la tierra y el mar;
Nadie recorre de nuevo el mismo sendero.

Y todo ello puede leerse como el índice de un gran libro y ese libro es el LIBRO DE LA VIDA, escrito por el autor maestro: ¡DIOS! Para los usuarios, para los lectores, para los estudiantes, para los universitarios, en su estudio sobre esta obra mayestática, este inspirador Libro de la Vida, la Biblioteca Pública de Los Ángeles es su exaltada oportunidad.

La gente abarrotó la biblioteca después del día de la inauguración. Algunos lo hicieron con malas intenciones. Los ladrones de libros merodeaban intentando llevarse todo lo que pudieran. Algunos timadores usaban la biblioteca como cebo para elaboradas estafas. En uno de esos timos fingían ser agentes de viajes, utilizaban folletos que creaban recortando fotos de lugares exóticos de los libros de la biblioteca para ofertar viajes que nunca tendrían lugar. El estallido de delincuencia relacionado con la biblioteca fue tan alarmante que en 1926 un editorial periodístico se quejaba de que «No solo los ladrones de libros, sino también otros delincuentes, infestan la biblioteca. No son lectores, tampoco sacan libros en préstamo, sino que van allí para hablar de otras cosas y trazar planes para sus delitos, o para vender morfina, con cita previa». A finales de año, los miembros de la seguridad de la biblioteca afirmaban haber capturado a cincuenta y siete «mutiladores de libros», ciento cinco personas que habían escrito en las páginas de los libros, setenta y tres personas por mal comportamiento, veintitrés falsificadores, ocho personas que ocultaban libros y diez que habían falsificado sus fechas de entrega. Sesenta y tres del total de esas personas fueron procesadas y seis fueron «juzgadas por tener una mente enferma», por lo que recibieron tratamiento psiquiátrico.

• • •

El edificio, sin embargo, no estaba totalmente acabado. La sala circular tenía las paredes desnudas y al pintor Dean Cornwell le llevó seis años completar los murales. Cornwell era un *showman* que había trabajado en el antiguo estudio de John Singer Sargent en Londres, contrató a hermosas campesinas mediante un concurso que le sirvieron de modelos y se subía en lo alto de un enorme andamio mientras pintaba, lo que provocaba que la gente lo observase con fascinación. En aquel tiempo, su lienzo de dos mil setecientos metros cuadrados era el mural más grande que jamás se hubiese hecho.

Su formación como bibliotecario no había preparado a Everett Perry para su nuevo puesto a cargo de una importante obra arquitectónica con innumerables esculturas y grabados y muebles y fuentes. A veces se preocupaba por todo ello. En 1930 escribió al escultor Lee Lawrie en busca de consejo: «Querido señor Lawrie: ¿Tiene alguna recomendación que darnos para el cuidado y la limpieza de las dos esfinges y de la Estatua de la Civilización? —empezaba su carta—. No tengo ni la más remota idea de qué es lo que hay que hacer, si es que hay que hacer algo, aunque supongo que será mejor no utilizar agua». (Lawrie respondió que Civilización requería que le quitasen el polvo de vez en cuando con un trapo seco.)

Al mismo tiempo, Perry tenía que supervisar todas las obligaciones habituales de una biblioteca. Charles Lummis había animado a sus bibliotecarios a que acometieran a los usuarios. Perry le dijo a su equipo que se comportasen de un modo elegante: «Respeten todas las peticiones. No se olviden de sonreír. Eviten cualquier clase de esnobismo». Creó nuevos avisos para la gente que había olvidado pagar sus multas por retrasos. Dichos avisos evidenciaban su tono gentil: «Querido [espacio]: En su credencial se ha cargado una multa de [espacio], lo cual tal vez se le haya pasado por alto. ¿Sería usted tan amable de llamar [...] en los próximos días para aclarar el asunto? Siempre a su disposición, Biblioteca Pública de Los Ángeles». Las multas eran compasivas, iban desde un centavo por una página manchada hasta cinco centavos por pasarse de la fecha de devolución. Pero si manchabas de tinta un libro o, peor aún, con restos de comida —«libro manchado de comida» era uno de los puntos en la lista de violaciones de Perry—, tenías que reemplazarlo. Si sufrías difteria o sarampión o alguna clase de plaga cuando estabas en posesión de un libro de la biblioteca, estabas obligado a notificarlo, y el libro tenía que ser fumigado antes de volver a ponerlo en circulación, pero la biblioteca se hacía cargo del gasto.

Tres años después de la gloriosa inauguración de la biblioteca se produjo el crac de la bolsa y comenzó la Gran Depresión. Los

problemas llegaron a la ciudad en un momento de orgullo y crecimiento de Los Ángeles: la ciudad crecía de manera incontrolable,
se construían carreteras, se vendían terrenos, se levantaban rascacielos. Los pilares económicos —el cine, el petróleo y los aviones—
eran sólidas industrias jóvenes que le ofrecían a la ciudad el lustre
de la novedad, la juventud y la impresión de ser inmunes a los
vaivenes de la economía. Pero la enfermedad se extendió y llegó a
Los Ángeles, obligando a cerrar negocios, fábricas y bancos. Decenas de millares de migrantes llegaron a la ciudad procedentes del
Medio Oeste, donde sus granjas se habían convertido en polvo
después de años de sequías y trabajo duro. Antes de dirigirse a
California, vieron cómo las plantaciones de Oklahoma y Kansas
eran llevadas por los negros nubarrones que oscurecían los cielos
desde allí hasta Nueva York.

Durante la Depresión, las bibliotecas fueron un consuelo.
Eran lugares cálidos, secos, útiles y gratuitos. Proporcionaban espacio para que la gente estuviese junta en un tiempo de desolación.
Podías sentirte próspero en la biblioteca. Allí había muchas cosas,
podías notar la abundancia, en un momento en el que todo era
escasez y devastación, y podías llevarte todas esas cosas a casa, gratis. O bien podías sentarte a una mesa a leer y consumirlo allí. Podías ir a la biblioteca y que sucediese algo destacable, como, por
ejemplo, el día de 1938 en el que el poeta Carl Sandburg se hizo
presente en la hora de los cuentos infantiles y tocó la guitarra y
habló de Paul Bunyan. Aunque no hay que olvidar que se trataba
de una época de tristeza y desesperación, a pesar de todo lo que
pudiese ofrecer la biblioteca. En la noche de Año Nuevo de 1932,
un hombre llamado Charles Munger se tiró al pozo del jardín de la
biblioteca con la intención de suicidarse.

Después del hundimiento de la bolsa, los préstamos de libros
aumentaron un sesenta por ciento y el número de usuarios casi se
duplicó. Según *Los Angeles Times*, muchos de esos usuarios habían
sido «expulsados de albergues para indigentes». Al mismo tiempo,
al bajar la recaudación de impuestos, el presupuesto de la bibliote-

ca se redujo a una cuarta parte. Perry estaba decidido a hacer que la biblioteca fuese igual de efectiva a como lo había sido cuando disponían de más dinero y tenían menos usuarios. Instruyó a su equipo para que seleccionase libros que pareciesen superfluos, incluidos «libros sobre espiritismo. Libros sobre juegos de cartas. Humor barato. Poesía refinada. [Libros sobre] astrología, numerología, quiromancia, clarividencia». Publicó listas con lecturas recomendadas, que revelaban las ansiedades y preocupaciones del momento. En 1928, una lista de lectura titulada «Lo judío en la literatura de la última década» incluía libros como *You Gentiles*; *I am a Woman and a Jew* y *Twenty Years on Broadway*. En 1931, en una lista titulada «El dilema del desempleo», entre los libros recomendados por Perry se encontraban: *Layoff and Its Prevention, What's Wrong with Unemployment Insurance?* o *Responsible Drinking*. La lista de 1932 incluía *Is Capitalism Doomed?*, así como un exhaustivo inventario de libros sobre la guerra. La gente quería muchas cosas de la biblioteca. Quería que les resolviera sus problemas. Querían que la biblioteca los recompusiese y les enseñase cómo arreglar sus vidas.

• • •

En un peculiar caso de contraprogramación, cuando muchos estadounidenses no tenían trabajo, CBS Radio lanzó un programa llamado «Estadounidenses trabajando», una serie de representaciones radiofónicas sobre diferentes profesiones. Emitieron episodios sobre jugueteros, dinamiteros, granjas de pavos y cosechadores de piñas. Uno de los episodios fue sobre bibliotecarias. Al inicio de la representación, una joven llamada Helen les decía a sus padres y a su tío que había pensado en ser bibliotecaria.

> MADRE: Helen, me parece ridículo que quieras ser bibliotecaria. ¿Por qué? Es un trabajo para señoras mayores que solo pretenden traer algo de dinero a casa.

HELEN: Ese es el problema. Eso es lo que TÚ crees que es y no sabes nada al respecto. Adoro los libros y quiero ayudar a que otras personas también los adoren.

PADRE *(A MADRE)*: Eso es lo que pasa cuando dejas que los niños anden siempre leyendo libros. A las chicas no tendría que preocuparles lo que se aprende en los libros.

HELEN: Oh, papá, ¡cómo es posible que digas cosas tan pasadas de moda! Quiero ser bibliotecaria, me hace mucha ilusión. ¿TÚ qué opinas, tío Ned?

NED *(con amabilidad)*: Lo que yo creo es que, si quiere ser bibliotecaria, dejemos que lo sea. Ya saben que los tiempos cambian. Desde mi punto de vista, una bibliotecaria hoy en día es una auténtica chica inteligente y moderna.

Los hombres habían estado al frente de la Biblioteca Pública de Los Ángeles desde 1905, cuando Charles Lummis sucedió a Mary Jones tras la Gran Guerra de la Biblioteca. En aquel momento, prácticamente el ochenta por ciento de todos los bibliotecarios de Estados Unidos eran hombres. En cuestión de unos pocos años, gracias en parte a los esfuerzos de Andrew Carnegie, el equilibrio de géneros en la profesión sufrió un bandazo y el número de bibliotecarios hombres descendió hasta el veinte por ciento. La mayoría de las mujeres eran contratadas como miembros del equipo y para atender al público, no subían hasta los puestos de gestión. La ayudante de dirección de Everett Perry, sin embargo, era una mujer llamada Althea Warren. Era una excepción entre las mujeres bibliotecarias, pues había ejercido un cargo administrativo previo como directora del sistema bibliotecario de San Diego. Warren provenía de una familia intelectual y adinerada de Chicago. Su abuelo había sido juez federal. Empezó su carrera como bibliotecaria en su ciudad natal: escogió trabajar en una sucursal del barrio más pobre de la ciudad. Mientras dirigía el sistema de bibliotecas de San Diego, también tuvo que ocuparse de su madre, que sufría una grave depresión. En 1925, cuando la enfermedad de su madre se hizo extrema, Warren decidió dejar su puesto en la biblioteca de San Diego. Compró un dúplex cerca de Pasadena, instaló a su madre y a su asistente en un piso y ella se instaló en el otro. Pero tenía tan buen nombre a nivel profesional que, cuando Everett Perry oyó decir que estaba viviendo cerca de Los Ángeles, insistió hasta convencerla para que se convirtiese en su ayudante.

Warren era una mujer corpulenta, con un mentón fuerte y llamativo, y cabello ondulado que ella llevaba recogido en un chongo enmarañado. Tenía un agradable sentido del humor; a la gente le gustaba estar cerca de ella. A menudo se refería a sí misma como una vieja solterona, pero, de hecho, poco después de iniciar su trabajo en la Biblioteca Pública de Los Ángeles se enamoró de la directora del Departamento Infantil, una mujer llamada Gladys English. En 1931, Warren y English se fueron a vivir juntas y así siguieron, inseparables, hasta la muerte de English en 1956.

• • •

Everett Perry empezó a trabajar en una época en la que la Biblioteca Pública de Los Ángeles estaba a punto de abandonar los pequeños espacios alquilados; cuando todavía Los Ángeles era una versión antigua de sí misma como ciudad, un puesto fronterizo en el polvo del sudoeste. Los Ángeles no era un lugar que uno asociase a los libros: era un puñado de pioneros imaginando cómo prosperar en aquel marasmo de valles y cerros. Tanto la ciudad como la biblioteca cambiaron radicalmente a lo largo de aquellos años. Perry fue una especie de bisagra entre la biblioteca del pasado y la del futuro. Él contrató a Bertram Goodhue, así que fue el responsable del aspecto que hoy en día tiene la biblioteca. Tras la gran emoción que supuso llevar la biblioteca hasta su primera sede permanente, Perry se vio obligado a afrontar los primeros embates de la Depresión. Era una persona sobria y tranquila, incluso en aquellos turbulentos años, pero no era un líder carismático. Algunos de sus predecesores le hacían sombra; Charles Lummis, por ejemplo, había tenido una presencia electrizante que atraía y repelía a partes iguales. Everett Perry era simplemente aquello que la junta de la biblioteca había apreciado en él cuando lo entrevistaron por primera vez. Era «todo un profesional», «no hablaba mucho», un hombre cincelado en granito. Pero adoraba la biblioteca, y tanto los trabajadores como los usuarios lo adoraban a él. En agosto de 1933 sufrió un ataque cardiaco. En un primer momento dio la impresión de que se recuperaría, pero tres meses después murió. Los miembros del equipo quedaron desolados. A Perry le habría gustado saber que la principal candidata para ocupar su puesto era Althea Warren.

Puede decirse que Warren fue la más ávida lectora de entre todas las que habían dirigido alguna vez una biblioteca. Estaba convencida de que la primera responsabilidad de una bibliotecaria era leer con voracidad. Es posible que defendiese la lectura sistemática como un modo de asegurarse de que los bibliotecarios conociesen los libros, pero es cierto que para Warren las líneas maestras de su gestión se centraban en la emoción y la filosofía: quería que los bibliotecarios adorasen el mero hecho de leer porque de ese modo, como posible efecto colateral, podrían inspirar a sus usuarios a leer con un apetito similar. Tal como dijo en un discurso a la asociación de bibliotecarios en 1935, estos «deberían leer como beben los alcohólicos o como cantan los pájaros o como duermen los gatos o como los perros responden cuando alguien los invita a ir a dar un paseo: no sirviéndose de la consciencia o de una formación, sino porque es lo que más les gusta en el mundo». A lo largo de su vida, Warren publicó pequeños panfletos —*El estilo de Althea para fomentar la lectura*— con el fin de animar a la gente a que encontrase tiempo para los libros. Estaba a favor de las pequeñas mentiras si estas aportaban un tiempo extra para poder leer. «La noche en que te hayas comprometido a ir a cenar con la mejor amiga de tu tío político, llámala y dile que estás muy resfriada y que temes contagiarla —escribió en una de aquellas hojas con consejos—. Quédate en casa y devora *Lucy Gayheart* de un jalón como si fueses una boa constrictor». Era una evangelizadora de la lectura. Constantemente andaba buscando nuevos modos de que los libros llegasen a manos de la gente. Pensó, por ejemplo, que era muy restrictivo que los niños tuviesen que llegar a tercero de primaria para poder ser socios de la biblioteca, así que permitió que se inscribiese como miembro todo aquel que pudiese firmar con su nombre.

Warren heredó un presupuesto más bien triste y un público que esperaba algo más de la biblioteca. Los Ángeles en 1933 era solo la quinta ciudad más grande de Estados Unidos, pero la biblioteca prestaba más libros que cualquier otra del país. Para economizar, Warren tomó medidas dolorosas. Acortó las horas de apertura de la biblioteca, no reemplazó a los miembros del personal que dejaban su puesto, cerró algunos de los pequeños quioscos de libros en hospitales y zonas comerciales y limitó la adquisición de libros nuevos. También se vio forzada a cerrar la escuela de la biblioteca que Tessa Kelso había establecido.

De izquierda a derecha: las bibliotecarias de Los Ángeles Mary Jones, Mary Foy, Harriet Wadleigh y Althea Warren

Pero amplió los servicios todo lo que pudo cuando estuvo en disposición de permitírselo. Estableció una línea de teléfono para que los padres pudiesen preguntar si una película en concreto era apropiada para niños. (El equipo inventó su propio sistema de clasificación, que incluía categorías como «esta película no es adecuada para niños nerviosos».) Amplió el mostrador principal de información. También creó un servicio de consultas telefónico. Dicho servicio se hizo muy popular, y lo utilizaban de un modo que nadie en la biblioteca podría haber supuesto. Llamaba tanta gente para que les ayudasen a resolver crucigramas que Warren acabó prohibiendo a las bibliotecarias que respondiesen esa clase de preguntas, porque apenas tenían tiempo para responder a preguntas que no estuviesen relacionadas con crucigramas. En 1937, como parte de un estudio del Departamento de Consultas, la biblioteca llevó a cabo una lista de lo que preguntaban quienes llamaban por teléfono:

Qué aspecto tenía Romeo.
Cantidad de leche producida en Estados Unidos en 1929.
Escritos de negros esclavos con valor literario.
Estadísticas sobre esterilización de seres humanos.
Número de aparatos de radio en Los Ángeles.
Trabajos realizados en instituciones para débiles mentales.
Número de familias judías en Glendale.
Costumbres de los entierros en Hawái.
Esperanza de vida de los seres humanos.
Si es posible percibir la inmortalidad en el iris de los ojos.

Una tarde de sábado muy calurosa de abril del año 1940, mientras estaba sentada sola en su despacho, Althea Warren escribió una carta dirigida «a la bibliotecaria de la ciudad de Los Ángeles el 7 diciembre de 1972», que ella deseaba que abriese la futura bibliotecaria de Los Ángeles en el centenario de la institución. Pensó que sería interesante dejar ese mensaje, a modo de cápsula del tiempo, para su sucesora. «Tal vez te divierta saber cuáles eran mis preocupaciones y mis esperanzas aquí en tu despacho hace treinta y dos años —empezaba—. Los problemas de hace treinta y dos años sin duda tienen que resultarte divertido». Warren comentaba que, si por casualidad seguía viva cuando se abriese la carta, tendría ochenta y cinco años, lo que en esa época le sonaba poco menos que ser inmortal. Escribió sobre lo difícil que había sido para ella heredar la biblioteca de manos del venerable Everett Perry, que se sentía como un «pequeño y agitado álamo» en comparación con el «sólido y primaveral roble» que había sido Perry. Escribió sobre el contraste entre los años veinte, cuando el presupuesto de la biblioteca era muy generoso, y el frío mazazo que supuso el desplome de la bolsa, cuando se vio obligada a recortar los salarios de los trabajadores de la biblioteca hasta en tres ocasiones y apenas pudo solicitar libros nuevos. La carta es, a ratos, alegre o dolorosa, plenamente consciente de que, debido a las limitaciones de su presupuesto, se había visto obligada a decepcionar tanto a su equipo como a los usuarios. La gente obtenía de la biblioteca menos de lo que necesitaba y su equipo se sentía más agraviado de lo que a ella le habría gustado. Se lamentaba por tener que dedicar gran parte de su tiempo a cuestiones menores —decidir si comprar un nuevo termostato para la caldera del ala San Pedro, sacar dinero del presupuesto para comprar toallitas de papel para los baños—, cuando lo que ella deseaba era crear una utopía de bibliotecas por toda la ciudad, regentadas por bibliotecarios satisfechos y orgullosos de su trabajo.

La carta también destila optimismo. Estaba claro que Warren creía que la biblioteca perduraría. Acabó firmando: «¡Mi corazón está con tu trabajo y contigo!». La carta permaneció en el despacho de la bibliotecaria de la ciudad hasta la fecha designada, cuando la abrió y la leyó Wyman Jones.

• • •

En 1941, Estados Unidos entró en la Segunda Guerra Mundial y la biblioteca se adaptó a ello. El candelabro de una tonelada que presidía la sala circular se bajó al suelo, por si las explosiones afectaban al edificio, y allí permaneció hasta 1944. Para cumplir con los esfuerzos de oscurecer los edificios de la ciudad durante la noche, Warren anunció que la biblioteca cerraría sus puertas con la puesta de sol. Pero como muchas personas relacionadas con el ejército pidieron poder utilizar la biblioteca de noche, Warren alteró los horarios originales e incluso los amplió por la noche. Para cumplir con el apagón municipal, cubrió las ventanas del edificio con gruesas cortinas negras. En todas las bibliotecas de la ciudad se ofrecían cursos de primeros auxilios y se vendían bonos de guerra. Distribuían folletos con información gubernamental en el nuevo mostrador de información de Defensa. La colección de material científico internacional de la Biblioteca Central, incluida la información sobre patentes de Alemania e Italia, era especialmente amplia; una de las pocas colecciones de ese tipo en la Costa Oeste. El ejército y la armada la consultaban con regularidad con la intención de entender de qué cosas disponía el Eje en su arsenal.

Cuando las tropas estadounidenses estaban ya lejos de casa, las bibliotecarias encargadas de las consultas tuvieron que atender a otra clase de llamadas. A los soldados no se les permitía decir exactamente dónde se encontraban, así que a menudo dejaban pistas en las cartas que enviaban a sus familias con la esperanza de que estas entendiesen cuál era su ubicación. Las familias, a su vez, llamaban a la biblioteca buscando ayuda para descifrar las pistas. Como comentó una de las bibliotecarias: «Nos preguntaban cosas del tipo: "¿En qué parte del mundo los hombres llevan el pelo peinado hacia arriba?" o "¿En qué lugar llevan anillos en la nariz?" o "¿En qué país las mujeres visten faldas largas y delantales blancos?"».

A finales de ese mismo año, Warren se tomó un permiso de cuatro meses para dirigir la campaña «Libros por la Victoria», un programa nacional para recoger libros destinados a las bibliotecas del ejército, los hospitales militares y los campamentos de entrenamiento. Seleccionó a los directores encargados de cada estado y coordinó los anuncios en prensa y en radio para animar a la gente a donar libros en los puntos de recolección. Reclutó a los Boy Scouts y a las Girl Scouts para que fuesen puerta por puerta pidiendo libros. En marzo de 1942, la campaña «Libros por la Victoria» había reunido más de seis millones de libros y empezó a distribuirlos por los destacamentos de todo el país y también en el extranjero; justo en la misma época en que ardían las bibliotecas de Europa. Ese año, el presidente Roosevelt transmitió una idea básica en la convención de la Asociación Estadounidense de Bibliotecas. «No es posible matar los libros con fuego —declaró—. La gente muere, pero los libros nunca mueren».

• • •

Cuando acabó la guerra, empezó a existir la moderna ciudad de Los Ángeles. Los campos de alubias y de naranjos fueron sepultados y replantados con *bungalows* de tres dormitorios. Los soldados regresaron en oleadas, seguidos por oleadas de familias que querían estar cerca del *boom* de las fábricas de la industria aeronáutica y de las centrales eléctricas y de los pozos de petróleo. Fue en ese momento cuando la familia de Harry Peak levantó el campamento en Misori y se dirigió al oeste, dejando atrás su granja en busca de la nueva oportunidad que California parecía prometer. Los Ángeles creció a toda velocidad en todos los sentidos. Si te ausentabas de la ciudad durante unos pocos días, era posible que no reconocieses tu vecindario al regresar; así de rápido cambiaban las cosas. La biblioteca difícilmente podía mantenerse al margen de eso. Nuevas comunidades vecinales pedían su propia sucursal de la biblioteca en zonas en las que hasta hacía muy poco no habían existido más que tomateras, pero no había dinero para construirlas.

Warren había liderado la biblioteca durante la Depresión, la guerra y los primeros y tumultuosos años posteriores al conflicto bélico, y en 1947 decidió que al fin quería tomarse el respiro que tenía planeado desde antes de que Everett Perry la contratase. Le organizaron una fiesta conmemorativa antes de marcharse. Recibió centenares de cartas de usuarios agradecidos, incluida una de Aldous Huxley, que pasaba por la biblioteca asiduamente, en la que escribió: «Voy a aprovechar esta oportunidad para decirle cuánto me ha gustado el trato que he recibido en la biblioteca y lo buena que es la selección de libros que tienen ahí».

El sucesor de Warren fue Harold Hamill, un joven de grandes orejas y tupida cabellera rubia que se daba un ligero aire al James Arness de *La ley del revólver*. Hamill, que anteriormente había dirigido la red de bibliotecas de Kansas City, era moderno. Era el momento perfecto para que alguien de pensamiento progresista dirigiese la institución, habida cuenta de que la tecnología estaba empezando a hacer acto de presencia y que en las bibliotecas no dejaban de plantearse sus posibilidades de uso. Hamill acogió con los brazos abiertos las innovaciones. Introdujo un sistema de control de libros llamado «préstamo fotográfico» que se servía de cinco cámaras para fotografiar el libro que había sido prestado. También creó el Departamento Audiovisual, el primero del sistema de Los Ángeles, y empezó a añadir microfilmes y microfichas a la colección de la biblioteca.

• • •

En octubre de 1957, el primer satélite ruso Sputnik orbitó alrededor de la Tierra. En noviembre fue enviado al espacio el segundo Sputnik, con la perra Laika en su interior. Aquel mismo año, un astrónomo alemán publicó un catálogo definitivo de planetas y estrellas. Cuatro de los cinco premios Nobel de Física y Química de ese año no eran de Estados Unidos. A los estadounidenses les aterrorizaba pensar que el país estaba perdiendo terreno en matemáticas y ciencias, así que la nación completa renovó el compromiso con la educación, particularmente en dichos campos. Puede que no fuera una coincidencia que al año siguiente la biblioteca de Los Ángeles prestase más libros que en décadas anteriores, ni que los votantes de la ciudad aprobaran una partida de seis millones de dólares para construir veintiocho nuevas bibliotecas asociadas a la Central.

¿Quién podría haber subestimado el valor de las bibliotecas en 1957? Un informe de la época hablaba de «un aumento del uso por parte de artistas profesionales y diseñadores [...]. DEPARTAMENTO DE LENGUAS EXTRANJERAS: El programa de personas desplazadas trajo un elevado número de letones, lituanos, judíos, alemanes y rusos». El modo en que había evolucionado la ciudad resultaba especialmente evidente en la cantidad de visitantes del Departamento de Ciencias. Ya nadie pedía libros sobre cítricos o plantaciones de aguacate. Durante los años treinta tuvieron mucha demanda, pero en esa época los libros sobre búsqueda de oro languidecían en los estantes. En lugar de eso, los usuarios querían guías sobre la búsqueda de uranio, cómo construir computadoras, cómo inventar y patentar nuevos productos. Ese año la lista de lecturas recomendadas incluía títulos sobre energía atómica. Según el informe del departamento, «el "hombre de la calle", así como el especialista, muestra interés por las ciencias hoy en día». Hacia 1960, sin embargo, la popularidad de los libros de ciencia se igualó con el interés que despertaban los libros que ofreciesen lo que los bibliotecarios denominaban «el culto al consuelo»: libros sobre psicología positiva, ocultismo, brujería, dianética y Nostradamus.

El departamento autónomo de libros infantiles había formado parte de la Biblioteca Central desde la construcción del edificio Goodhue. Hasta 1968, sin embargo, no hubo un departamento para adolescentes. La idea de que los años que van entre los doce y los diecinueve conformasen una fase diferenciada en la vida apenas se tuvo en consideración hasta los años sesenta. En 1968, la biblioteca descubrió la existencia de los adolescentes. El nuevo Departamento de Adolescentes disponía de libros y también organi-

zaba actos —cantantes folk, clases de judo, conciertos de rock—
con la esperanza de atraer a jóvenes a la biblioteca y hacer que la
sintiesen más como un centro comunitario que como un mero
almacén de libros. Después de un tiempo, los cantantes folk dieron
paso a aspectos menos inocentes de la vida adolescente, y el departamento empezó a ofrecer programas sobre sexualidad, suicidio,
drogadicción, pandillas y huidas de casa.

19.

The Complete Idiot's Guide to Parenting a Teenager (1996)
Kelly, Kate
370.16 K29

Su hijo adolescente: Cómo comprenderlo y relacionarse
con él (1989)
Davitz, Lois Jean
S 372.1 D265

Il Pianeta Degli Adolescenti: I Giovani D'oggi
Spiegati Agli Adulti (1998)
Burbatti, Guido L.
I 370.16 B946

Dear Distant Dad [videorecording] (1992)
VID 301.57 D2855

La película *Pleasantville* trata de dos hermanos que se ven atrapados en una serie de televisión de los años cincuenta sobre un pueblo residencial que parece perfecto pero que, en realidad, es sexista y racista y de un conformismo opresivo. La película, realizada en 1998, fue escrita, dirigida y coproducida por Gary Ross, que había sido presidente de la Junta de Comisionados de la Biblioteca de Los Ángeles desde 1993 hasta 1996. Cuando se estrenó *Pleasantville*, Ross usó los beneficios del estreno para ayudar a ampliar el Departamento de Adolescentes. Una esquina del segundo piso, anteriormente dedicada al Departamento de Música, fue diseñada como un mostrador circular común y decorada con llamativos gráficos, pufs y un montón de recovecos y rendijas. No la cambiarías por ninguna otra sección de la biblioteca. Teen'Scape fue inaugurada en marzo de 2000 con una fiesta a la que acudió el actor Anthony Stewart Head, que interpretaba al bibliotecario en *Buffy, la cazavampiros*.

Cuando visité Teen'Scape recientemente, la bibliotecaria a cargo era una joven delgada y tranquila llamada Mary McCoy, que llevaba lentes de ojo de gato y un peinado ligeramente desordenado. Antes de convertirse en bibliotecaria, McCoy había tocado en bandas punk. El punk rock perdió a una buena bibliotecaria. McCoy dirigía el Departamento de Adolescentes porque sentía afinidad por los jóvenes, aunque ella no era permisiva. «No dejo pasar ni una —me dijo—. Por ejemplo, vi a unos chicos aquí esta mañana, y sé que era horario de clase, así que les pregunté amablemente por qué no estaban en el colegio». Por lo visto, la escuela se hallaba en mitad de un simulacro de cierre, así que estaban pasando el rato en la biblioteca. Si hubiesen estado volándose clases, McCoy los habría mandado de vuelta a la escuela con palabras menos amables.

Decir que son bibliotecarias para adolescentes no es un calificativo adecuado. Las bibliotecarias del departamento se ven a sí mismas como un híbrido de consejeras no oficiales, guías y profesoras de refuerzo. Actúan *in loco parentis* para muchos niños que tienen poca presencia de sus padres en casa. «Son mis niños», me dijo una de las bibliotecarias de Teen'Scape. Mantener a los padres al otro lado de los muros de la biblioteca es un gesto de poder. «Es una línea muy fina —explicó McCoy—. Tienes que evitar hacerlo. Pero a veces actúas según tu conciencia. Teníamos a una niña que no tenía documentación y realmente necesitaba ayuda. Todas las bibliotecarias del departamento se involucraron y le compraron un pase de autobús y algunas cosas más para echarle una mano».

Justo en ese momento, una chica de ojos pintados con la mirada perdida en el techo se aproximó al mostrador con una bolsa de Cheetos en la mano. «¿Se puede comer aquí si no se tocan los libros?», preguntó con mirada ansiosa. McCoy le dijo que comer no estaba permitido. La chica suspiró y después regresó hacia las estanterías de los cómics manga haciendo sonar su bolsa de Cheetos. Algunos chicos sacan veinte o treinta cómics manga a la vez. Las estanterías de manga ocupan toda una pared y acaban en el pizarrón de anuncios del que cuelga un póster ilustrado en el que puede leerse: «¿Estás buscando tu primer trabajo? Qué vestir: algo sencillo e informal, vestuario de sala de conferencias. Cómo hacer el nudo de corbata sencillo».

El departamento acostumbra estar lleno de adolescentes que van para utilizar las computadoras. Ahora muchos de ellos disponen de su propia computadora en casa o pueden utilizar sus *smartphones* para usar Internet. Aun así, siguen acudiendo a Teen'Scape, aunque lo hacen para utilizar las impresoras gratuitas o simplemente para estar lejos de sus padres. El departamento dispone de treinta mil libros, marcadores para juegos de mesa, la versión más actual del *Guitar Hero* y otras cosas de adolescentes. Como resultado de las últimas ofertas, hay un buen puñado de chicos y chicas rondando de un lado para otro. Las dos frases que McCoy dice con más frecuencia son: «Oye, cuida tu lenguaje» y «Oye, no se sienten tan juntitos en los pufs». Últimamente, eso de «sentarse juntitos» en los pufs ha ocurrido con más frecuencia de lo que a McCoy le gusta, y sabe que muchas de las personas a las que tocan no les gusta que lo hagan, así que se las ha ingeniado para presentar un taller para chicos en el que aprendan a identificar las relaciones sanas. Estaba previsto para la tarde en la que yo visité la biblioteca y tenía que organizarlo una agencia de servicios sociales llamada Paz en Lugar de Violencia.

Otra de las bibliotecarias de Teen'Scape, llamada Teresa Webster, acababa de llegar para iniciar su turno. Estuvo hablando con McCoy, que le recordó lo del taller. Webster asintió y dijo: «Ya sabes, tendríamos que encontrar a alguien que viniese a darles a los chicos una charla sobre política. Uno de ellos me preguntó qué era un republicano». Webster y McCoy sacuden la cabeza alucinadas y después se echan a reír.

Los tres voluntarios de Paz en Lugar de Violencia entraron llevando consigo un caballete, carteles y un montón de folletos. McCoy iba de un lado para otro recordando a los chicos que el taller no tardaría en empezar. Iban a impartirlo en la sección de la sala en la que suele estar la televisión. Un muchacho delgado con aretes en las orejas acababa de sacar el control remoto de una caja y se desanimó cuando McCoy le dijo que iba a tener que esperar hasta que acabase el taller para usar la televisión. Se quedó paralizado, como si no fuese capaz de asimilar la información. «Quieres decir...», dijo después de unos segundos. «No puedo...» McCoy asintió con gran amabilidad y el chico finalmente dejó el control remoto y se alejó. Algunas chicas estaban sentadas en los pufs que estaban cerca. Una estaba haciendo arrumacos con su novio y siguió haciendo ruidito y dándole golpes juguetones en el brazo. En el rincón más alejado, casi fuera de la sala, una persona solitaria estaba sentada descuidadamente con la cabeza gacha; como tenía la capucha puesta, su rostro estaba ensombrecido, lo cual imposibilitaba saber si era un chico o una chica. Los voluntarios se dieron una vuelta saludando a quienes estaban allí, incluida la persona de la capucha que estaba en la mesa más alejada, y les pasaron un cuaderno de ejercicios titulado *Poder adolescente y la Rueda de Control*. Mary McCoy merodeaba.

Uno de los voluntarios se colocó frente al grupo, se presentó y empezó preguntando si alguno de los presentes podía pensar en un ejemplo de relación insana. La chica que estaba abrazada a su novio dejó lo que estaba haciendo y dijo:

—¡Rihanna y Chris Brown!

—No tienen por qué ser *famosos* —comentó la chica sentada en el puf de al lado; parecía molesta.

—¡Me encanta Rihanna! —exclamó otra persona.

—De acuerdo, está bien, es un buen ejemplo —dijo el voluntario—. ¿Alguien más?

Una chica bajita que estaba al fondo de la sala dijo:

—¿Te refieres a... cuando alguien pierde la cabeza y te pega?

Un murmullo resonó por la sala. Tras unos cuantos minutos de conversación y de repasar el contenido del folleto, el grupo leyó un deprimente poema titulado «David me trae flores», que relata las excusas que las chicas suelen esgrimir respecto a los chicos agresivos. El ánimo en la sala se aplacó: los chicos y las chicas se sentaron con la espalda recta y dejaron de cuchichear y de hacerse arrumacos o de decir cosas ocurrentes.

Me alejé sigilosamente mientras el taller proseguía y me detuve una vez más en el mostrador antes de irme. El bibliotecario me dijo que se llamaba Russell Garrigan y que trabajaba en Teen'Scape desde hacía diecisiete años. Le pregunté si le gustaba el trabajo y me respondió: «Bueno, mi héroe es Albert Schweitzer. Él dijo: "Todas las cosas verdaderas suceden cara a cara". Pienso mucho en ello cuando estoy aquí».

• • •

Cuando ya estoy lista para irme de la biblioteca, decido hacer una parada más en el Departamento Infantil, una sala de ensueño con maderas oscuras, murales sin inscripciones y estanterías del tamaño de setos. Pasé por detrás de una maestra que estaba impartiendo clase a un grupo de quinto y repetía: «Por favor, hablen con voz de biblioteca» en el tono monocorde propio de los mantras. El cuentacuentos estaba a la izquierda del gran mostrador de información de madera; una bibliotecaria estaba con un grupo formado por una veintena de niños y una decena de adultos haciéndoles cantar la *Canción del abecedario*. Había un torbellino incesante de movimiento circular. Una niña con una camiseta en la que se leía «Keep Calm and Rock On», muy mona, abrazaba a un niño diminuto con una camiseta de Batman. Una niña con un tutú intentaba pararse de cabeza. Un niño con el cabello estilo *mohawk* fue tambaleándose hasta donde estaba esa niña. Cuando la *Canción del abecedario* llegó a la Z, la bibliotecaria la enlazó con *Cabeza, hombros, rodillas y dedos de los pies*. Los niños llevaron a cabo su propia interpretación de la canción: «Dedos de los pies, suelo, orejas, nariz», por ejemplo, o «Manos, manos, manos, manos». La directora del Departamento Infantil, Madeline Bryant, me dijo que en sus inicios el cuentacuentos de preescolar solía reunir a tres o cuatro niños como mucho, pero que a lo largo de los años las familias jóvenes habían vuelto a establecerse en el centro de Los Ángeles, y que ahora la audiencia para los cuentacuentos solía ser de unas treinta personas. A modo de experimento, recientemente había ofrecido un cuentacuentos para bebés, y la experiencia había tenido tanto éxito que solían sufrir embotellamientos de carriolas.

Diane Olivo-Posner, que tiene el cargo de directora asociada del Departamento de Exploración y Creatividad, estaba tras el mostrador cuando yo aparecí. Tenía los ojos húmedos, por lo visto había estado leyendo lo que parecía ser una carta.

—En el departamento... —me dijo con voz entrecortada—, en el departamento hemos recibido ¡una carta de Mo Willems! ¡Mo Willems! ¡Increíble! *¡No dejes que la paloma conduzca el autobús!* es uno de mis libros favoritos. Oh, creo que voy a llorar.

Una niña pequeña de unos cuatro años se acercó al mostrador y le entregó a Olivo-Posner una hoja de papel cubierta con garabatos.

—Esto es para la señorita Linda —dijo, sacudiendo el papel.

Olivo-Posner la tomó y le comentó que el dibujo era muy bonito. La niña arrastró los pies por la alfombra por un momento y dijo:

—¿Se lo darás a la señorita Linda? ¿Conoces a la señorita Linda? ¿Dónde está la señorita Linda? ¿Puedo utilizar los lápices? ¿Sabes qué son los dinosaurios? ¿Me puedes decir el abecedario? ¿Aquí cuentan historias de miedo? ¿No de fantasmas, solo de miedo?

20.

Helter Skelter: The True Story of the Manson
Murders (1974)
Bugliosi, Vincent
364.9794 M289Bu

Criteria for a Recommended Standard, Occupational
Exposure to Hot Environments: Revised Criteria (1986)
613.6 C9345

Riots, U.S.A., 1765-1965 (1966)
Heaps, Willard A.
320.158 H434

Word and Image: History of the Hungarian Cinema (1968)
Nemeskürty, István
791.939 N433

En 1966 prohibieron el uso de las cafeteras que las bibliotecarias tenían en sus cuartos de trabajo en la Biblioteca Central. El voltaje que necesitaban dichas cafeteras —más que una batidora y menos que una tostadora— simplemente era demasiado para el débil cableado eléctrico de la biblioteca. Fue una de las muchas medidas que se tomaron en los sesenta para proteger el frágil sistema eléctrico del edificio. En las torres de libros se reemplazaron los focos de setenta y cinco watts por unas de cuarenta, del modelo que suele utilizarse en hornos y refrigeradores. Esos pequeños focos ofrecían una media luz crepuscular que prácticamente imposibilitaba la función de quienes trabajaban allí a la hora de encontrar libros en los estantes. Las linternas y los gorros de mineros estaban muy solicitados.

A mediados de los años sesenta, la Biblioteca Central era un establecimiento de mediana edad, pero tenía molestias y dolores propios de un edificio antiguo. Al concejal Gilbert Lindsay, en cuyo distrito se encontraba la Biblioteca Central, le gustaba referirse a esta como «esa basura». La revista *California* dijo que esa «obra arquitectónica de oropel» tenía «graves problemas funcionales». El fantástico edificio de 1926 estaba envejecido y maltrecho. Algunos de los suntuosos paneles de caoba habían sido repintados; las fantasiosas lámparas de lectura de bronce, con su cálida luz, habían sido sustituidas por estructuras fijas con tubos fluorescentes. Según *The Light of Learning: An Illustrated History of the Los Angeles Public Library*, publicado por la Fundación de la Biblioteca en 1993, había archiveros y mostradores por todas partes, a menudo apoyados en las estupendas esculturas y grabados de Lee Lawrie. Nadie parecía cuidar del edificio. Las decisiones se tomaban arbitrariamente. Uno de los gerentes ordenó que los murales de *Ivanhoe* de Julian Ellsworth Garney se cubriesen de pintura porque le parecían deprimentes. (Alguien intervino a tiempo para salvarlos.) Había muchos más libros que estanterías donde colocarlos, y los sobrantes se acumulaban en las escaleras y los rincones. Pintaron encima de un hermoso fresco llamado *Bison Hunt*, que era un proyecto de los años treinta de la WPA, porque había quedado dañado debido a la lluvia. Algunos de los murales estaban tan sucios que parecían pinturas abstractas: las figuras humanas parecían piedras. (La capa de mugre era tan gruesa que, en última instancia, sirvió de protección durante el incendio, como una cobertura de teflón.) Solo cumplían su función dos de las entradas del edificio. Las puertas de bronce ornamentadas de la calle Hope fueron sustituidas por puertas industriales. El brillante estuco original del exterior del edificio había sido parchado para cubrir manchas de humedad o grafitis.

Más allá de las reparaciones cosméticas, la infraestructura del edificio tenía mala pinta y estaba debilitada. Las torres centrales no solo estaban ennegrecidas, tenían filtraciones y montones de libros se mojaban cuando llovía. Cuando hacía frío, la caldera funcionaba por encima de sus posibilidades y el ingeniero que se encargaba de ella tenía que verterle agua tres veces al día para evitar que explotase. Cuando hacía calor, las cosas eran incluso peores. La biblioteca tenía unos muros tan gruesos como los de la caja fuerte de un banco y muy pocas ventanas, y algunas de ellas estaban fijadas para disuadir a los ladrones de libros. No había aire acondicionado. La ventilación, teóricamente basada en las corrientes de aire, era poco más que un pensamiento amable. Cuando subían las temperaturas, se colocaban por todas partes antiguos ventiladores de pie para airear las salas; utilizaban casi todos los enchufes disponibles. Por otra parte, la biblioteca estaba a la mitad del proceso de escaneo de revistas y periódicos para convertirlos en microfilmes. Cuando los ventiladores estaban en marcha, no quedaban enchufes para los escáneres, así que todo el proyecto quedaba paralizado.

Poco importaba la potencia de los ventiladores, el calor que acumulaba el edificio no tenía alivio posible. La administración decidió que la biblioteca cerraría sus puertas cuando la temperatura superase los 35°; es decir, cuando en el interior del edificio se alcanzasen los 35°. Hasta los 34.5° se trabajaba como siempre. Con mucha frecuencia, los radiadores estaban en marcha a pesar de estar sumidos en una ola de calor. Parecían seguir sus propias normas, sin relación alguna con el termostato. Los usuarios sudaban. Los bibliotecarios la pasaban mal. Llevaban registros de la temperatura en cada uno de sus departamentos con el fin de documentar las pésimas condiciones laborales y presentar una queja formal. Por ejemplo, esto es lo que quedó reflejado en uno de los registros del Departamento de Historia durante un mes de junio especialmente duro:

3/6. Temperatura de 25.5° en el Departamento de Historia. Edificio muy sobrecalentado.

5/6. Temperatura de 27.2°. Los usuarios se quejan.

6/6. Temperatura de 28°. Humedad extrema e incomodidad, pero ¡¡¡la calefacción está funcionando!!!

10/6. Temperatura de 27.7°. Calor enervante.

11/6. Temperatura de 32.2°. Neblina como caldo de pollo ¡Calor APLASTANTE!

18/6. Temperatura de 32.7°. CONDICIONES RIDÍCULAS.

19/6. Temperatura de 31.6°. HORRIBLE.

20/6. Temperatura de 31.1°. INSOPORTABLE.

21/6. Temperatura de 40°. Es totalmente ridículo que se obligue a las personas a trabajar en semejantes condiciones [...], un calor terrible. ¡Esto es el INFIERNO! [...] Esto es indignante.

22/6. Robaron el termómetro.

Por desgracia, la biblioteca envejecía exactamente en el mismo momento en el que la ciudad aceptaba cualquier novedad; fuera lo que fuese, pero que fuese nuevo. Nuevos vecinos, nuevos edificios y nuevas carreteras crecían por todas partes, en tanto que lo antiguo quedaba en manos de la negligencia y el abandono. En los años de posguerra, el centro de la ciudad se despobló y se degradó. El centro de la ciudad ya no resultaba atractivo. Las tiendas de lujo se fueron de allí hacia centros comerciales en Beverly Hills y Orange County y Brentwood, dejando en el centro pequeñas tiendas de música y escaparates que estaban inquietantemente tranquilos a partir de las cinco de la tarde. Durante décadas, las leyes municipales impedían que los edificios superasen los trece pisos de altura debido a la preocupación por los terremotos. Mientras que en otras ciudades de Estados Unidos brotaban rascacielos y edificios distintivos, el centro de Los Ángeles seguía siendo plano, aferrado a la tierra. La ley en contra de los edificios altos se eliminó finalmente en 1957. En un principio no pasó nada, el centro siguió estancado en comparación con la mayoría de las ciudades de tamaño similar en Estados Unidos. Robert Maguire, el promotor inmobiliario, llegó a decir que Los Ángeles parecía destinada a ser una ciudad «de diez pisos de altura hasta más allá del infierno».

Los sesenta fueron una época de ansiedad en el sur de California. La población blanca se desplazaba a marchas forzadas hacia San Fernando y los valles del este, dejando que fuesen los afroamericanos quienes permaneciesen en los barrios depauperados cercanos al corazón de la ciudad. Si eras negro, tenías muy pocas opciones de vivir en un sitio diferente a esos guetos *de facto*. El mercado inmobiliario en Los Ángeles se basaba en el color de la piel, en un desvergonzado esfuerzo por mantener intactos los barrios blancos. En 1963 se aprobó la ley Rumford para la vivienda justa. Fue considerado como uno de los avances más importantes de cara a la igualdad racial. Pero un grupo de extraños aliados —con la John Birch Society y *Los Angeles Times* entre ellos— hicieron campaña para que se aprobase una medida que rechazase la ley Rumford, eliminando así la protección contra la discriminación al comprar una vivienda. La medida se aprobó por un margen de dos a uno; un paso atrás en el movimiento por los derechos civiles y también en la propia imagen de California como feudo progresista. Dividió la ciudad en partes desiguales: la comodidad de Los Ángeles blanca y el pesimismo y la privación de Los Ángeles negra. Incluso la biblioteca se convirtió en territorio de hostilidades raciales. Las bibliotecarias empezaron a encontrar pedazos de papel colocados entre las páginas de libros escogidos al azar por toda la biblioteca. Esos pedazos de papel fueron diseñados como pasajes para cruceros de una empresa denominada Cruceros La Estafa, y ofrecían, en pocas palabras, viajar a África en un «barco con forma de Cadillac con aletas», y mostraban un trozo de sandía, heroína y una «imagen enmarcada de Eleanor Roosevelt». El mensaje en la parte inferior decía: «Ku Klux Klan, depto. de correos 2345, Overland, Misori».

El cuerpo de policía en Los Ángeles era mayoritariamente blanco y en los barrios pobres afroamericanas los agentes se mostraban agresivos e incluso a veces brutales. Una tarde de 1965, un agente de policía blanco estaba patrullando por Watts, un peligroso vecindario al sudeste del centro. Detuvo a un conductor negro sospechando que podía ir embriagado. La detención se convirtió en una confrontación y después en un estallido de rabia y violencia. La revuelta duró seis días y acabó con la intervención de la Guardia Nacional. Murieron treinta y cuatro personas, más de un centenar resultaron heridas, setenta y cuatro kilómetros cuadrados de la ciudad quedaron arrasados. Después de lo ocurrido en Watts se produjeron brotes de violencia de diferente calado. Los asesinatos de la familia Manson, el asesinato a tiros del músico Sam Cooke y la muerte de Robert Kennedy parecían una señal de que algo estaba estropeado y maldito en la esencia de la ciudad.

La biblioteca quedó apartada de la triste calma del centro de la ciudad. En el doloroso periodo posterior a lo ocurrido en Watts, el centro de la ciudad empequeñeció y creció la periferia. Una de las conclusiones optimistas fruto de las revueltas fue que los libros eran algo bueno y verdadero; en las estanterías de las bibliotecas podías encontrar respuestas a todas las preguntas. La vida a esas alturas parecía inestable e incomprensible, más allá de todo lo que podíamos saber o entender. La pintura gris que cubría la pared de plafones de caoba no era un equivalente existencial a los asesinatos de los Manson o a las miserias de un barrio como Watts, pero parecían desarrollarse en el mismo espacio amargo que todas las cosas que se estaban derrumbando en aquella ciudad.

• • •

En 1966, un estudio sobre la ciudad conocido como el Informe Verde recomendaba la demolición del edificio Goodhue. El informe pretendía que fuese reemplazado por un edificio del doble de tamaño que el edificio actual, con una zona a cielo abierto y varios estacionamientos. La biblioteca propuesta sería más parecida a un almacén que a una biblioteca tradicional, y ya no se encontraría en el centro de la ciudad, sino en algún lugar de la periferia. La propuesta tuvo sus seguidores. El bibliotecario de la ciudad, Harold Hamill, estaba a favor, así como el concejal Gilbert Lindsay, quien opinaba que había que «encontrar un terreno marginal en algún gueto deteriorado y ubicar allí una hermosa biblioteca».

Los Ángeles parecía estar siempre desplazándose hacia un eterno futuro, una ciudad que se libraba de los recuerdos antes de que pudiesen arraigar. En 1966 no existía ningún grupo para la preservación de obras arquitectónicas. Para mucha gente, la idea de que en la novedosa Los Ángeles hubiese edificios históricos era algo así como un chiste malo. Pero había un buen puñado de edificios significativos en la ciudad. Algunos tenían un pasado marcado por la sofisticación, como la biblioteca. Muchos eran estupendos ejemplos de la arquitectura local, eran una muestra representativa de la época en la que fueron construidos y resultaban esenciales para entender y sentir la ciudad. En términos generales, los viejos edificios no eran valorados a nivel histórico ni arquitectónico ni cívico. El desarrollo potencial de la tierra que se extendía bajo sus pies era mucho más interesante. La mayoría de los edificios viejos fueron demolidos sin que nadie se quejase; el afán modernizador acabó con muchos de ellos. La lista de obras maestras desaparecidas en Los Ángeles incluía el hotel Hollywood, construido en el cambio de siglo; el exótico hotel Garden of Allah, de 1927; la mansión estilo Tudor de Mary Pickford, Pickfair, y la casa de playa de Marion Davies, construida en 1926 por su amante, William Randolph Hearst. Al otro lado de la calle, frente a la biblioteca, el cuartel general de la Richfield Oil Company estaba ubicado en un espectacular edificio *art déco* con la fachada pintada en negro y dorado y un pozo de extracción de neón en lo más alto. Cuando la compañía Richfield se fusionó con la Atlantic Refining y se convirtieron en ARCO, los ejecutivos decidieron que el edificio estilo *art déco* no transmitía la imagen internacional que ellos pretendían. El fabuloso edificio antiguo fue demolido y reemplazado por un rascacielos que solo se distingue de los que lo rodean por el hecho de ser el número treinta y dos entre los más altos de la ciudad. «La [nueva] torre Richfield celebra el funeral del futuro —dijo Ray Bradbury—. Solo podemos desear que un terremoto lo mejore haciéndolo desaparecer».

El edificio Goodhue —demasiado pequeño, demasiado viejo, demasiado decorado, demasiado excéntrico— parecía sentenciado hasta que un grupo de arquitectos, entre quienes se encontraban Barton Phelps, John Welborne y Margaret Bach, reunieron a mucha gente que estaba dispuesta a salvarlo. Sabían que la situación era urgente y fueron capaces de organizar juntos un comité. Eran conocidos oficialmente como Sección California Sur/Equipo de Estudio de la Biblioteca del Instituto Estadounidense de Arquitectos, y se reunían en un despacho cedido por el arquitecto Frank Gehry. El equipo llevó el caso del edificio a la Junta de Herencia Cultural. Tras considerar la propuesta, la Junta de Herencia Cultural estuvo de acuerdo con ellos y designaron a la biblioteca como el Monumento Histórico Cultural n.º 46.

· · ·

Incluso en su lamentable estado, la gente seguía acudiendo a la biblioteca. Las salas de lectura solían estar llenas de usuarios y la fila para el mostrador de préstamos podía perfectamente dar la vuelta al vestíbulo. En los años sesenta, Chicago tenía una población mayor que Los Ángeles. La biblioteca de Los Ángeles, sin embargo, tenía mucha más actividad: prestaba 4.2 libros por cabeza; Chicago solo llegaba a 2.7. Tal vez debido a que era una biblioteca joven en una ciudad joven, Los Ángeles siempre intentaba inventar cosas nuevas. El Comité de Innovaciones se reunía regularmente para diseñar planes que facilitaran el uso de la biblioteca y la hicieran más imprescindible para el público, como, por ejemplo, un buzón de devoluciones en el que no fuera necesario bajarse del coche o un centro de atención para niños. Otra de las propuestas se centraba en crear dos puntos de reunión diferentes dentro de la biblioteca. A uno lo llamarían Centro de Actualidad, con materiales que hablasen de acontecimientos actuales y un tablero de cotizaciones bursátiles. El otro haría hincapié en temas alternativos relacionados con «activismo político, liberación homosexual, nuevos poetas, grupos del Tercer Mundo, científicos radicales». Habría un tablón de grafitis y sesiones de poesía, sofás y cómodos sillones para pasar el rato, y permanecería abierto las veinticuatro horas del día.

A pesar de que Internet y los medios de comunicación electrónicos todavía tardarían décadas en hacer su aparición, podías notar, incluso en los años sesenta, que los bibliotecarios sabían que el préstamo tradicional de libros no iba a ser siempre el principal propósito de la institución. Uno de los informes sobre innovaciones advertía, precisamente, que al público no le interesaría un concepto reduccionista de lo que era una biblioteca, porque las bibliotecas «iban a funcionar cada vez más como centros de información, además de como lugares en los cuales almacenar colecciones de libros».

Uno de los elementos que los usuarios consideraban esenciales para la fidelidad era un buen mostrador de consultas. Al Departamento de Consultas de la Biblioteca Central lo habían bautizado como la Red de Respuestas de California del Sur —SCAN, Southern California Answering Network—, y era conocida tanto a nivel local como nacional, pues la gente de la Costa Este que necesitaba una respuesta después de las cinco de la tarde, según el horario del este, cuando sus bibliotecas ya habían cerrado, podía hacer uso de SCAN durante tres horas más. Los bibliotecarios de SCAN guardaban un registro de las consultas que recibían y las leían como si se tratase de la sinopsis de una obra de teatro; cada una de ellas parecía una instantánea de vida que finalizaba con alguien diciendo: «¡Llamemos a la biblioteca!».

Llamada de usuario. Quería saber cómo se decía «La corbata está en la bañera» en sueco. Estaba escribiendo un guion.

Llamó una usuaria preguntando por algún libro sobre trastornos hepáticos para su marido, que bebía mucho.

Un usuario quería conocer el origen de la expresión «El oso tose hacia el Polo Norte». (Incapaz de darle una respuesta.)

Llamó un usuario preguntando si es necesario ponerse de pie cuando el himno nacional suena en la radio o la televisión. Le dije que había que hacer lo que uno creyese natural, no forzado. Por ejemplo, es mejor no ponerse de pie si uno se está bañando, comiendo o jugando a las cartas.

Una usuaria que escribía en hebreo quería saber cómo crear un juego de palabras con los términos *Sión* y *pene*. No pudimos encontrar una palabra para *pene*, pero la palabra *copular* es *mtsayen*, lo cual la ayudó a enlazarla con *tsion*.

Un usuario es un actor que tiene que interpretar a un policía secreto húngaro. Quiere pronunciar algunas palabras en ese idioma. Encontramos a un bibliotecario que hablaba húngaro y charló con él.

Un usuario quería saber si la secretaria de Perry Mason se llamaba Della Street en honor de la calle o si existía alguna calle que se llamase Della Street.

Un usuario pidió ayuda para el epitafio de la tumba de su padre.

En 1973, la biblioteca incluso puso en marcha un servicio denominado Referencia Telefónica Ulular del Búho (Hoot Owl Telephonic Reference), que funcionaba desde las nueve de la noche hasta la una de la madrugada, mucho después de que la biblioteca hubiese cerrado. Si marcabas H-O-O-T-O-W-L, te conectaba con una bibliotecaria que podía responder prácticamente a cualquier pregunta. El eslogan de Ulular del Búho era: «Gane sus apuestas sin pelearse». Por lo visto, a última hora de la tarde, la gente de Los Ángeles apostaba sobre cuestiones triviales como los auténticos nombres de los siete enanitos. El servicio recibía una llamada cada tres minutos, lo que venían a ser unas treinta y cinco mil llamadas al año. Ulular del Búho era el objetivo preferido de los grupos conservadores, pues creían que estaba pensado para «*hippies* y otros noctámbulos». Sin embargo, la biblioteca persistió y Ulular del Búho estuvo en funcionamiento todas las noches de los días laborables hasta finales de 1976.

Harry Peak después de ser puesto en libertad

21.

The Alibi (1916)
England, George Allan
M

The Rediscovery of Morals, with Special Reference
to Race and Class Conflict (1947)
Link, Henry C.
323.3 L756

The Devil Wins: A History of Lying from the Garden
of Eden to the Enlightenment (2015)
Denery, Dallas G.
177.3 D392

Garfield Gains Weight (1981)
Davis, Jim
740.914 D262-1

Cuando la investigación sobre el incendio de la biblioteca se centró en su persona, Harry empezó a reescribir su historia una y otra vez, y cada nueva versión era un poco más retorcida que la anterior. Era como leer uno de esos libros de *Escoge tu propia aventura*, en los que puedes elegir una opción diferente en cada disyuntiva. Cuando el agente Thomas Makar de la ATF lo entrevistó, Harry le dijo que el día del incendio se encontraba en el centro de la ciudad y que quería ir a la biblioteca, pero que un guardia de seguridad lo detuvo en la entrada y le dijo que la biblioteca estaba cerrada. Dijo también que no supo que había un incendio en el edificio hasta que lo oyó en las noticias más tarde ese mismo día. Pocas horas después de la entrevista, Harry telefoneó a Makar y le dijo que se había confundido y que, de hecho, nunca había estado en la Biblioteca Central, jamás. Cuatro días después, Makar y otro agente de la ATF llamado Mike Matassa hablaron de nuevo con Harry. En esa ocasión le tomaron declaración bajo juramento, con la esperanza de que dejase de ir de un lado para otro con esa historia. Pero, de nuevo, la cambió. Harry les contó que había ido al centro de la ciudad en plan turista. En un determinado momento recordó que debía llamar a Leonard Martinet y que tenía que encontrar un teléfono. Mientras conducía de un lado para otro, se fijó en un hermoso edificio y pensó que allí podrían tener teléfonos, así que se estacionó cerca. Cuando caminó en dirección al edificio, un guardia de seguridad negro —recalcó la raza del hombre— le dijo que el edificio estaba cerrado; Harry había logrado entrar antes de que el guardia lo detuviera. Cuando se dio la vuelta para marcharse, chocó contra una mujer mayor. La ayudó a levantarse y después la acompañó hasta la puerta. Por lo que recordaba, la mujer le había dado las gracias.

Cuando acabó de explicar cómo había pasado aquella mañana, Harry le dijo a Makar que lamentaba mucho lo del incendio y que esperaba que pudiesen encontrar al culpable. Dijo que valoraba el trabajo de Makar y que no hacía mucho que había solicitado un puesto en el Departamento de Bomberos de Santa Mónica, pero que no había aprobado el examen escrito. Makar le tomó una Polaroid y se la enseñó a los testigos. Harry era encantador, amable y cooperaba. Después de que Makar le tomase la fotografía, Harry dijo que no le importaría pasar la prueba del polígrafo. Parecía ansioso por confirmar su historia.

Pocos días después, Harry llamó a Makar y le dijo que quería posponer la prueba del polígrafo. Hablaron durante un rato y Harry le contó que había inventado todo lo que le había dicho. No aclaró por qué había mentido. La verdad —al menos, lo que estaba diciendo era la verdad en ese momento— era que ni siquiera había estado cerca de la biblioteca aquel día y que nunca había entrado en ella. La mañana del incendio estaba a muchos kilómetros de distancia, de camino a Santa Fe Springs por la autopista 101. Mientras conducía, iba escuchando las noticias y supo que la biblioteca estaba ardiendo. Pudo ver la columna de humo cuando pasó por el centro de la ciudad. Makar lo escuchó con atención y en sus notas dejó constancia de que, por lo que él había llegado a entender, Harry era un «aspirante a actor [...] y había inventado lo de haber estado en la biblioteca durante el incendio para darle interés y emoción a su vida».

Finalmente, Harry accedió a pasar la prueba del polígrafo el 27 de octubre de 1986. El examinador le hizo las preguntas de rigor: si había estado en la biblioteca el día del incendio, si había participado de algún modo en el incendio, si sabía quién era el responsable del fuego. Harry respondió a todas las preguntas. Mike Matassa lo llevó a su casa después de la prueba y fueron charlando todo el camino. Harry se quejó con Matassa de que había ganado mucho peso últimamente y que no le gustaba su aspecto. El problema, según le contó, era que hacía poco que había dejado de tomar cocaína, que tenía hambre todo el rato y comía como un caballo. Matassa tomó nota mentalmente de ese apunte, pues recordó que, cuando le había enseñado la Polaroid de Harry al guardia de seguridad, este le había dicho que parecía una versión robusta del hombre que le pidió usar el teléfono. Las bibliotecarias a quienes había mostrado la fotografía hicieron comentarios similares: les sonaba la cara de aquel hombre, pero recordaban que el intruso de la biblioteca tenía el pelo más largo y parecía más delgado que el tipo de la Polaroid.

Poco tiempo después, los del equipo de investigación recibieron los resultados de la prueba del polígrafo de Harry. Haciendo uso de los criterios psicológicos de la prueba, el examinador había concluido que Peak «intentaba engañar en las respuestas a las preguntas relevantes». Con esos resultados, los investigadores pusieron de nuevo manos a la obra y entrevistaron a los amigos y a los compañeros de departamento de Harry, a sus empleadores y a sus familiares en busca de algo concluyente; deseaban establecer un único hilo de acontecimientos o motivaciones que hiciera avanzar el caso de lo tibio a lo caliente. Pero ninguno de los relatos de los conocidos de Harry sobre aquel día coincidían. Se solapaban en algunos detalles —la búsqueda de un teléfono, el guapo bombero—, en cambio, en otros muchos diferían por completo. Había estado allí; no había estado allí. Conocía la biblioteca; no había estado nunca. Olía a humo aquel día; no olía a nada. Era como mirar en una especie de caleidoscopio y ver cómo las piezas rotas se reordenaban. La única constante en esas entrevistas era que Harry era un cuentero. «Le cuesta horrores dar una respuesta directa —manifestó uno de sus amigos a los investigadores—. No conoce la diferencia entre lo inventado y lo verdadero». Un antiguo compañero de departamento dijo que había corrido a Harry de su casa porque era un mentiroso compulsivo. «Resultaba muy molesto —dijo—. No puede evitar mentir. Nosotros no pudimos resistirlo mucho tiempo. Pero es buena persona».

El problema con Harry era que no escogía una mentira y la desarrollaba. Presentaba tantas versiones de la historia que creer una implicaba no creer las demás; generaba una continua espiral de falsedades, y cada una contradecía a la precedente, no como en las típicas mentiras en las que un solo rastro hace que la historia sea más consistente, ya sea cierta o no. Era prácticamente imposible creer en él. Cuando mucho, era posible creer lo que decía asociado a un momento concreto en el tiempo, pero cuando te acostumbrabas a su interpretación de la verdad, se inventaba una nueva historia que desacreditaba la que habías escogido creer. Por alguna razón, empecé a sentir algo parecido al afecto por Harry Peak, por sus torpes maneras y su ansia de fama, pero no llegué a encontrar un momento en el que sus historias siguieran una única línea para poder sentir que realmente sabía quién había sido o en qué creía.

Los investigadores fueron a ver al padre de Harry a su lugar de trabajo en Lockheed. Les dijo que creía que Harry habría sido capaz de prenderle fuego a un edificio vacío, pero que jamás habría provocado un incendio en una biblioteca porque le encantaban el arte y las antigüedades. Les dijo que Harry era un buen chico que estaba intentando descubrir qué quería hacer con su vida. De hecho, Harry le había contado que había aprobado el examen de acceso al Departamento de Bomberos de Santa Mónica y que estaba en la lista de espera para uno de los puestos.

• • •

El incendio empezó a convertirse en agua pasada, en una noticia sin resolución. Los artículos en los periódicos de Los Ángeles adquirieron un tono cansino, redactados con frases del estilo «prosigue la investigación» o «las pesquisas en marcha». El único sospechoso a ojos de los investigadores era Harry, pero las pruebas en su contra eran como el mercurio: resbaladizas, cambiantes, volubles. En el mes de marzo los investigadores cambiaron de enfoque. Tenían muy presentes las reacciones a las Polaroids, así como lo que Harry había dicho sobre haber subido peso. Lograron conseguir la foto de su licencia de conducir, de dos años atrás, cuando estaba más delgado, su pelo era más largo y llevaba bigote. Sin duda, se parecía más al aspecto que debía de haber tenido el día del incendio, antes de cortarse el pelo y de afeitarse el bigote y de ganar peso tras dejar la cocaína.

Mostraron la nueva foto a ocho miembros de la biblioteca que afirmaron haber visto a un hombre sospechoso el día del incendio. Seis de ellos escogieron la foto de la licencia de conducir de Harry. Los otros dos no fueron capaces de identificar a nadie entre las fotos que les enseñaron. Seis de ocho suponía una identificación lo bastante segura como para garantizar otro encuentro con Harry.

Su historia daba ahora un nuevo giro. Les dijo a los investigadores que no había estado en la Biblioteca Central en su vida. Dijo que durante la mañana en que ocurrieron los hechos había estado con dos amigos, dio sus nombres y aseguró que responderían por él. A las diez de la mañana salió de Los Ángeles y fue conduciendo solo hasta Santa Fe Springs. Fue a casa de sus padres. No había nadie allí, pero él entró. En un momento dado, telefoneó a Leonard Martinet desde el teléfono de sus padres. Se mostró tan seguro al respecto que le dijo a Matassa que podía comprobar la llamada a Martinet en la compañía telefónica.

Pocos días después, General Telephone les facilitó un registro de llamadas realizadas y recibidas desde la casa de los Peak en Santa Fe la mañana del 29 de abril. No se había realizado llamada alguna desde la casa de los Peak al bufete de Martinet, ni a la inversa.

Días más tarde, los investigadores interrogaron a Harry y, en esta ocasión, su historia dio un giro de ciento ochenta grados. Explicó que la mañana del incendio había pasado el rato con dos amigos; que no tenían nada que ver con los que previamente había citado. Después de pasear durante un rato, dejó a sus amigos y se dirigió a French Market Place, un puñado de tiendas y pequeños negocios en West Hollywood. Harry tenía verrugas en las plantas de los pies y había quedado con su podólogo, Stephen Wilkie, que tenía su consulta allí.

Después de que Wilkie le tratase las verrugas, cerró su consulta y fueron juntos a almorzar al French Quarter, una cafetería de French Market Place. El Reverendísimo Basil Clark Smith se unió a ellos y los tres comieron tranquilamente. Mientras les limpiaba la mesa, su camarera mencionó que había oído decir que había un incendio en la biblioteca. La única que Harry conocía en Los Ángeles era la de Derecho, porque iba allí más de una vez a conseguir cosas para Martinet. Dio por hecho que la camarera se refería a que estaba ardiendo la biblioteca de Derecho, así que decidió llamar a Martinet para asegurarse. Esa fue la última versión de sus idas y venidas en la mañana del 29 de abril. Les dijo a los investigadores que todo lo anterior había sido una broma.

• • •

No era sencillo llevar la cuenta precisa de todas las coartadas de Harry Peak. Algunas de ellas eran totalmente nuevas e independientes, en tanto que otras eran variaciones y versiones editadas de coartadas anteriores. Los investigadores hicieron cuentas y vieron que Harry les había proporcionado siete relatos diferentes de lo ocurrido aquella mañana. Había estado en el edificio de la biblioteca, donde había escapado de manera dramática del incendio, y también había estado fuera, observando el fuego, y había estado conduciendo, y había estado en Santa Fe Springs y, finalmente, se encontraba en el French Market Place, junto al reverendo Nicholas Stephen Wilkie y el reverendo Basil Clark, fundadores de la Iglesia Ortodoxa Americana, cuando se enteró casualmente del asunto. Era un mentiroso igualitario que había contado variaciones contradictorias de su historia a los investigadores y a sus propios amigos. Se inventó todo aquello no para evitar las consecuencias legales: le mentía a todo el mundo, era lo que hacía siempre. Y nunca dejaba de cambiar las versiones de su historia. Meses después del arresto, le dijo a su exnovio, Demitri Hioteles, que aquel día se encontraba en el baño de la biblioteca manteniendo un encuentro sexual con un desconocido, y que había dejado caer un cigarro en el bote de basura sin darse cuenta y que eso era lo que había provocado el incendio. Esa versión lo implicaba directamente, e incluso tenía su lógica: el incendio había sido un accidente y le sirvió para enmascarar una infidelidad. Pero la historia era totalmente falsa. El incendio nunca llegó a los baños de la biblioteca. Sigue siendo un misterio por qué Harry afirmó que había cometido un delito, habida cuenta de que no podría haber sucedido tal como él lo describió. A veces me pregunto si Harry habría sabido distinguir entre lo que era cierto y lo que no lo era si lo hubiese oído contar.

El equipo de investigación de incendios, tras las respuestas positivas a la foto de la licencia de conducir de Harry, tenía claro que era él quien había provocado el incendio. En un informe de quince puntos, detallaron sus conclusiones. Citaron la inconsistencia de sus múltiples coartadas, sus cambios físicos, que los miembros del equipo de la biblioteca lo habían reconocido por la fotografía y el hecho de que no había pasado la prueba del polígrafo. Por otra parte, conocía de primera mano ciertos detalles de ese día que no podría haber sabido de no haber estado allí. Por ejemplo, había comentado en varias ocasiones que había chocado con una mujer. No había informe alguno que mencionase ese incidente, pero ocurrió: la mujer y el guardia que estaba de servicio lo confirmaron. Harry no podría haber tenido noticia de ese incidente si no hubiese estado presente cuando la mujer cayó al suelo.

Los investigadores finalmente expusieron de manera comprensible su teoría, que incluía una causa probable. Creían que Harry fue dos veces a la biblioteca aquel día. En un primer momento se presentó a las siete y media de la mañana y el guardia no le dejó entrar porque el edificio estaba cerrado al público. Regresó a eso de las diez de la mañana, cuando la biblioteca ya estaba abierta, y permaneció allí durante una hora aproximadamente, que es cuando los empleados se fijaron en un tipo sospechoso, rubio, que se había colado en lugares del segundo piso en los que no se podía entrar. Los investigadores creían que había provocado el incendio porque estaba enfadado debido a que el guardia lo había tomado del brazo y le había impedido entrar cuando llegó antes de la hora de apertura. Regresó para quemar el edificio como venganza.

• • •

Harry Peak fue arrestado en su casa a última hora de la tarde del viernes 27 de febrero de 1987, y lo llevaron a la prisión de Hollywood para interrogarlo. Estaba muy nervioso, enfadado y lloraba. A pesar del escrutinio al que lo habían sometido durante los meses previos, por lo visto no se le había pasado por la cabeza que era un sospechoso real y que podían detenerlo en cualquier momento.

Que lo arrestasen un viernes por la tarde fue algo premeditado: habitualmente no suele ser un momento muy propicio para las noticias y el fiscal pretendía llamar la atención lo menos posible para que Harry pudiese confesar antes de que se presentasen cargos formales contra él; con un poco de suerte, antes incluso de que estuviese presente su abogado. Estuvo arrestado durante setenta y dos horas. Tras ese lapso de tiempo, tenían que acusarlo formalmente o soltarlo. Los investigadores esperaban que confesase porque, a decir verdad, su caso se sostenía únicamente en pruebas circunstanciales. No existían pruebas físicas o definitivas que demostrasen siquiera que Harry había estado en la biblioteca, y mucho menos que hubiese provocado el incendio. Se fijó una fianza de doscientos cincuenta mil dólares que los investigadores sabían que difícilmente nadie podría cubrir.

El silencio en torno a su arresto duró poco. En primer lugar, el alcalde Tom Bradley hizo unas declaraciones felicitando al Departamento de Bomberos; un gesto poco inteligente por prematuro, habida cuenta de que Harry no había sido acusado formalmente y dado que Bradley seguramente sabía que el caso contra Harry Peak estaba prendado con pinzas. Por otra parte, dos integrantes del departamento habían hablado del arresto por un canal abierto de radio que los periódicos locales solían sintonizar en busca de pistas. La historia se hizo pública de inmediato. *Los Angeles Times* describió a Harry como actor ocasional y «chico de los recados», y publicaron la noticia con el siguiente titular: «Los amigos afirman que las mentiras han hecho caer al pirómano». El reverendo Clark Smith, la última de las coartadas de Harry y una de las personas más cercanas a él, no lo defendió con mucho ahínco: declaró en el *Times* que Harry no se parecía gran cosa al retrato robot que la policía había hecho del sospechoso, en particular porque no habría podido dejarse bigote aunque le hubiese ido la vida en ello. Si Harry se parecía al retrato o no es una cuestión de enfoques, pero no hay duda de que podía dejarse crecer el bigote. Recientemente, Demitri Hioteles me prestó varias fotografías de Harry y salía en la mayoría de ellas luciendo un poblado bigote.

Lo que el reverendo Smith no dijo fue que Harry no podría haber provocado el incendio porque estaba sentado con él en el French Quarter. Smith solo añadió su granito de arena a la endiablada lógica que había logrado que la interminable espiral de confesiones y negativas de Harry se convirtiese en una locura: dijo que todo el mundo que conocía a Harry se echó a reír cuando los investigadores dijeron que les había contado versiones contradictorias a sus conocidos. Había que conocer a Harry, le había dicho el reverendo Smith al periodista, y añadió: «Harry siempre cuenta versiones contradictorias».

22.

Human Information Retrieval (2010)
Warner, Julian
010.78 W282

Food Safety Homemakers' Attitudes and Practices
[microform] (1977)
Jones, Judith Lea
NH 614.3 J77

Prisoner of Trebekistan: A Decade in Jeopardy! (2006)
Harris, Bob
809.2954 J54Ha

A New Owner's Guide to Maltese (1997)
Abbott, Vicki
636.765 M261Ab

Lo contrario a meterse en un tanque de privación sensorial debe de ser pasar la mañana de un lunes en el Departamento InfoNow de la biblioteca. El teléfono no deja de sonar durante todo el día con un extraño sonido electrónico, y los cinco bibliotecarios que forman el equipo de consulta responden a las llamadas saltando de un tema a otro sin relación alguna. Sentarse entre ellos y escuchar lo que dicen hace que tu cerebro se reblandezca.

—Los lunes por la mañana hay mucho trabajo —me dijo Rolando Pasquinelli, supervisor del departamento—. Perdona, tengo que responder. —Apretó un botón del teléfono y dijo—: Hola, InfoNow, ¿en qué puedo ayudarle?

—Quería ser bibliotecaria desde que tenía cinco años —me dijo una de las bibliotecarias del equipo, Tina Princenthal—. Respondo. InfoNow, ¿en qué puedo ayudarle? De acuerdo, de acuerdo... ¿Dijo usted «¿qué es un cabañero?»?

—Hay mucha gente que llama varias veces —me dijo David Brenner, que estaba tras el escritorio junto al de Princenthal—. Tenemos un señor mayor que habitualmente hace preguntas sobre mitología, ciencia ficción, Primera Guerra Mundial... Esa clase de cosas. También pregunta siempre sobre algunas actrices y famosas, y me pregunta si sé en qué andan metidas. Recientemente me preguntó sobre Juliette Lewis y por las mujeres de Pussy Riot.

El bibliotecario que está al lado de Brenner, Harry Noles, me dice:

—Ah, y hay un tipo que llama cada pocos meses para actualizar su información sobre Dana Delany, la actriz de la serie *China Beach*.

Princenthal cuelga el teléfono y apunta algo.

—A veces me sorprende el motivo de las llamadas —me comenta dando golpecitos con el lápiz sobre la mesa—. Una vez, una usuaria llamó para saber si estaba bien comerse una lata de alubias que no tenía fecha de caducidad. Yo suelo consultar una página web llamada Still Tasty en la que aparecen datos sobre fechas de caducidad y esas cosas, ¡pero no voy a responsabilizarme de si una señora se come una lata de alubias!

Les digo que parecen saber un montón de cosas.

—¡Yo intenté concursar en *Jeopardy*! —exclamó Brenner.

—Yo lo intenté y pasé la prueba —dijo Noles.

—¡Era mi primera semana en este trabajo! —prosiguió Princenthal, todavía dándole vueltas al tema de las alubias—. Le dije cuál era la fecha de caducidad habitual para las alubias, pero espero que no se las comiese.

—Sí, todas las sucursales están abiertas hoy —dijo Brenner al teléfono.

—Hola, sí, las credenciales de la biblioteca expiran a los tres años —dijo Nolan por teléfono, estirando el cable en espiral para luego dejarlo ir.

—La semana pasada llamó una mujer y me preguntó qué había que poner en una tarjeta para un *baby shower* —dijo Princenthal—. O sea, eso no es algo que se pueda buscar. Yo le dije: «¿Qué tal... "Con mis mejores deseos"? ¿O... "¡Felicidades!"?». Fue lo primero que se me ocurrió. No consulté ninguna fuente. Creo que la respuesta le gustó. —Y después añadió—: Hay mucha gente sola ahí fuera.

—De ser posible, tratamos todos los temas en el departamento —explicó Pasquinelli. Llevaba treinta y cinco años como bibliotecario en la Central. Su escritorio estaba cubierto por una montaña de papeles y libros y archivadores y cuadernos—. Hay preguntas que no podemos responder. Si alguien llama diciendo: «Quiero saber cuándo murió Marilyn Monroe», eso queda aquí, en el departamento, *¡boom!* Pero si nos preguntan si se suicidó, tenemos que transferir la llamada al Departamento de Literatura.

Princenthal cuelga el teléfono y niega con la cabeza.

—¿Por qué alguien llamará para preguntar: «¿Qué insectos son más malvados, los saltamontes o los grillos?» —dijo sin dirigirse a nadie en particular. Respiró hondo y dejó escapar el aire lentamente.

Los teléfonos dejaron de sonar durante unos segundos. El aire vibraba. Los teléfonos empezaron de nuevo.

—InfoNow... claro... por supuesto, ¿tengo que dar por hecho que se trata de un libro inglés? —dijo Princenthal—. Ah, el equipo de *hockey* de los Kings, no los *reyes* ingleses. —Tecleó algo en la computadora—. Sí, hay varios libros en la sección de Deportes. Están en Arte y Ocio.

—Estoy seguro de que algunos nos tienen en marcación rápida —dijo Brenner al tiempo que colgaba su llamada—. Esta mujer, la llamamos Pelaje, llama para que le deletreemos palabras y la ayudemos con cuestiones de gramática todo el rato. Dice que es poeta. A veces puede llamar veinticinco veces en una hora con preguntas de edición.

—No todo el mundo tiene Internet o sabe cómo usarlo —dijo Noles—. Hola, ¿InfoNow? —Pausa—. ¿Puede repetirme el título? *¿La magia de la limpieza?* Ah, *La magia del orden*. Ahora lo reviso. Un segundo.

—¿Está recibiendo usted un mensaje de error al descargar su e-media? —preguntó Pasquinelli por teléfono—. Espere un segundo.

—Recibimos muchas preguntas sobre entierros —me dijo Noles—, y también un montón de preguntas sobre protocolo. De hecho, muchas preguntas sobre protocolo en los entierros. Hola, InfoNow, ¿en qué puedo ayudarlo? Ajá. Claro. ¿Puede deletrearlo. C-e-l-e-s-t-e, el apellido acaba con *n* o con *g*? ¿*Ng*? De acuerdo, un segundo.

—Entonces, ¿Dylan es el nombre o el apellido del autor? —dijo Brenner con los ojos fijos en la pantalla de la computadora—. Muy bien, estupendo. Espere un segundo. Yo se lo voy a conseguir.

—Mis amigos creen que, como soy bibliotecaria, lo sé todo —me comentó Princenthal—. Podemos estar viendo una competencia de los Juegos Olímpicos y, de repente, me preguntan: «Tina, ¿cómo se mide la puntación del *snowboard* en los Juegos Olímpicos?». O, como salido de la nada: «Tina, ¿cuánto viven los loros?».

—¿El título del libro es *A New Owner's Guide to Maltese*? —preguntó Noles inclinándose hacia la pantalla de la computadora. Escuchó durante un minuto al usuario—. ¿Me está diciendo que *usted* es el amo y que por eso busca la guía de los perros malteses? —Pausa. Sostuvo el receptor del teléfono con la barbilla y tecleó varias palabras. Leyó lo que aparecía en la pantalla y sonrió—. Está de suerte —respondió al usuario—, tenemos los dos.

23.

Unionization: The Viewpoint of Librarians (1975)
Guyton, Theodore Lewis
331.881102 G992

Parking 1956: Inventory of Off Street Parking,
Downtown Los Angeles (1956)
388.3794 P2475-9

Richard Neutra: Mit Einem Essay von Dion Neutra,
Erinnerungen an meine Zeit mit Richard Neutra (1992)
Sack, Manfred
G 720.934 N497Sa

California's Deadliest Earthquakes: A History (2017)
Hoffman, Abraham
551.2209794 H699

El tira y afloja con la cuestión de remodelar o reemplazar el edificio Goodhue duró casi quince años. Hubo compromisos que se fueron al traste e informes de viabilidad y fuerzas de choque, múltiples propuestas, como la que decía que lo mejor sería eliminar la biblioteca principal y quedarse solo con las sucursales, grupos de estudio, demandas, audiencias públicas y más audiencias públicas. Durante años se siguieron los consejos de Charles Luckman, un controvertido arquitecto contratado por el ayuntamiento para presentar un plan; recomendó la construcción de un nuevo edificio y se recomendó a sí mismo como el arquitecto ideal. Una de las batallas más cruentas tuvo lugar en paralelo al desarrollo del debate sobre el estacionamiento de la Biblioteca Central. Solo disponían de unos pocos lugares para estacionarse junto a la biblioteca. La mayoría de los miembros del equipo lo hacían muy lejos y después tenían que llegar caminando al centro, lo cual consideraban peligroso. Los bibliotecarios empezaron a exigir más lugares de estacionamiento. Lo que propusieron fue pavimentar el jardín West Lawn de la biblioteca y convertirlo en un estacionamiento.

Los bibliotecarios de Los Ángeles —y la mayoría de los bibliotecarios de todo el país— están bien organizados y sus opiniones son valoradas. Se sindicaron como el Gremio de Bibliotecarios en 1967 y se unieron a la Federación Estadounidense de Empleados Estatales, Regionales y Municipales en 1968. Muchos de los bibliotecarios que he conocido tienen un pasado como activistas políticos o en servicios sociales. He conocido a bastantes bibliotecarios que tenían pensado unirse a los Cuerpos de Paz pero que acabaron en la Facultad de Biblioteconomía. Uno tenía la voluntad de convertirse en guardia forestal pero se sintió atraído por los libros. Una bibliotecaria que escribió una carta al sindicato se refería a sí misma como «bibliotecaria-sacerdotisa» y a su contrato laboral como «sus votos».

Los bibliotecarios de la Central se ven a sí mismos como algo más que colegas. Es cierto que cuando se habla de familia en relación con el trabajo resulta un tanto sospechoso, pero en la biblioteca realmente se sienten así, con todo lo que implica el término: familiaridad y cariño y chismorreos y conflictos y longevidad. El equipo suele mostrarse unido en sus opiniones respecto a que la Administración —habitualmente— y la Junta de Comisionados de la Biblioteca —casi siempre— no sean capaces de entender lo que supone trabajar en las torres de concreto o lidiar con los usuarios un día sí y otro también. Sienten un especial desdén por cualquier bibliotecario de la ciudad que nunca haya trabajado sobre el terreno, ordenando libros o atendiendo a usuarios. Cuando contrataron a John Szabo, una buena cantidad de bibliotecarios reaccionó muy positivamente al descubrir que Szabo había trabajado en todos los puestos propios de una biblioteca, empezando por el mostrador de préstamos, lo que les llevó a decir que era un «*auténtico* bibliotecario», para distinguirlo de los simples gestores que no sienten realmente nada por las bibliotecas.

El equipo hace llegar sus opiniones a través del Gremio de Bibliotecarios, que sabe muy bien cómo hacer valer dichas opiniones. El gremio organiza las bajas médicas y los permisos y protesta cuando hay despidos basados en la «insubordinación». En una ocasión, el gremio soltó un pavo vivo en una de las reuniones de la Junta de Comisionados de la Biblioteca para dejar clara su opinión sobre la propuesta de reducción del presupuesto. En febrero de 1969, el problema del estacionamiento estaba en su punto álgido. Los bibliotecarios coordinaron una baja por enfermedad colectiva para apoyar el plan de pavimentación del jardín. El jardín formaba parte del diseño de Goodhue y el grupo de historiadores arquitectónicos de Barton Phelp se había comprometido en su preservación. Pero el enfado del equipo era más que considerable y, a pesar de que el tema de qué hacer con la biblioteca estaba encallado, empezó a dar la impresión de que el equipo lograría que se construyese el estacionamiento.

El arquitecto Robert Alexander, que era el socio del famoso arquitecto californiano Richard Neutra, decidió oponerse a la destrucción del jardín. Se encadenó a una roca junto al Pozo de los Escribas y dijo que permanecería allí hasta que se desestimase el plan de pavimentación. El grupo de Barton Phelps y Margaret Bach firmó un manifiesto para la conservación del jardín, pero fue desestimado. En un esfuerzo final, el grupo sugirió un emplazamiento alternativo para el estacionamiento en un terreno adyacente. Según Barton Phelps, la Junta de Comisionados de la Biblioteca ni siquiera respondió nunca a su propuesta. La insistencia de los bibliotecarios obtuvo su fruto y se aprobó el nuevo estacionamiento. Robert Lawn se desencadenó él mismo de la roca y, en cuestión de semanas, retiraron las esculturas y el mobiliario y las fuentes y las plantas del jardín y lo cubrieron con alquitrán. Al parecer, nadie sabe qué ocurrió con las esculturas del jardín una vez que fueron retiradas. La más significativa de ellas, el Pozo de los Escribas —el monumento de Goodhue a los más grandes escritores de la historia—, todavía está en paradero desconocido. A lo largo de los años, varias de las más importantes esculturas del jardín han sido vistas en casas privadas. Otras de esas piezas descansan cubiertas de polvo en el sótano de la biblioteca. La mayoría simplemente no se sabe dónde están.

Poco después de que el jardín fuese asfaltado, el bibliotecario de la ciudad, Hamill, anunció que dejaba su puesto y que regresaba a la universidad. Se puso en marcha una búsqueda a nivel nacional y Wyman Jones fue el elegido. Heredó un edificio con innumerables problemas y sin consenso alguno sobre qué hacer con él. Como bibliotecario, Jones era más conocido como constructor que como programador. Era incluso más partidario de derruir el edificio Goodhue que el propio Hamill. Pero ese plan se topó con un imprevisto cuando la Comisión Artística Municipal anunció que la biblioteca y su emplazamiento habían sido diseñados como obras de arte. Poco después, esta fue incluida en la lista de Lugares Históricos del Registro Nacional.

En el siguiente invierno, en 1971, la cuenca de Los Ángeles se vio sacudida y fracturada por cortesía del terremoto de Sylmar, que alcanzó los 6.7 grados en la escala de Richter. El terremoto acabó con la vida de sesenta y cuatro personas y devastó todo lo que había en los alrededores, desde los pasos elevados de la autopista hasta la presa Lower Van Norman y el hospital de la Administración de Veteranos en Sylmar. Las réplicas recorrieron la tierra bajo la biblioteca, provocando una buena sacudida. Más de cien mil libros cayeron de sus estantes. Volver a colocarlos en su lugar supuso tal cantidad de trabajo que se pidieron voluntarios para ayudar al equipo de la biblioteca. El alcalde solicitó fondos de emergencia al gobernador Ronald Reagan y al presidente Richard Nixon para poder reparar la Biblioteca Central y renovar dos de las sucursales que se habían visto obligadas a cerrar sus puertas debido a los daños materiales. Ese mismo año, la red de bibliotecas de Los Ángeles cumplió los cien años de vida.

24.

Babushka v seti [Grandma on the Internet] (2012)
Shuliaeva, Natal'ia
Ru 510.78 S562

*The Honest Life: Living Naturally and True
to You* (2013)
Alba, Jessica
613 A325

*Daily Activity Patterns of the Homeless:
A Review* (1988)
Reich, Shayne
362.509794 R347

*Madame Chiang Kai-shek: China's Eternal
First Lady* (2006)
Li, Laura Tyson
92 C5325Li

En 1871, un visitante de la Biblioteca Pública de Los Ángeles publicó un ensayo imaginando un futuro en el que la biblioteca
quedaría milagrosamente comprimida en un objeto del tamaño
de una maleta. Teniendo en cuenta lo físicas que son, lo intensamente tangibles que son las bibliotecas —los kilos de páginas y
encuadernaciones, la masa y el volumen de los libros—, semejante idea debió de parecer en su momento tan absurda como la
posibilidad de aterrizar en Marte. Por descontado, con la inven-

ción de las computadoras y de Internet, eso fue exactamente lo que ocurrió. La biblioteca dispone de una enorme cantidad de material que no puede encontrarse online, pero la idea de que la mayoría de la información cabe en un bolsillo y puede quedar contenida en una pequeña caja de plástico se convirtió en realidad durante un tiempo. Las bibliotecas fueron testigo de la llegada de Internet y le tendieron la mano. En primer lugar, destinaron terminales de computadora para uso público; después, ofrecieron wifi gratis. En la actualidad, en la Biblioteca Central y en muchas otras bibliotecas del país existen quioscos en los que cualquiera puede tomar prestada una computadora portátil o una *tablet* para usarlos durante un día, del mismo modo en que pueden tomarse prestados los libros.

El Centro Informático de la Biblioteca Central es muy grande, una sala enorme con toda una hilera de cubículos de trabajo y cincuenta y cinco computadoras. Tiene el aspecto de una oficina y todas las computadoras están ocupadas la mayor parte del tiempo. Por su aspecto, y si no supieses que estás en una biblioteca, podrías pensar que te encuentras en uno de esos *call centers* para venta telefónica. Muchas de las personas que esperan a que se abran las puertas de la biblioteca a las diez de la mañana van directamente al Centro Informático y se dan empujones de camino al vestíbulo y cuando descienden por las escaleras mecánicas. En cuanto están ocupadas las cincuenta y cinco computadoras se abre una lista de espera y empiezan las quejas. Más allá de las quejas, la mayoría de los usuarios como mínimo mascullan un «buenos días» al bibliotecario de turno cuando pasan a su lado; incluso aquellos usuarios que no parecen capaces de hablar o se sienten demasiado marginados para preocuparse por las formalidades sociales. Cuando estuve allí hace unos meses, Viola Castro, una de las bibliotecarias del departamento, me dijo de los usuarios: «Intentan ser amables». Castro, una afroamericana tranquila de hombros cuadrados, iba vestida de un modo práctico y parecía que trabajase en un banco. La otra bibliotecaria de la sección, Yael Gillette, tenía una expresión franca y el rostro perforado aquí y allí con *piercings* que vibraban ligeramente cuando hablaba.

Castro me dijo que llevaba diecisiete años trabajando en la biblioteca. «Tenía la intención de trabajar en un bufete de abogados, pero, bueno, acabé aquí», dijo con una sonrisa que pareció más bien un suspiro. «A mí me gusta estar aquí —comentó Gillette—. Trabajé en un albergue para indigentes en Glendale durante ocho años antes de esto. Trabajar en la biblioteca es mucho más sencillo. —Rio entre dientes y añadió—: Tengo esposa y tres hijos, así que ya tengo bastante drama en casa».

En el Centro Informático esa mañana había unas pocas personas con aspecto de estudiantes y un hombre de mediana edad vestido con un traje nuevo. La mayoría de los usuarios, sin embargo, tenían pinta de indigentes o, como mínimo, de llevar una vida complicada. «Son buena gente —me dijo Gillette—. Aunque tenemos nuestros momentos. La cosa se pone fea los días previos a la llegada de los cheques de Seguridad Social, cuando están sin un quinto. Pero cuando los usuarios se ponen bravos...». Señaló hacia el guardia de seguridad, con las piernas ligeramente separadas, en plan policía, que estaba cerca de la puerta de entrada. Se subió el cinturón y sonrió a Gillette cuando la vio señalarlo. «Disponemos de nuestro propio guardia de seguridad de tiempo completo —prosiguió—. Intentamos que sigan las normas. Nada muy extremo. Pero algunas de las normas no les gustan». Le pregunté cuáles eran las normas más impopulares, y ella dijo: «Por ejemplo, no puedes cantar ni bailar aquí. Por desgracia, a muchos de ellos les gusta cantar».

En el Centro Informático el ambiente es tranquilo, aunque impera un olorcito ácido, fruto del olor corporal y de las hierbas y la suciedad, cercanas ya a la composta, incrustadas en las ropas. Pero también puede notarse una agradable sensación de abstracción, algo incorpóreo, como si cada una de las cincuenta y cinco personas que ocupan los cubículos no estuviesen realmente allí sino que navegasen por otro mundo. Rodeé la sala y le eché un rápido vistazo a lo que aparecía en las pantallas de cada una de las computadoras. El juego del solitario. Una página web de chismes con una historia sobre Céline Dion. *Los Picapiedra*. Un partido de basquetbol. Una página para buscar trabajo, Facebook y una partida de ajedrez online. Un hombre me saludó y me dijo que estaba trabajando en su currículum. Viola Castro me explicó que algunos usuarios miraban pornografía y que los bibliotecarios los dejaban hacerlo a menos que fuese pornografía infantil, que no estaba permitida. Después de decir eso, pensé en un curso para bibliotecarios de 1980 con el que me había topado recientemente. Se titulaba «Sexo en la Biblioteca Central», y revisaba los criterios del centro sobre material de contenido sexual. Incluía libros y revistas sobre temas como el baile desnudo, *striptease*, concursos de belleza —en la sección de Deportes— y competencias de besos. El curso no preveía que llegaría un día en el que podrías sentarte en la biblioteca y conectar con cualquier ejemplo de práctica sexual que pudieses, o no, imaginar.

Mientras recorría la sala del Centro Informático, un hombre sentado en una mesa de la esquina gritó de repente: «¡Ay, Dios!». Las cabezas de las personas que estaban frente a las computadoras voltearon hacia él con preocupación y yo me encaminé hacia la mesa. Castro hizo un gesto con la mano y dijo: «No pasa nada, no pasa nada. Lo hace todos los días». Charlamos mientras los demás se tranquilizaban. Me dijo que les había hecho la credencial de socios de la biblioteca a sus hijos en cuanto cumplieron tres años. Justo en ese momento, un joven muy agitado con una sudadera Adidas se acercó al mostrador y le dijo a Castro que estaba teniendo problemas para imprimir una cosa. Castro se puso de pie y lo acompañó hasta la impresora, la golpeó un par de veces, movió varias piezas y volvió a funcionar. Regresó al mostrador y me dijo: «Le daba un poco de vergüenza. Estaba imprimiendo una foto de Jessica Alba desnuda y se atascó el papel».

A todo esto, el guardia de seguridad se acercó sin prisa al mostrador. «Esto no es nada —me dijo—. ¿Quiere drama? Dese una vuelta por la sucursal de Hollywood. El otro día entró una señora con un lobo». Gillette y yo dijimos al unísono: «¿Un lobo?». El guardia de seguridad se encogió de hombros y añadió: «Bueno, tal vez fuera un perro. Pero era grande como un lobo, lo juro».

• • •

Bajé en el ascensor. Me sentí feliz. Me encanta el ascensor: está forrado con tarjetas del antiguo catálogo de tarjetas de préstamo; manchadas, con las esquinas dobladas, rectángulos de papel de cinco centímetros por doce, escritas a máquina siempre por alguien con el pulso poco firme, lo que hace que algunas de las letras parezcan grises. El artista que diseñó el ascensor, David Bunn, debió de divertirse escogiendo las tarjetas que iba a utilizar. Yo estaba apoyada sobre *Complete Book of the Dog*, *Complete Book of the Cat*, *Complete Book of Progressive Knitting*, *Complete Book of Harness Racing* y *Complete Book of Erotic Art*.

Iba a reunirme con David Aguirre, jefe de seguridad de la biblioteca. El jefe Aguirre tiene el pecho como un timbal, da la mano con fuerza y cuando sonríe se le forman círculos de arrugas alrededor de los ojos. Había sido el jefe de seguridad del zoológico de Los Ángeles. Llegó a la biblioteca en 2006 y tiene a cuarenta y seis guardias bajo su mando. Veintiséis de ellos están asignados a la Biblioteca Central y el resto están en sucursales. «Ahí está la clave de la seguridad en las bibliotecas —me dijo el jefe Aguirre cuando nos fuimos a dar una vuelta por el edificio—. El ochenta por ciento de los usuarios de la biblioteca son hombres, y los trabajadores de la biblioteca son en un ochenta por ciento mujeres, es algo que hay que tener en cuenta».

Según el jefe Aguirre, cada semana se producen unos cien informes sobre problemas en la Central. Muchos de ellos son lo que él denomina «conflictos de propiedad»; es decir, robos. El epicentro de los conflictos de propiedad es el Departamento de Genealogía, porque la gente está tan absorta siguiendo la pista de la tía abuela Sally que dejan de prestarles atención a sus pertenencias. Otro punto caliente es el Centro Informático. Aguirre me contó que hay muchos «conflictos temporales», es decir, que alguien sobrepasa el límite de las dos horas que pueden estar en una computadora y otra persona se molesta. En el Departamento de Religión hay muchas quejas por la gente que habla con Dios a voz en grito. Aguirre recorre el edificio cada hora, prestando especial atención a los baños y a los estacionamientos de bicicletas y al jardín. Habitualmente se topa con pequeñas sorpresas. Aunque a veces los guardias de seguridad encuentran grandes sorpresas. Uno de la biblioteca de Jefferson descubrió que había una persona que vivía desde hacía años en el tejado. En el tejado de la sucursal de Westwood, uno de los guardias encontró un elaborado santuario dedicado a Marilyn Monroe. En tres ocasiones durante los últimos seis años, Aguirre había encontrado personas muertas mientras hacía su ronda por la Central. En la mayor parte de las ocasiones, dichas muertes habían sido provocadas por un ataque al corazón o un derrame cerebral. «Hace cinco años, un caballero, alguien de paso, murió en la sección de Religión y Filosofía —me contó Aguirre—. Parecía no tener un centavo, pero cuando lo revisamos vimos que llevaba encima veinte mil dólares en efectivo y un papel doblado en el bolsillo».

Uno de los guardias me explicó que su ocupación en la biblioteca se parecía más a la de un psicólogo o un sacerdote que a la de un empleado de seguridad. Los empleados de seguridad de la biblioteca son agentes del Departamento de Policía de Los Ángeles. La biblioteca paga más de cinco millones al año al departamento por sus servicios. Su eficiencia en algunos barrios ha sido muy criticada. Tras llevar a cabo una investigación de incógnito en la biblioteca durante tres meses, un periodista de la NBC realizó una serie de programas de investigación en los que se afirmaba que los «agentes de policía pasaban la mayor parte del tiempo enviando mensajes con sus celulares o hablando en lugar de patrullar». Como resultado, en la Central y en al menos otras dos bibliotecas se habían dado casos de «sexo descontrolado y consumo de drogas». La serie buscaba lo sensacionalista y su enfoque era erróneo. La mayoría de los incidentes citados tuvieron lugar en las banquetas junto a la biblioteca, que son responsabilidad de la policía metropolitana. En una de las cosas que sí acertó el programa fue en señalar cómo la biblioteca tenía que afrontar los problemas derivados de aquellas ocasiones en las que los indigentes o personas con problemas mentales se reunían. Algunos bibliotecarios con quienes hablé en la Central estaban convencidos de que aquellos reportajes pretendían dejar en mal lugar a John Szabo. Pero él no permitió que la historia lo perturbase. «Lo más bonito de las bibliotecas públicas es que están abiertas y son gratuitas para todo el mundo —me escribió por correo electrónico cuando le pregunté por los programas de televisión—. Teniendo en cuenta esa premisa, resulta incuestionable que nuestra biblioteca, al igual que todas las bibliotecas públicas del país, tiene que enfrentar retos. Obviamente, no son problemas exclusivos de las bibliotecas, son grandes problemas que atañen a toda la comunidad. Y nosotros ahora estamos haciendo algo excepcional con nuestros programas para indigentes y para equilibrar las disparidades sanitarias».

· · ·

Todos los días muchos indigentes entran en la biblioteca y muchos de ellos rondan también por el jardín o por los alrededores. Algunos no dan la impresión de que vayan a ningún sitio en concreto, sino que parecen erráticos y desorientados; lo que transmiten puede resultar inquietante. Yo he visto a gente bebiendo alcohol o drogándose en el jardín de la biblioteca —no en el edificio—, y si hubiese ido con niños pequeños, me habría molestado pasar cerca de ellos. He visto a gente bebiendo y drogándose por toda la ciudad, en parques, en aceras, en paradas de autobús. Todos los problemas sociales también atañen a la biblioteca, porque los límites entre una cosa y otra son porosos; nada queda fuera de ella, ya sea lo bueno o lo malo. A menudo, dentro de la biblioteca los problemas sociales se magnifican. Los indigentes y los drogadictos y los enfermos mentales son problemas con los que te puedes topar en cualquier lugar público de Los Ángeles. La diferencia estriba en que si ves a un enfermo mental caminando por la calle puedes cambiar de banqueta. En una biblioteca te ves obligada a compartir con él un espacio más pequeño, más íntimo. La naturaleza comunitaria de una biblioteca es su esencia, ya sea en las mesas compartidas, los libros compartidos o los baños compartidos.

El compromiso de la biblioteca de abrir sus puertas a todo el mundo supone un reto mayúsculo. Para mucha gente, es posible que la biblioteca sea el único lugar en el que se encuentren cerca de personas con problemas mentales o muy sucias, y eso puede resultar incómodo. Pero una biblioteca no puede llegar a ser la institución que esperamos que sea a menos que todo el mundo tenga acceso a ella. Hace unos años acudí a una conferencia internacional sobre el futuro de las bibliotecas y todo el mundo —tanto los bibliotecarios alemanes como los de Zimbabue o Tailandia o Colombia o cualquier otro lugar del mundo— daba por hecho que el reto que las bibliotecas tenían que afrontar con relación a los indigentes era exasperante, intratable e irresoluble. El público puede entrar y salir de las bibliotecas, pero los bibliotecarios pasan allí todo el día, y entre sus ocupaciones está lidiar con personas difíciles, a veces incluso violentas, prácticamente cada jornada. La cuestión supera el ámbito de las bibliotecas; es un tema que le corresponde solucionar a la sociedad. Todo lo que las bibliotecas pueden hacer es intentar sobrellevarlo lo mejor posible. En la investigación llevada a cabo por la NBC no se culpaba en ningún momento a las bibliotecas por ser una suerte de imán de la gente más conflictiva de la ciudad. La mayoría de los comentaristas culpaban a la policía por no mostrarse más atenta y severa. En relación con el reportaje de la NBC, alguien escribió: «Este reportaje de "investigación" lo único que demuestra es que los indigentes son un problema. No queda claro qué tienen que hacer las bibliotecas al respecto». Otro comentarista escribió: «Tengo una noticia para todo el mundo: esas cosas no solo pasan en la biblioteca. Bienvenidos a L. A».

• • •

Mientras recorría el edificio, el jefe Aguirre iba saludando amablemente a todas las personas con las que se cruzaba, incluido el hombre de cara triste que arrastraba los pies y empujaba un carrito lleno de cosas oscuras imprecisas. «Me encanta trabajar con gente», dijo Aguirre cuando pasamos junto a un tipo que dormía sobre un banco. Le palmeó suavemente el hombro y el tipo se sentó. Aguirre le dijo: «Eh, amigo, aquí no se puede dormir». Se volteó hacia mí. «No me importa quién sea. No me importa si es el alcalde o alguien de paso. Todo el mundo puede empatizar con cualquiera durante un par de minutos, ¿no es cierto?». Trabajar en la biblioteca, por lo general, no suele resultar peligroso, aunque hace unos pocos años un hombre muy alterado le clavó una aguja a un agente. El hombre tenía el VIH, así que fue acusado de intento de asesinato. El agente no llegó a contraer la enfermedad, pero tuvo que pasar controles durante años.

Una de las cosas que no le gusta al jefe Aguirre de su trabajo es cuando tiene que decirle a la gente que huele mal. La biblioteca no cuenta con normas específicas para determinar cuándo esa cuestión supone un problema. Aguirre sabe que, sean cuales sean las circunstancias de esa persona, hablarle del mal olor resulta insultante. «Es algo triste, pero a veces tenemos que hacerlo —me dijo con una mueca de disgusto—. Es para el bien de los otros usuarios, para la mayoría de ellos». Descendimos por las escaleras mecánicas hasta el Departamento de Historia y lo atravesamos. Glen Creason estaba tras el mostrador y asintió al vernos. Una mujer en la zona de Genealogía estaba comiendo galletitas saladas, así que Aguirre se le acercó y le echó una miradita.

—No puede usted comer aquí, señora —le dijo.

—Oh, no estoy comiendo —respondió la mujer—. Solo estoy picando algo.

—Tampoco se puede picar.

La mujer le miró horrorizada y dijo:

—¡Creía que se podía picar!

Dimos una vuelta por el departamento, observando entre las hileras de estanterías para ver si había alguien allí escondido haciendo algo inapropiado, y también para recordar a los usuarios que no descuidasen sus posesiones. No había gran cosa en la que fijarse. Nos encaminábamos hacia la puerta cuando un hombre delgado de piel oscura, muy nervioso, se detuvo frente a Aguirre y le dijo que había visto a alguien durmiendo en el baño de hombres.

—Muy bien, gracias, nos ocuparemos de eso —le respondió Aguirre.

El hombre empezó a temblar.

—De hecho, son dos hombres, ¡homosexuales! —dijo alzando la voz—. ¡Me ofrezco como testigo! ¡Son un blanco y un hispano! ¡Un blanco y un mexicano!

Aguirre echó un vistazo alrededor. Los otros usuarios alzaron sus cabezas al oír el alboroto.

—Salgamos al vestíbulo para poder hablar —dijo Aguirre en un tono de voz apenas audible.

El hombre lo siguió, pero se puso a bramar de nuevo en cuanto se detuvieron. Aguirre sacó su radio y llamó al más veterano de los guardias, Stan Molden.

—Stan —le dijo por radio—, vamos a tener que sacar a alguien. Ven a Historia.

Volteó hacia el hombre e intentó hablar con él de otra cosa que no fuesen cuestiones de raza u homosexualidad hasta que apareció Molden en lo alto de las escaleras mecánicas. Aguirre, con la mirada, logró acercar al hombre hasta las escaleras sin que se diese cuenta. Fue casi un movimiento grácil. Molden llegó al pie de las escaleras mecánicas y completó la pirueta para que el hombre se fuese con él escaleras arriba.

—Nada grave —me dijo Aguirre—. Es un usuario habitual. Perderá sus privilegios durante un día y mañana podrá volver a entrar si se comporta adecuadamente, en particular si llueve. La gente no quiere perder el privilegio de estar aquí si fuera está lloviendo.

Acabamos la ronda en el piso de abajo y subimos de nuevo a la planta principal. El guardia que estaba tras el mostrador le pasó a Aguirre el informe del día, que relataba seis incidentes relativos a la seguridad, incluidos el hombre que habían expulsado del Departamento de Historia, una disputa en la fila de préstamos y un desagüe tapado en la cocina del despacho de seguridad. «También sacamos a un hombre en el nivel cuatro —le dijo a Aguirre otro de los guardias de seguridad que estaba tras el mostrador—. Se movía muy despacio. Creo que le pasaba algo».

Aguirre se fue porque tenía que acudir a una reunión y yo proseguí la ronda con Stan Molden. Molden es alto y delgado y tiene un perspicaz sentido del humor. Horas antes, esa misma mañana, había visto cómo un hombre se le acercaba al mostrador de seguridad y le hablaba sin parar, muy alterado, durante al menos cinco minutos, describiéndole la billetera que había perdido. Molden miraba al hombre sin inmutarse mientras le hablaba, después rebuscó bajo el mostrador y sacó una gruesa billetera marrón. «¿Podría ser *esta*?», le dijo al hombre cuando este se lanzó sobre la billetera. «Hermano, no sé cómo has perdido algo así —dijo Molden—. Llevas de todo ahí dentro menos el fregadero de la cocina».

Molden nació en Texas, pero después de escuchar una canción de los Beach Boys decidió que estaba hecho para vivir en el sur de California. Se fue a Los Ángeles en cuanto le fue posible. La gente que trabaja en la biblioteca está al corriente de sus buenas maneras a la hora de tocar tanto el saxo alto como el soprano, pues en más de una ocasión ha tocado en fiestas del personal. Su auténtica pasión, sin embargo, es hacer juegos malabares, que aprendió viendo tutoriales de YouTube. Ha trabajado como funcionario durante treinta años, los primeros veinte como miembro de la seguridad del ayuntamiento y los últimos diez en la bibliote-ca. «He visto a mucha gente de la calle a lo largo de estos treinta años —me dijo—. Es triste. He llegado a conocerlos bastante bien». Me contó que años atrás oyó decir a una mujer que estaba durmiendo en la calle y decidió darle dinero para que pudiese pasar algunas noches en un hotel. «Soy soltero. Puedo gastar algo de dinero —dijo—. Lo crea o no, volví a encontrarme a esa mujer siete años después y me dijo que las cosas le iban mejor y que quería devolverme el dinero». Sacudió la cabeza, fascinado. Dimos una vuelta por el Departamento de Arte y Música. Había una mujer mayor frente al mostrador, diciéndole a la bibliotecaria: «Tengo nueve gatitos en mi cocina. ¿Te gustaría tener un gato?». La bibliotecaria alzó la vista y le hizo un gesto a Molden, que se dirigió hacia la mujer y le dijo que no estaban permitidos los animales de compañía en la biblioteca. La mujer resopló disgustada. «¿Y eso por qué? ¡Los gatos son mucho más limpios y pulcros que las personas!».

«Crecí en las bibliotecas», me dijo Molden. «Me encanta leer. Mi propósito de Año Nuevo fue llegar a leer cien libros este año. Acabo de empezar el primero, una biografía de madame Chiang Kai-Shek». Un hombre que se acercaba adonde estábamos señaló a Molden y dijo: «¿Sabe usted cómo puedo bloquear a alguien en el Facebook de mi hija?». Molden negó con la cabeza, le hizo un par de sugerencias y después nos fuimos de Arte y Música en dirección al Departamento de Economía. «Por aquí tenemos a un montón de cabezas de chorlito —dijo—. Y también a mucha buena gente. Y hay muchos que dan por hecho que lo sabemos todo».

Molden podrá jubilarse dentro de un par de años. No tiene familia ni obligaciones, pero tiene un plan. Hace ya algún tiempo trabó amistad con un hombre de Sri Lanka y, gracias a él, ha llegado a saber muchas cosas de ese país. Su amigo y su esposa regresaron a Sri Lanka, pero ha seguido en contacto con Molden y le envía fotos de su casa y de su vecindario en Sri Jayawardenepura Kotte. Molden ha investigado sobre el país y lo que ha aprendido le gusta.

Cuando se jubile tiene planeado mudarse a Sri Lanka. «Allí se vive muy bien —me dijo—. Es barato. Y es hermoso». Yo le dije que me parecía un salto muy grande lo de irse a vivir a otro país en el otro lado del mundo. Se encogió de hombros y me contestó: «Pero he visto fotografías y he leído libros».

25.

Trump Strategies for Real Estate Billionaire Lessons for the Small Investor [electronic resource] (2011)
Ross, George H.
E-audiobook

Case Studies in Air Rights and Subsurface Tunnel Road Easements (1965)
American Institute of Real Estate Appraisers
333.01 A512-7

I Love You Phillip Morris: A True Story of Life, Love, & Prison Breaks (2003)
McVicker, Steve
364.92 R967Mc

En 1973, más de mil quinientos miembros del equipo de la biblioteca firmaron un documento quejándose de los peligros que entrañaba trabajar en la Biblioteca Central. Poco después de que dicho documento llegase a manos de la Administración, el Departamento de Bomberos de Los Ángeles indicó que el edificio incumplía veintiséis normas contra incendios. Barton Phelps me dijo que sabía que el edificio estaba muy deteriorado, pero que tenía ciertas dudas sobre el incumplimiento de algunas de las normas. «Alguien dejaba siempre carretillas y cajas en las salidas de incendios y, de algún modo, el Departamento de Bomberos se enteró —dijo—. Daba la impresión de que lo hicieran a propósito, para tener argumentos a favor de derruir el edificio». Los que estaban a favor de demolerlo y los conservacionistas estaban estancados respecto a qué hacer para arreglar el tema de la biblioteca, pero nadie movía un dedo y los dos bandos dudaban de las intenciones de los otros.

Una mañana, un inversor inmobiliario llamado Robert Maguire acudió a una reunión en las oficinas de ARCO. Se asomó a una ventana, le echó un vistazo a la biblioteca y entendió que el edificio se estaba echando a perder. A partir de ese momento tomó la decisión de hacer todo lo posible para arreglar la situación. No hace mucho tiempo me describió qué es lo que vio al mirar desde la ventana de ARCO: «Un horrible muro en la calle Quinta... Una horrible y estrecha escalera que llevaba hasta la calle que estaba encima; todo muy desagradable. Todos los borrachos orinaban en esa escalera». Le pregunté qué le pareció el estacionamiento. «Oh, Dios, sí —dijo con un gruñido—. En resumidas cuentas, tenías un edificio realmente interesante, aunque más bien maltrecho, con un horroroso estacionamiento. Pero aun así me dije que era de vital importancia protegerlo».

Maguire es uno de los inversores inmobiliarios más exitosos de la ciudad. Muchos de sus mayores proyectos se encuentran en el centro. Al igual que muchas otras personas, incluidos los arquitectos preservacionistas que tanto hicieron por mantener intacta la biblioteca, Maguire esperaba que Los Ángeles llegase a tener un centro urbano que realmente pareciese un centro urbano. Una biblioteca mugrienta allí en medio no iba a ayudar mucho en ese sentido. Estaba acostumbrado a construir de la nada, pero le encantaba el edificio Goodhue, así que se comprometió a salvarlo y a rehabilitarlo. También sabía que ARCO, en aquel entonces una gran empresa y toda una potencia filantrópica en Los Ángeles, estaba a favor de conservar el edificio original. Lodwrick Cook, presidente de ARCO, no quería que un rascacielos ocupase el lugar de la biblioteca y le tapara la vista, y Robert Anderson, director ejecutivo de ARCO, era un apasionado de la arquitectura clásica.

El punto más conflictivo era el dinero. La lógica económica dictaba que lo mejor era tirar el edificio, vender el terreno y construir una biblioteca nueva en otro lugar con el dinero ganado. Cuando el centro de la ciudad empezó a convertirse en un distrito financiero en los años ochenta, el precio de la tierra sobre la que se asentaba la biblioteca empezó a subir como la espuma: si la vendían, probablemente podrían costear la mayor parte de la construcción de una nueva biblioteca en un terreno más barato. Reparar y ampliar el edificio tal como estaba implicaría un costo de unos ciento cincuenta millones de dólares. Los bonos y la financiación podrían cubrir parte de esa inversión, pero no serían ni mucho menos suficientes.

En aquella época, en la Costa Este empezaron a ingeniárselas para construir edificios más altos de lo permitido por la zona. Todas las ciudades tenían restricciones de altura para los edificios. No todos eran tan altos como podían serlo atendiendo a lo legal, por lo que dichos edificios disponían de los derechos del espacio vacío y del aire que se extendía hasta la altura permitida. A principios de los años sesenta, un constructor de Chicago propuso por primera vez el concepto de derechos del aire. En cuanto se sentó el precedente, los derechos del aire se convirtieron en un producto que se podía comprar y vender. Por ejemplo, si tenías un edificio de tan solo siete pisos de altura, como era el caso del Goodhue, y en la zona se podían construir edificios de sesenta pisos, podías vender los «derechos» de los cincuenta y tres pisos a los constructores de un proyecto cercano que quisiesen construir por encima de la altura permitida. Los derechos del aire salieron beneficiados en todos los juicios y se convirtieron en un instrumento habitual para el desarrollo urbano. Nadie, sin embargo, había hecho uso de ellos en Los Ángeles.

Se tardó ocho años en orquestar la venta de los derechos del aire de la biblioteca. En 1986 se aprobó la transferencia de estos y el proyecto se puso en marcha «a toda velocidad», según Maguire. Su compañía compró los derechos del aire de la biblioteca por veintiocho millones doscientos mil dólares; su intención era utilizarlos para levantar dos rascacielos frente a la biblioteca, y uno de ellos sería el edificio más alto de toda la Costa Oeste. También compró la tierra que se extendía bajo el antiguo jardín de la biblioteca para construir un gigantesco estacionamiento, con la esperanza de que algún día recuperasen el antiguo jardín. Contrataron al arquitecto Norman Pfeiffer para restaurar el edificio original y diseñar una nueva ala que duplicase el tamaño de la biblioteca. En ese momento, el edificio Goodhue contenía cinco veces más libros de lo que estaba previsto cuando se construyó. La nueva ala aportaría de una vez para siempre el espacio necesario. Restaurarían el edificio original y de ese modo retomarían, en la medida de lo posible, el proyecto del propio Goodhue. Todos aquellos que se habían mostrado favorables a la demolición tuvieron que aceptar que el edificio Goodhue seguiría en pie.

La venta del espacio bajo tierra y del aire por encima supuso casi dos tercios del dinero necesario para la restauración y la ampliación de la biblioteca. La compañía tabacalera Philip Morris se ofreció a costear el tercio que faltaba, con la intención de recibir una reducción en sus impuestos de salud al invertir en un edificio histórico. La junta municipal estuvo a punto de aceptar la oferta, pero, tras meditarlo mucho, decidieron que el hecho de que una marca de cigarros financiase la Biblioteca Pública de Los Ángeles no daría muy buena imagen. El dinero que faltaba tendría que llegar de alguna otra parte.

26.

True Stories of Crime from the District Attorney's
Office (1924)
Train, Arthur
364.973 T768-1

Tom Bradley's Impossible Dream: The Educational
Documentary (2014)
DVD 92 B811To

In Praise of Litigation (2017)
Lahav, Alexandra D.
347.90973 L183

Hold Your Tongue! The Layman's Guide to Libel
and Slander. A Fascinating Exploration of the Realm
of Defamation, Including An Analysis of Ideological,
Racial, and Religious Libels (1950)
Ernst, Morris L.
347.5 E71a

Robert Sheahen es un abogado penalista de Los Ángeles que a lo
largo de los años ha llegado a reunir a toda una serie de clientes
interesantes, incluido el presidente de Los Ángeles del Infierno, el
cantante Rick James, que fue acusado de torturar a una mujer con
una pipa de *crack* y a la mujer que fue acusada de proporcionarle a
John Belushi aquella dosis fatal de droga. Sheahen tiene un mentón fuerte, una mirada intensa y una manera de reírse de sí mismo

que desarma a cualquiera. Nunca llegué a entender por qué conoció a Harry Peak, pero su conexión data de 1983, cuando Sheahen envió a uno de sus investigadores para que encontrase a alguien que pudiese testificar a favor de la defensa en un juicio de asesinato y, de algún modo, el investigador dio con Harry. A pesar de que este echó al traste su testimonio al hablar con los miembros del jurado y decirles que era actor, su ingenuidad llamó la atención de Sheahen. Sabía que Harry necesitaba trabajo, así que lo contrató para que de vez en cuando le hiciese recados. Con el paso del tiempo, sin embargo, perdieron el contacto, de ahí que a Sheahen le sorprendiese que Harry le llamara para pedir que lo representase en el caso del incendio. «Sabía que no tenían nada contra él, por eso decidí llevar el caso —me dijo Sheahen un día mientras almorzábamos—. Era el tipo de caso que los abogados denominamos "Llama-sin"». Empezó a reír y esperó a ver si comprendía el chiste. Al ver que no lo entendía, dijo con paciencia: «Quiere decir que llevas un caso por el que no vas a ganar dinero, pero sí va a llamar mucho la atención. Llamativo. Y sin cobrar. Llama-sin. ¿Lo entiendes?».

Sheahen me dijo que le sorprendió mucho ver el nombre de Harry asociado al incendio de la biblioteca. «Para ser sincero, casi me salí de la autopista cuando lo oí en las noticias —comentó—. Nunca me pareció un pirómano». Desde el principio, Sheahen creyó que el ayuntamiento se estaba extralimitando porque el incendio había tenido lugar casi un año antes y el público exigía que arrestasen a alguien. No le preocupaba el hecho de que Harry no pudiese dar cuenta de su paradero aquella mañana, o que hubiese cambiado sus coartadas como si hubiese estado mezclando una baraja de cartas. «Harry estaba un poco chiflado —dijo Sheahen, dejando el sándwich sobre el plato—. Le encantaba llamar la atención. Quería ser famoso».

Harry estuvo tres días arrestado antes de que lo soltasen. Su familia la pasó muy mal. «Nunca había llorado tanto en mi vida —me dijo su hermana Brenda—. Me daba la impresión de que la gente lo miraba como si no fuese más que un hijo de puta homosexual. Sí, le gustaba decir cosas estúpidas, pero eso no quería decir que fuese culpable». La propia casa de Brenda había ardido poco antes de que lo hiciera la biblioteca; cuando arrestaron a Harry, ella vivía en un hotel. El incendio de su casa fue atribuido a un problema eléctrico, pero le preocupaba que alguien encontrase una conexión entre los dos incendios. Temía que lo usaran contra Harry, así que decidió mantenerse a cierta distancia de él, por si acaso.

Después de cumplir con el papeleo para su puesta en libertad, los carceleros retuvieron a Harry dos horas más sin razón aparente antes de dejarlo ir. Sheahen cree que lo hicieron como venganza, porque, al igual que el resto de los habitantes de la ciudad, querían culpar a alguien del incendio y Harry era en ese momento la persona adecuada. En las puertas de la prisión lo esperaba toda una patrulla de periodistas y cámaras. En lugar de parecer apesadumbrado o arrepentido, Harry salió a la calle con una amplia y brillante sonrisa. Tal vez era la típica risa nerviosa. Tal vez era un acto reflejo, un estallido de júbilo debido a la atención que le prestaban, sin que le importase el motivo de ello. Tal vez, cuando vio las cámaras, el aspirante a actor que habitaba en su interior no pudo reprimir la sonrisa. Fuera cual fuese la razón, su sonrisa apareció en todos los artículos sobre su arresto y lo hizo parecer una persona descarada, un sinvergüenza; como si se hubiese salido con la suya.

Los periódicos locales estaban ansiosos por saber algo más, especialmente después de haber oído decir que Harry había confesado el delito a algunos de sus amigos. Sheahen ahuyentó a la prensa afirmando que el comportamiento de Harry era estúpido pero inofensivo, el equivalente a esas personas que hacen bromas sobre bombas en los aeropuertos. «Le gusta bromear —declaró Sheahen en *Los Angeles Times*—. Contó varios chistes que no tendría que haber contado. Tenía un sentido del humor muy peculiar». A Harry le gustaba complacer a la gente, añadió, y si le daba por decirles a sus amigos que era un pirómano, se lo decía. Sheahen halagó a los investigadores diciéndoles que eran «personas de primera llevando a cabo un trabajo de primera». Pero en esa ocasión, dijo, se habían equivocado de hombre.

Según Sheahen, el 29 de abril de 1986, Harry empezó el día a las nueve de la mañana entregando unos papeles en el juzgado del centro de la ciudad para Leonard Martinet. A las diez de la mañana fue a su cita con el podólogo en Hollywood, después almorzó con el reverendo Smith y el podólogo, Stephen Wilkie. En cuanto acabaron, Harry condujo hasta casa de sus padres en Santa Fe Springs y llegó allí a eso de las once de la mañana. A medida que iba ordenando los hechos, daba la impresión de que resultaba imposible cuadrar aquella agenda. Todo el mundo que haya pasado un tiempo en Los Ángeles sabe que difícilmente, por no decir que es imposible, podría haber ido al centro y después a Hollywood en una hora, y difícilmente, por no decir imposible, podría alguien haber almorzado en Hollywood y después haber llegado a Santa Fe Springs, a casi cuarenta abarrotados kilómetros de distancia, en una hora.

Al final, la credibilidad de los horarios de Harry no importó. El 3 de marzo de 1987, Stephen Kay, ayudante del fiscal del distrito asignado al caso, organizó una rueda de prensa para anunciar que no se presentarían cargos contra Harry. «A pesar de que existe una sólida causa probable para creer que el sospechoso es el responsable del incendio intencionado de la Biblioteca Central —dijo Kay—, las pruebas resultan insuficientes para acusarlo formalmente en esta ocasión».

Los investigadores del Departamento de Bomberos se quedaron sin habla. Dean Cathey, uno de los jefes del departamento que había dedicado incontables horas a la investigación, hizo unas declaraciones después del anuncio de Kay. «Seguimos creyendo que Peak es el autor material del incendio». Mientras los periodistas preguntaban sin descanso, Cathey prosiguió: «Resulta frustrante. Hemos dedicado quinientas horas a investigar a este hombre [...].

Para los investigadores es duro. Y la gente de Los Ángeles va a empezar a preguntarse cómo es posible que no hayamos atrapado a este individuo».

Kay dio a entender que, en caso de aparecer más pruebas, Harry todavía podría ser acusado: «El caso no está cerrado». Pero la investigación no avanzó hasta que Harry fue puesto en libertad. No aparecieron nuevos testigos y no encontraron pruebas físicas. No había nada definitivo que vinculase a Harry con el delito. Ni siquiera existían pruebas consistentes sobre qué era lo que había provocado el incendio; simplemente había una zona en las torres donde los investigadores creían que había empezado el fuego. Lo único a lo que podían aferrarse para acusar a Harry eran las confesiones que este había realizado a algunos amigos, pero en la mayoría de las versiones no había confesión alguna. Kay también sabía que las confesiones de Harry seguramente no serían admitidas en el tribunal. A los investigadores, que estaban convencidos de que Harry era el culpable, les resultó muy complicado enfocar el caso desde un nuevo punto de vista, buscar nuevos sospechosos, pues estaban convencidos de que era su hombre. Una vez que Kay anunció que no se presentarían cargos contra Harry, la investigación quedó encallada.

Muchos investigadores creen que Kay no quiso llevar el caso por otro tipo de razones estratégicas. En aquel entonces, el fiscal del distrito se encontraba sumido en un caso de abuso sexual contra los propietarios y el equipo de la escuela de preescolar McMartin, que acabó siendo uno de los más largos y caros juicios penales en la historia de Estados Unidos. El caso empezó a desintegrarse y, finalmente, el jurado no extrajo conclusiones definitivas. Lo último que deseaba la oficina del fiscal del distrito era perder otro caso importante, como podía serlo el de la biblioteca. La debilidad de las pruebas contra Harry entrañaba un riesgo demasiado elevado.

Harry salió de la cárcel y retomó su vida. Buscó trabajo, sin suerte. Su hermana Debra me contó que nadie quería contratarlo debido a su notoriedad. «Decían: "Oh, ¿tú no eres el tipo de la biblioteca?".

Y eso era todo», me dijo. Entonces, de repente, el caso volvió a las primeras páginas. En una rueda de prensa en enero de 1988, Harry apareció junto con Leonard Martinet, para quien había trabajado ocasionalmente, pero que ahora iba a ser su abogado. Para los periodistas que se habían congregado allí, Martinet dijo: «Resulta difícil creer que un individuo por completo inocente [como Harry] pudiera [...] ser golpeado y arrestado por agentes del gobierno con el único objetivo de obligarlo a confesar. Esas son técnicas de la Gestapo». Como consecuencia, añadió Martinet, Harry Peak demandaba a la ciudad de Los Ángeles en el Juzgado Civil. Martinet añadió que su cliente había sufrido daños «en la espalda y el cuello que habían requerido tratamiento médico [...], daños mentales y conmoción y daños en el sistema nervioso» durante los tres días que estuvo preso, y «no había podido trabajar, perdiendo sus ingresos o perdiendo capacidad [...], convencido de que no podría trabajar durante un tiempo en el futuro». Harry demandó a la ciudad por falso arresto, difamación, angustia emocional, invasión de la privacidad y asalto con agresión. Se pedía una indemnización de quince millones de dólares. También demandó individualmente al investigador del Departamento de Bomberos Dean Cathey por cinco millones, desde el supuesto de difamación, pues este le había dicho a la prensa que Harry era culpable. Harry siempre había tenido poco dinero, así que una demanda civil que podía conllevar veinte millones de dólares seguramente le llamase la atención. Pero estoy convencida de que lo que más le agradó de la demanda fue que incluía la frase: «En el momento de su arresto, el demandante era actor de medio tiempo».

El desarrollo de esta historia me dejó perpleja. Harry podía haberse sentido perturbado por su detención, y es posible que lo tratasen con rudeza mientras estuvo encerrado, pero no parecía la clase de persona con la determinación necesaria para demandar a la ciudad. Lo único que en todo eso parece propio de Harry es que la demanda era una forma de centrar de nuevo la atención en su persona, igual que ocurrió cuando era sospechoso. Aun así, me daba la impresión de que había un interés oculto en ese caso civil.

Harry conocía a varios abogados debido a sus trabajos temporales. ¿Acaso lo animó alguno de ellos a interponer la demanda civil? Cuando se desestimó la acusación penal, Robert Sheahen se apartó del caso. Pero me pregunto si Leonard Martinet animó a Harry a que echase a andar la demanda. En esta historia, Martinet ha entrado y salido varias veces, siempre como un elemento visible, pero sé muy poco de él y he encontrado muy poca información cuando he investigado. He intentado contactar con él, pero lo único que he encontrado han sido números de teléfono desconectados y un único número en activo a su nombre en Palm Springs. Lo llamé varias veces, pero nadie respondió nunca, y el mensaje posterior decía que el teléfono no aceptaba llamadas entrantes.

• • •

Al equipo de investigación de incendios intencionados que había estado tras los pasos de Harry la demanda le cayó como una cubeta de agua fría, especialmente a Dean Cathey, que sudó la gota gorda hasta asegurarse de que su sindicato cubriría los gastos derivados de los cargos individuales presentados contra él. A los bomberos no les bastó con defenderse y defender a la ciudad de alguien como Harry. Un grupo de ellos contactaron con una abogada a la que admiraban llamada Victoria Chaney. En la actualidad es jueza adjunta en el Tribunal de Apelaciones, pero en 1988 la llamaban Justicia Chaney en la unidad de responsabilidad civil de la oficina del fiscal y a menudo solía trabajar con los miembros del departamento de bomberos. Chaney me contó que le había preocupado mucho hasta qué punto los investigadores estaban seguros de que Harry había sido el responsable del incendio. Revisó su material y propuso una nueva táctica. En lugar de esperar a ver si la causa penal volvía a ser aceptada a trámite, sugirió demandar a Harry por la vía civil, igual que él había hecho con la ciudad. En un caso penal, el veredicto tenía que ser unánime, y las pruebas tenían que demostrar la culpabilidad más allá de toda duda razonable. En un caso civil, lo único que había que demostrar era la preponderancia de las pruebas y el veredicto se decidía por una mayoría de votos. El caso contra Harry podía quedar en nada bajo el escrutinio de un tribunal penal, pero Chaney creía que podrían resistir los embates algo más amables de un tribunal civil.

El Departamento de Bomberos accedió y Chaney puso en marcha el caso. El ayuntamiento igualó la demanda de quince millones de dólares de Harry y añadió algunos millones más. Tres semanas después, Harry completó su demanda, el ayuntamiento completó su contrademanda en el Tribunal Superior demandando a Harry una compensación por el costo que supuso reemplazar los libros destrozados de la biblioteca, el costo de la reparación de los daños, el costo del agua utilizada para sofocar el incendio, el costo de arreglar los desperfectos del edificio y el costo de las indemnizaciones a los bomberos que resultaron heridos durante el incendio. El ayuntamiento demandó finalmente a Harry Peak por veintitrés millones seiscientos mil dólares.

27.

The Conservation of Books and Documents (1957)
Langwell, W. H.
025.7 L287

The McDonnell Douglas Story (1979)
Ingells, Douglas J.
338.8 M136In

Salvage of Water Damaged Books, Documents,
Micrographic and Magnetic Media: A Case History,
Dalhousie Univ. Law Library, Aug. 1985; A Case
History, Roanoke Virginia Flood, Nov. 1985 (1986)
Lundquist, Eric G.
025.8 L962

Después de pasar dos años congelados, los libros estaban listos para ser descongelados, secados, fumigados, clasificados, limpiados, reparados y recuperados. La empresa aeroespacial McDonnell Douglas, que disponía de una división al sur de Los Ángeles, se ofreció para intentar secar el primer lote de veinte mil libros. Los ingenieros de McDonnell habían investigado sobre la naturaleza del agua que había impregnado el papel y decidieron usar una cámara de simulación espacial para la descongelación y el secado. Colocaron una selección de libros abiertos sobre el lomo en una bandeja de aluminio y los aplanaron con otra bandeja de aluminio rígida. Los libros aplastados estaban apilados de seis en seis. Toda la torre de libros se aseguró con cuerdas elásticas y la colocaron dentro de una cámara de vacío de doce metros de anchura que se utiliza para probar satélites bajo diferentes condiciones atmosféricas y meteorológicas. La temperatura en la cámara ascendió hasta los 37.7° y dejaron los libros dentro durante cinco días. Después, la presión en la cámara descendió hasta la que podríamos encontrar a unos cuarenta y tres kilómetros de altura. Se aumentó y se disminuyó la presión a intervalos, y también hicieron subir y bajar la temperatura de manera muy drástica. Cuando la primera remesa de libros acabó el proceso, se habían extraído dos mil doscientos litros de agua.

El ayuntamiento removió cielo y tierra para conseguir fondos para salvar los libros y dividió los contratos entre las compañías Eric Ludquist, Document Reprocessors y otra llamada Airdex. Estas compañías usaron métodos diferentes para conseguir los mismos resultados. Document Reprocessors disponía de cinco cámaras de vacío parecidas a la que habían utilizado en McDonnell Douglas para la intensa presión de vacío que sirvió para extraer el agua a través de un proceso de sublimación. Lundquist calculó que lograrían extraer cerca de ciento trece mil kilos de agua. Airdex, que colaboraba con la NASA en el proyecto, colocó los libros en una cámara que variaba su atmósfera interna cada veinticinco segundos, convirtiendo el agua en vapor que se evaporaba de los libros. Ambos sistemas tardaban cerca de una semana en secar un único libro, dependiendo de lo húmedo que estuviese. Los conservadores de libros calcularon que había libros que tenían un diez por ciento de agua y otros hasta un cien por cien; es decir, algunos volúmenes tenían la misma cantidad de agua que de papel. A los conservadores de libros les gustaba discutir sobre cuál de los métodos —secado por vacío o deshumidificación— era el más adecuado para libros mojados. En Eric Lundquist estamparon «DR» —por *dry*, «secar»— en los libros que secaron porque estaban convencidos de que su sistema era mejor que el de Airdex, y querían compararlos cuando el proyecto finalizase. Me retaron a que comparase uno de sus libros con uno de los de Airdex. «Los nuestros están planos —me dijo—. Parece como si nunca hubiesen estado mojados».

Cuando una remesa de libros quedaba seca, se enviaba al otro lado de la ciudad, a la jefa de los conservadores, Sally Buchanan, que dirigía a su equipo para que cada libro fuese sometido a un examen que incluía preguntas como:

¿Están las páginas arrugadas?
¿El ejemplar está hinchado, deformado, ya no es «cuadrado»?
¿Las juntas internas y externas siguen siendo fuertes?
¿Está intacto el lomo?
¿Las hojas finales son sólidas?
Cuando se abre y se cierra, ¿el libro sigue plano?

Buchanan explicó al equipo de la biblioteca que le llevaría treinta y seis meses rehabilitar los libros y que, cuando lo hiciese, podrían catalogarlos y volver a colocarlos en sus estantes. «En términos generales, el equipo se siente satisfecho con lo que ha podido salvarse —les escribió Buchanan a Wyman Jones y Elizabeth Teoman—. Muchos libros tienen buen aspecto, aunque se trata de aquellos que apenas se mojaron, es decir, solo puede apreciarse una línea de agua que ascendió cinco o seis centímetros desde la base [...]. Sin embargo, hay señales de moho en las cubiertas de un buen número de ejemplares». Buchanan dijo que para algunos libros no había esperanza alguna. Los que sufrieron quemaduras graves, aquellos cuyas páginas se engancharon, o secciones enteras que se perdieron; todo eso estaba más allá de sus posibilidades.

La restauración de la colección de libros de la Biblioteca Central fue el mayor proyecto de secado de libros que jamás se haya emprendido. Aproximadamente unos setecientos mil libros —veintitrés mil metros cúbicos de material— estaban mojados o ahumados o, en algunos casos, ambas cosas. Hasta el incendio de la biblioteca, el mayor proyecto de secado de libros había incluido unos cien mil ejemplares. Las cámaras de presión resoplaron durante meses. Finalmente, el veinte por ciento de los libros que pasaron por el proceso de secado estaban en unas condiciones lo bastante buenas como para ser devueltos a la biblioteca inmediatamente. Cerca del treinta y cinco por ciento se habían secado bien pero necesitaban una nueva encuadernación. El setenta y cinco por ciento requerían de una limpieza exhaustiva o fumigación. Todos aquellos libros que tenían papel satinado, que se volvió resbaladizo y pegajoso con la humedad, quedaron para el arrastre.

• • •

El 3 de junio de 1988 —más de veinte años después de que el informe Green diese a entender que el edificio Goodhue tenía que ser demolido— comenzó la restauración del edificio original, y se iniciaron las excavaciones para la nueva ala de la biblioteca. Hasta que no acabaron las obras, la biblioteca siguió en funcionamiento en unas bodegas temporales en la calle Spring. La ubicación no le gustó a nadie, pero, al menos, una vez iniciadas las obras de la Central resultaba tolerable saber que, tarde o temprano, los inconvenientes acabarían.

La nueva ala Pfeiffer se había diseñado para complementar el edificio Goodhue aunque sin fingir que era del mismo estilo antiguo. El ayuntamiento había adquirido el terreno que se encontraba al sur del edificio para la nueva ala, que se uniría al edificio Goodhue a través del muro sur. El diseño de Pfeiffer presentaba un atrio de ocho pisos de altura. A pesar de que el añadido era muy grande, no superaría la altura del edificio original porque cuatro de sus pisos estarían bajo tierra. La mayoría de los departamentos temáticos quedarían recolocados en esa nueva ala. Los libros ya no estarían almacenados en las pilas de concreto, sino en un espacio aireado en la nueva ala. Los visitantes de la biblioteca podrían subir y bajar por los ocho pisos del atrio gracias a toda una serie de escaleras mecánicas. La experiencia de pasar de un edificio a otro se asemejaría a dejar atrás un excéntrico teatro y entrar en una catarata.

28.

*33 Revolutions Per Minute: A History of Protest
Songs, from Billie Holiday to Green Day* (2011)
Lynskey, Dorian
784.491 L989

*Fox Tossing: And Other Forgotten and Dangerous
Sports, Pastimes, and Games* (2015)
Brooke-Hitching, Edward
796.009 B872

*Passing Through: Groove-Oriented Chamber Music,
Vol. 3* (2016)
Wolfgang, Gernot
CD Classical Chamber

*Knitting Without Tears: Basic Techniques
and Easy-to-Follow Directions for Garments
to Fit All Sizes* (1971)
Zimmermann, Elizabeth
746.21 Z73

Uno puede encontrarse con un montón de sorpresas en la biblioteca, un montón de cosas en las que no pensarías cuando imaginas
todo lo que puede contener una biblioteca. Por ejemplo, la de Los
Ángeles dispone de una gigantesca colección de cartas de restaurantes. Los bibliotecarios Dan Strall y Billie Connor iniciaron esa
colección y un oftalmólogo de Palos Verdes, que había empezado

a coleccionar cartas en 1940, donó la mayoría de ellas. El oftalmólogo utilizaba dichas cartas como una especie de diario de su vida
amorosa: escribía una nota en la parte de atrás de muchas de ellas
para dejar constancia de las chicas que lo habían acompañado a los
restaurantes. Además de la colección de cartas de restaurantes, hay
otras muchas cosas inesperadas. En un grupo de cajas del Departamento de Arte y Música se puede encontrar el vestuario, la utile-
ría y toda una amplia colección de aterradoras marionetas de la
compañía Turnabout Theatre, una compañía de títeres para adultos que funcionó en Los Ángeles entre 1941 y 1956. Hay colecciones de exlibris y etiquetas de embalado de fruta y de partituras
musicales y de pósters de películas y la mayor colección de material relacionado con el toreo en Estados Unidos y, por supuesto,
los autógrafos de Lummis. Y en cuanto la veterana bibliotecaria
que está al cargo de la digitalización, Xochitl Oliva, acabe de catalogarlos, los pósters contra la guerra y los panfletos de L. A. Resis-
tance se unirán a los recuerdos de la biblioteca. Hay tantas cosas en
una biblioteca, tantos libros y tanto personal, que a veces me pregunto si una sola persona podría llegar a saber todo lo que contiene. Prefiero pensar que algo así es imposible; me gusta la idea de
que una biblioteca es algo más expansivo y gigantesco que una sola
mente, y que son necesarias muchas personas juntas para completar el índice que haga justicia a su abundancia.

Una de las cosas que yo no habría esperado encontrar en una
biblioteca es música. Sabía que había libros sobre música, también
CD y casetes, pero no sabía que la colección incluía partituras musicales. Una tarde estaba dando una vuelta con Sheila Nash, la bibliotecaria del Departamento de Arte y Música. Hasta ese momento, mi visita a Arte y Música había transcurrido como esperaba: la
sala estaba en silencio, casi adormilada, con mucha gente que pasaba las páginas de los enormes libros de arte con cuidado, o bien
hacían cola frente al mostrador para preguntar cómo podían encontrar libros teóricos sobre violonchelo o canciones protesta o
ejemplares recientes de la revista *Bead & Button*. La definición de

«arte y música» es generosa, pues incluye artesanía, deportes, juegos, jardinería, filatelia y danza. Su amplio espectro abarca tantas cosas que, recientemente, el nombre ha cambiado a Arte, Música y Ocio.

Nash y su esposo, Roy Stone, han trabajado en la biblioteca de Los Ángeles un total de setenta y nueve años entre los dos. (Poco después de que los entrevistase, ambos se jubilaron.) Era el bolso de Nash lo que Glen Creason y Stone estuvieron buscando inmediatamente después del incendio, cuando descubrieron que la Sala de Patentes había ardido. Nash y Stone son gente de biblioteca. Más allá de ser un bibliotecario veterano, Stone fue el jefe del Gremio de Bibliotecarios durante muchos años. En una ocasión me contó que, cuando trabajaba en una de las sucursales del centro, los camellos del barrio solían acudir a la biblioteca para pedirle ayuda con los documentos para pedir la devolución de impuestos. Me dijo que creía que ese era uno de los ejemplos perfectos para demostrar el extraño papel que desempeñan las bibliotecas hoy en día, pues son una entidad gubernamental, un lugar de conocimiento, en el que no se juzga a nadie, inclusivas y particularmente agradables.

Nash hblaba por teléfono, ayudando a alguien que quería saber en qué año nació Dizzy Dean. Me susurró: «Podría buscarlo en Google» y señaló hacia el teléfono encogiéndose de hombros. Su escritorio era un caos, había unos cuantos ejemplares del *Hollywood Reporter* apilados, un libro de las casas de los presidentes estadounidenses, instrucciones para hacer confecciones de punto para unos pequeños muñecos llamados Whimsical Woolies, una revista sobre carreras de caballos, una revista sobre ajedrez y un ejemplar reciente de la versión inglesa de *Vogue*.

Después de decirle al hombre que estaba al teléfono la fecha de nacimiento de Dizzy Den, recorrimos los pasillos con las estanterías de libros y nos detuvimos junto a un gigantesco archivador. Nash abrió uno de los cajones. Dentro había docenas de partituras musicales para orquesta, con las notas negras salpicando los pentagramas. El departamento posee más de dos mil partituras orquestales y cada una de ellas tiene las instrucciones escritas para todos los instrumentos. Las partituras son gruesas como libros. La biblioteca adquirió las primeras partituras en 1934, cuando el fundador de la Filarmónica de Los Ángeles, Williams Andrews Clark Jr., donó su colección de setecientas cincuenta y dos partituras al Departamento de Música. El siguiente lote se añadió en 1948, cuando la biblioteca compró una biblioteca de alquiler de partituras, y la colección ha ido creciendo lentamente desde entonces. La biblioteca también posee resmas y resmas de partituras sueltas. La mayor donante de partituras musicales fue la compositora Meredith Willson, que entregó su colección a mediados de los años sesenta, poco después de que su obra *Vendedor de ilusiones* fuese estrenada en Broadway y se convirtiese en una de las películas más exitosas de 1962.

Las partituras musicales para orquesta son caras. Oscilan entre los trescientos y los novecientos dólares, y cada miembro de la orquesta necesita la suya. Conseguir una partitura para cada músico puede suponer un gasto enorme, especialmente en lo que se refiere a pequeñas orquestas. En Los Ángeles están afincadas docenas de orquestas y grupos musicales, como Los Angeles Doctors Symphony Orchestra, la Balalaika Orchestra, la Orange County Guitar Orchestra o la Inner City Youth Orchestra; y la lista sigue y sigue. Los Ángeles tiene más músicos profesionales que cualquier otra ciudad de Estados Unidos. También cuenta con una de las pocas bibliotecas del país que dispone de partituras musicales para orquesta. La coexistencia de ambas cosas no parece fruto de la casualidad.

Nash controla los préstamos y retornos de la música y también guarda un montón de secretos. El mundo de la música clásica es pequeño y muy competitivo. La Desert Symphony no quiere que la Armenian General Benevolent Union Orchestra sepa qué tienen planeado tocar en la temporada de invierno, y la Filipino American Orchestra no quiere que la New Valley Symphony Orchestra conozca sus planes, pero, al mismo tiempo, tampoco quieren acabar intentando vender entradas para el mismo programa de *Un réquiem alemán* de Brahms. Nash es la discreción personificada y podría indicarle al director de una orquesta de cámara, con extremada prudencia, que sería mejor que no interpretasen las *Tres piezas para cuarteto de cuerda* de Igor Stravinsky en caso de saber que otro conjunto de cámara había sacado en préstamo esas partituras. También es una persona muy paciente. Los músicos parecen incapaces de recordar cuándo hay que devolver las partituras a la biblioteca. Algunos de los usuarios de la colección de música han llegado a deber doce mil dólares debido a la acumulación de retrasos. «Bueno, son artistas —me dijo Nash mientras ordenaba una pila de partituras de Rimsky-Korsakov—. Da la impresión de que tienen una capacidad especial para extraviar cosas».

29.

Manual of Procedures, Civil (1979)
Association of Municipal Court Clerks of California
347.9 A849

Nitroglycerine and Nitroglycerine Explosives (1928)
Naoum, Phokion P.
Series: World Wide Chemical Translation Series No. 1
662.2 N194

The Mystery of the Fiery Message (1983)
Farley, Carol
X

Odd Gods: New Religions & the Cult Controversy (2001)
Editado por Lewis, James R.
291.0973 O225

El 8 de junio de 1988, la ciudad de Los Ángeles, representada por Victoria Chaney, hizo declarar a Harry Peak en el caso n.º 672658 del Tribunal Superior, que combinaba la demanda presentada por Harry contra el ayuntamiento y la demanda del ayuntamiento contra él. Justicia Chaney habló conmigo recientemente sobre el caso. Me dijo que, a pesar de la ferocidad de los alegatos del ayuntamiento contra él, le dio la impresión de que Harry era una persona agradable. Cuando se conocieron, era guapo y bien parecido. Había algo en él que casi parecía inocente; no parecía un hombre de mundo o sofisticado. Pero también le pareció un tanto trágico.

«Me dio la impresión de que estaba perdido —me dijo cuando nos sentamos en su despacho del Tribunal Federal—. Había pasado una infancia triste. Cambió de trabajo una y otra vez. Parecía buscar algo desesperadamente.» Me contó que ella no confiaba en el reverendo Smith, que a menudo acompañaba a Harry, vestido con su sotana negra, con un crucifijo decorado con joyas. Sabía un poco de Smith, de cómo había atraído a hombres solitarios para su culto casero. Supuso que se había convertido en algo parecido a una figura paterna para Harry.

En la nueva ronda de declaraciones, Harry centró su testimonio en una única línea temporal, a diferencia de lo que había hecho cuando tuvo que hacer frente a cargos penales. Harry insistía ahora en que lo que había dicho anteriormente sobre lo de haber estado dando una vuelta por el centro de la ciudad o lo de entregar unos papeles no era cierto. Dijo que había pasado la mañana del 29 de abril en casa junto con sus compañeros de piso. A las diez de la mañana condujo hasta el despacho del reverendo Wilkie para que le trataran las verrugas. El tratamiento duró una hora y después el reverendo Wilkie, el reverendo Smith y él fueron a comer. Cuando el mesero estaba limpiando la mesa, mencionó que había un incendio en la biblioteca. Esa fue la primera ocasión en la que Harry supo del suceso. Declaró que lo que dijo después a sus amigos sobre el incendio habían sido bromas para entretenerlos. Dijo que había inventado todo: lo de ayudar a la mujer mayor, lo de que le llevase en brazos un guapo bombero. «Era el centro de atención de mis amigos, que por aquel entonces me creían —testificó al explicar por qué les había dicho que había iniciado el fuego. Dijo que su único delito era ser ingenuo, y añadió—: No se me ocurrió que pudiesen arrestarme por contar esa historia».

Chaney hizo declarar después a Wilkie. Le tomaron juramento y, acto seguido, el reverendo afirmó que se dedicaba a la podología y que, junto con el padre Clark, dirigía la Iglesia Ortodoxa Americana, una pequeña congregación independiente. El padre Clark ayudaba al padre Wilkie a organizar su consulta de podología y también la hacía de chófer, porque el padre Wilkie no andaba bien de salud y no podía conducir. Wilkie dijo que conoció a Harry Peak en 1984, cuando Harry acudió a él para que le tratase las verrugas de los pies, y que poco después se hicieron amigos.

Chaney le preguntó a Wilkie sobre algunos detalles más de lo ocurrido el día del incendio. Respondió, básicamente, siguiendo la misma letanía que Harry: se encontró con él a eso de las diez de la mañana, y después comieron algo cuando acabó el tratamiento de las verrugas. De repente, Wilkie se inclinó hacia delante. Chaney dejó de hacerle preguntas. «Perdone, padre. ¿Se encuentra mal? —le preguntó—. Me fijé que se tocó el pecho».

Wilkie se apretó el pecho y dijo entrecortadamente: «Sí, un poco». Se detuvo varios segundos y dijo: «Me tomé una pastilla de nitroglicerina hace un minuto... Cinco minutos... Más o menos. Suele ayudarme. Me... Me... Me gustaría acabar, por favor». Chaney le preguntó si necesitaba un descanso; él negó con la cabeza y dijo que no quería descansar porque temía dormirse durante varias horas si descansaba. «Intentemos... Intentemos aguantar, por favor», dijo. Recomponiéndose, ofreció algunos detalles más sobre el almuerzo en French Quarter. Explicó que el mesero le dijo a Harry que «habían prendido fuego» a la biblioteca. Cuando leí la declaración me sorprendieron esas tres palabras. En el momento en el que el mesero les habló del incendio, ningún medio de comunicación había dicho nada de que nadie «hubiese prendido fuego» a nada. En ese momento el fuego seguía muy vivo y las noticias se centraban en si sería posible salvar la biblioteca o no.

El ayuntamiento desplegó sus argumentos sobre por qué creía que Harry Peak era el responsable del incendio: sus coartadas eran inconsistentes. Varias personas lo habían reconocido en una rueda de identificación. Existían varias «cuestiones verificables como hechos materiales» que apuntaban hacia su culpabilidad. De nuevo, Chaney sacó a colación el costo de lo que tendrían que pagar los contribuyentes debido al incendio: seiscientos veinticinco mil dólares por el aserrín y las telas protectoras utilizadas para evitar la extensión del fuego y proteger los libros. Once millones y medio de litros de agua «cuyo costo preciso todavía tenía que ser confirmado». El dinero empleado en la restitución o reparación de más de un millón de libros. Los gastos de restauración del edificio. Los gastos médicos de los bomberos heridos. Para el caso que presentaba el ayuntamiento era imprescindible dar por hecho que el incendio había tenido una causa «no natural». En ningún momento llegó a debatirse que el incendio fuese intencionado; los investigadores declararon que, en efecto, lo había sido, y a partir de ahí se aceptó como un hecho incuestionable. Tal como Chaney lo expuso, los investigadores «eliminaron toda posible causa accidental, natural o de origen mecánico [...]. En otras palabras, el incendio empezó debido a una llama, una llama que sostenía una mano humana».

· · ·

El caso del incendio de la Biblioteca Central me tenía perpleja. Por mucho que me esforzase, no podía convencerme por completo de que Harry lo hubiese provocado. Encajaba en el típico perfil de pirómano, pues era joven, soltero y blanco. Pero la mayoría de los pirómanos que sufren el impulso psicológico de quemar cosas empiezan a mostrar signos compulsivos durante la infancia. Por lo que yo sabía, y por lo que indicaban todos los informes, Harry nunca había quemado nada. Había solicitado empleo en el Departamento de Bomberos —o, al menos, así lo había manifestado él— y quizá le interesaba el fuego mucho más de lo que nadie había entendido. Pero mucha gente solicita trabajar en el Departamento de Bomberos y una amplísima mayoría de quienes lo hacen no son pirómanos. A pesar de que Harry solo hablase de su deseo de ser actor, su interés por llegar a ser bombero tenía algo de sentido. Lo que su padre dijo sobre que podía imaginarse a Harry prendiéndole fuego a un edificio vacío parecía ser una manera torpe de decir que consideraba que su hijo era impulsivo, capaz de hacer algo irresponsable en un edificio sin importancia, pero que no creía que fuese de esas personas dispuestas a dañar un edificio importante y hermoso lleno de vida.

El ayuntamiento insistió en que podía haber tenido motivos para hacerlo. Los investigadores creían que Harry había acudido a la biblioteca sin intención alguna de hacer algo malo, pero se había enfadado mucho cuando el guardia de seguridad lo corrió, así que provocó el incendio llevado por el rencor. La teoría tenía algo de lógica. Pero la interacción de Harry con el guardia parecía más insignificante que provocativa, y Harry no parecía ser el tipo de persona que reacciona impulsivamente ante la mínima ofensa. Aunque Harry había mencionado en sus interrogatorios que el guardia que lo había detenido en la puerta era afroamericano. ¿Se trataba de un comentario cualquiera o se trataba de algo más? Según una encuesta de 2015, menos del cuatro por ciento de la gente que habita en Santa Fe Springs, ciudad natal de Harry, eran negros. Durante su infancia y adolescencia, el porcentaje debía de ser inferior. Nunca he oído algún otro detalle que diese a entender que Harry fuera racista, pero sí me fijé en que hizo varias menciones a la raza del guardia.

En caso de haber estado enfadado, podría haberle resultado sencillo colarse en alguno de los recovecos o escondrijos de la biblioteca y haber encendido un cerillo. Tal vez Harry lo hizo como un gesto de desafío, nada más. Tal vez Harry acercó el cerillo a un libro sin pararse a pensar en lo que podía venir después. En una fase inicial de la investigación, Harry le dijo al agente Thomas Makar que creía que la persona que había provocado el incendio no tenía intención de que fuese algo tan grande. Quizá Harry no era del tipo de persona que prende fuego a un edificio como la biblioteca, pero ¿podía ser del tipo de persona que enciende un cerillo cuando está muy enfadado? Podía imaginar algo así: Harry podía haberse irritado por culpa del guardia y podía haberse sentido más ofendido cada vez que lo detuvo un bibliotecario. Es posible que llevase una caja de cerillos en el bolsillo sin tener pensado de qué modo la utilizaría. Pero quizá se encontró de repente en un rincón apartado, solo en mitad de todas aquellas pilas de libros y papeles: Harry Peak, actor, siempre al borde de ser descubierto pero, en realidad, siempre fuera de la vista de los demás, viéndose a sí mismo más poca cosa con cada día que pasaba, con su boyante optimismo en horas bajas; nada en su vida había transcurrido tal como él había imaginado, nada se parecía en lo más mínimo a la versión de sí mismo que había contado a quienes lo rodeaban y que incluso se había contado a sí mismo. Tal vez se permitió sacar un cerillo de la caja y encenderlo y se fijó en la llama anaranjada y, de repente, con el cerillo en la mano, le hizo gracia su gesto retador al recordar en ese momento el niño que fue, aquel niño que siempre se atrevía a todo y hacía que la gente lo admirase, y sin pararse a pensar qué pasaría al minuto siguiente o a las siete horas siguientes, actuó en ese instante casi como si fuese un ser incorpóreo. Pero en cuanto vio que la llama prendía en un libro se dio cuenta de que todo se iba a descontrolar. Puedo imaginar las prisas, el echar a correr, al igual que ocurría cuando rompías el jarrón favorito de tu madre; no porque te sintieses culpable, sino porque sabías que tendrías que pagar un alto precio por ello.

La jueza Chaney prefería la teoría de que Harry había iniciado el incendio de manera intencionada porque quería llamar la atención. En ese sentido, Harry era insaciable. Pero su táctica habitual para llamar la atención era presumir de algo brillante, como decir que había ido a tomar algo con Cher. Quería presentar una versión de su vida poblada de gente famosa, superestrellas. Provocar un incendio en un edificio público no tenía la efervescencia que solían tener sus fanfarronadas. Un incendio no tenía glamur. Era un delito desagradable, de mal gusto, condenado por todo el mundo en la ciudad. Decir que había provocado el incendio podía colocarlo en el centro de la actualidad, pero también le habría hecho aparecer, para la mayoría de gente, como alguien despreciable. ¿Le habría gustado recibir esa clase de atención? Tal como me dijo Demitri Hioteles: «Lo que le gustaba a Harry era hacer feliz a la gente».

El incendio no podía conseguir algo así; era demasiado deprimente, demasiado real.

Pero Harry le dijo a más de uno que había provocado el incendio. Repitió la confesión a los investigadores. Si no era más que una mentirita, ¿por qué no dejó de excusarse, mezclando sus coartadas una y otra vez? ¿Por qué no había pasado la prueba del detector de mentiras? ¿Dónde estaba realmente la mañana del 29 de abril de 1986? Si no se encontraba en la biblioteca, ¿cómo llegó a conocer los detalles de lo ocurrido aquella mañana? Y si no lo hizo él, ¿quién provocó el incendio?

* * *

Hace unos años leí una historia en *The New Yorker* que me quedó grabada. *Trial by Fire* —«Prueba de fuego»—, de David Grann, trataba sobre el caso de un hombre en Texas llamado Todd Willingham encerrado en prisión por haber provocado un incendio en 1991 que había matado a tres niños. La prueba clave contra Willingham fueron los patrones que permitió al fuego desplazarse —lo que los investigadores denominan «marcas de abrasión»— en la casa familiar. Desde hace mucho tiempo, los investigadores de incendios intencionados creen que estos arden de forma más intensa en el lugar en el que se originan. Las marcas en los suelos de madera de la casa eran más oscuras y profundas debajo de las camas de los niños. No había nada debajo de las camas de los niños que pudiese haber originado fuego de manera espontánea, así que los investigadores estaban convencidos de que alguien lo había provocado intencionadamente. La única persona que había en la casa aquella noche además de los niños era Willingham, que afirmaba estar dormido cuando se inició el fuego y que había hecho todo lo posible por salvarlos. Finalmente, Willingham fue condenado, en buena medida porque las marcas de abrasión se interpretaron como pruebas de que el fuego se había iniciado debajo de las camas de los niños. Fue condenado a muerte. Tras ver desestimadas todas las apelaciones, fue ejecutado en 2004.

Conmovidos por la insistencia de Willingham en relación con su inocencia, su familia pidió a un conocido científico e investigador de incendios, el doctor Gerald Hurst, que examinase de nuevo el caso poco antes de la fecha de la ejecución. Hurst empezó intentando determinar si el incendio había sido realmente intencionado o no. Creía que el análisis relativo al punto de inicio del incendio había sido equivocado. A pesar de las profundas marcas de abrasión bajo las camas de los niños, no creía que el fuego hubiese comenzado allí. Inspeccionó de nuevo la casa. Cuando se aplicaron las técnicas forenses a todas las pruebas, se demostró que el acelerante hallado en el porche delantero probablemente provenía de una lata de combustible para encendedores que se había usado en una barbacoa y que los bomberos habían tumbado al entrar en la casa. Un calefactor defectuoso o algún cable pelado era lo que quizá había iniciado el fuego en el interior. Las llamas recorrieron el pasillo hasta llegar a la habitación de los niños. Las marcas de abrasión extremas bajo las camas indicaban simplemente que el fuego había ardido allí durante más tiempo. El análisis de Hurst llegó demasiado tarde como para alterar el destino de Willingham, pero sí logró que se pusiera en cuestión la fiabilidad de todo aquello que damos por supuesto al hablar de un incendio.

Ya en 1977, los científicos forenses advirtieron que los principios en los que se basaban los investigadores de incendios eran esencialmente mitos. Si las ventanas de un edificio que había ardido estaban pegajosas, los investigadores daban por supuesto que se había vertido sobre ellas alguna clase de acelerante que había dejado un residuo en el cristal. Pero los edificios modernos están plagados de productos con base de petróleo que pueden dejar residuos en una ventana al arder. Los investigadores de incendios presuponen que los incendios que alcanzan temperaturas muy elevadas han sido alterados con acelerantes, pero los científicos saben ahora que la temperatura del fuego no está relacionada con su causa o con el hecho de haber sido intencionados o no. Los patrones que deja el fuego, que fueron fundamentales en el caso Willingham, pueden llevar a confusiones con mayor facilidad de la que parece. Las marcas de abrasión no indican dónde se inició el fuego, indican solo que, en un determinado punto, el fuego permaneció durante más tiempo. Las zonas que muestran marcas más extensas no necesariamente indican dónde comenzó el fuego.

El primer informe científico sobre cómo examinar un incendio fue publicado en 1992, seis años después del incendio en la Biblioteca Central. Elaborado por la Asociación Nacional Contra Incendios —NFPA—, el informe echaba por tierra muchos de los supuestos en los que se habían basado siempre los investigadores de incendios. Prestaba especial atención a un principio legal conocido como *negative corpus*, usado a menudo como prueba de que un incendio había sido provocado deliberadamente. El término *negative corpus* significa, literalmente, «ausencia de un cuerpo». Indica que un acontecimiento es un delito si no hay nada que demuestre que no es un delito. En el caso de los incendios, *negative corpus* significa que, si se eliminan las posibles fuentes accidentales, el incendio se convierte en intencionado, incluso cuando no existe una prueba que demuestre que efectivamente fue intencionado. Si no hay prueba alguna que indique dónde se inició el fuego, se da por supuesto que la fuente de ignición fue un encendedor o una caja de cerillos que desapareció de la escena del delito. Es como si al encontrar un cadáver, después de eliminar las causas obvias de muerte por ataque al corazón o derrame cerebral, se diese por supuesto que se trata de un asesinato a pesar de no disponer de pruebas que demuestren positivamente que se trata de un asesinato, lo cual eliminaría de la ecuación la posibilidad de que la muerte hubiese sido provocada por una causa natural no detectada.

Los juristas y los científicos forenses han puesto en duda la idea del *negative corpus* durante años. El síndrome del niño sacudido es otra de esas teorías que se basa en la idea del *negative cor-*

pus, con desastrosos resultados. La lógica que se esconde tras el síndrome del niño sacudido funciona como una espiral invertida, exactamente igual que sucede con los incendios intencionados. Si un niño muere y no da la impresión de que se deba a causas naturales, la policía da por supuesto que alguien debe de haber matado al pequeño al sacudirlo violentamente, lo cual deja muy pocas marcas discernibles. La misteriosa muerte será atribuida a un método de asesinato invisible, más que a la posibilidad de que el niño fuera frágil y muriese por causas biológicas que no siempre entendemos o bien hemos necesitado mucho tiempo para descubrir. En el pasado, muchos padres y cuidadores fueron condenados por asesinato infantil basándose en la lógica ilógica del *negative corpus*. Hace diez años, las publicaciones médicas y los analistas legales empezaron a poner en tela de juicio el concepto que se ocultaba tras el síndrome del niño sacudido, así como la legalidad del *negative corpus*. Muchos pediatras y forenses que solían testificar a favor de la fiscalía en los casos testifican ahora a favor de la defensa, y muchas de las convicciones relativas a la muerte infantil por sacudida han variado.

El informe de la NFPA hizo hincapié en el peligro que entrañaba malinterpretar dónde se había iniciado un incendio, especialmente porque el punto de origen es la clave para la investigación de cualquier incendio. Todos los edificios contienen cosas que pueden activar un fuego. Si un investigador declara que el fuego se inició, digamos, en el centro de un almacén o en una sala de estar escasamente amueblada —lejos de cualquier elemento inflamable—, llevará de manera natural a que pensemos que alguien provocó ese incendio.

Pero llegar a semejante conclusión depende del conocimiento preciso de dónde empezó el fuego. En la mayoría de las convicciones sobre fuegos intencionados que se han descartado, el lugar de origen no fue identificado correctamente. En el caso de Todd Willingham, la diferencia entre pensar que el fuego se inició debajo de la cama de los niños y pensar que empezó en el porche cerca de la barbacoa marca la diferencia entre la vida y la muerte. En un caso de 1995 en Illinois, un hombre llamado William Amor fue acusado de haber provocado el incendio que mató a su suegra. El fuego alcanzó tal temperatura que ardió en estado de completa combustión durante diez minutos. Los investigadores todavía creían que podían identificar el lugar de origen en la habitación, a pesar de que lo único que quedó en pie fueron unos pocos tablones y el suelo carbonizado. Amor fue condenado a cuarenta y cinco años de prisión por asesinato en primer grado, a lo que vino a sumarse la acusación de incendio intencionado. Y todo basándose en que los investigadores habían afirmado que Amor había lanzado de forma intencionada un cigarro encendido al suelo con el objetivo de provocar un incendio. Finalmente, el caso fue revisado utilizando una ciencia más exacta. Según un estudio más específico, indicar que el origen de un fuego con semejante temperatura se debía a una llamita tenía una precisión de entre el seis y el diez por ciento, dando a entender que habría sido prácticamente imposible establecer de manera correcta el punto de origen. Otro estudio demostró que un cigarro no podría haber provocado el tipo de fuego que destruyó el departamento. Cuando se estudió de manera más rigurosa, las pruebas que se utilizaron para condenar a Amor se desvanecieron. Tras veintidós años encarcelado, lo dejaron en libertad en 2017.

La Biblioteca Central tenía mala ventilación y unos ruinosos ventiladores de pie y unas luces de suelo chisporroteantes y una altísima «carga de fuego», que es como se mide la cantidad de material inflamable por metro cuadrado. Todas esas posibles causas del fuego fueron desechadas porque los investigadores determinaron que el punto de origen era una pequeña sección en una de las torres. Nada en las estanterías podría haber prendido espontáneamente, así que los investigadores concluyeron que la causa posible del fuego solo podía ser «una llama sostenida por una mano humana».

Pero ¿qué pasaría si el incendio de la Biblioteca Central no se hubiese iniciado donde los investigadores creían? En 2011, un antiguo bombero e investigador de incendios llamado Paul Bieber fundó el Proyecto de Investigación de Incendios Intencionados, una organización incluida en el Proyecto Inocencia, que examina condenas que pueden ser consideradas erróneas. El Proyecto de Investigación de Incendios centra sus esfuerzos en los incendios intencionados, sobre todo en aquellos en los que se producen muertes. A Bieber le gusta definirse como un «obseso de la ciencia forense». Su escepticismo respecto a la investigación de incendios intencionados empezó en 1997, cuando trabajó en un caso en el que un hombre llamado George Souliotes fue acusado de triple homicidio debido a un incendio intencionado. Los investigadores etiquetaron ciertas manchas del suelo como marcas de acelerante, incluso a pesar de que el análisis químico no encontró prueba alguna de que hubiese algún tipo de acelerante en la casa. Souliotes fue sentenciado a cadena perpetua. Dieciséis años después, tras un examen basado en las nuevas recomendaciones de la NFPA, las marcas fueron excluidas como pruebas del uso de acelerante; no existía base científica para designarlas como tales. No se encontró causa alguna para el incendio y Souliotes fue puesto en libertad.

«El caso de Souliotes fue el que hizo que me enfrentara a los errores marcados por las creencias y los testimonios sobre incendios —me dijo Bieber recientemente—. El punto de origen había sido establecido con una certeza que la ciencia no podía corroborar». Bieber empezó a creer que muchos de los testimonios de los investigadores de incendios intencionados consistían en poco más que intuiciones profesionales bien intencionadas. No creía que los investigadores malinterpretaran voluntariamente la información, ni que se equivocasen siempre. Creía que el auténtico problema era que sus interpretaciones tenían una base errónea. Si la ciencia no podía corroborar sus descubrimientos, Bieber estaba convencido de que los testimonios de los bomberos tenían que ser considerados como observaciones casuales más que como el testimonio de expertos, que se supone que se basan en una metodología científica respetable y que los jurados considerarán que disponen de una autoridad especial.

Bieber sospechaba que muchas de las convicciones propias de la investigación de incendios intencionados se basaban en investigaciones imprecisas. El incendio de Willingham fue uno de los casos estudiados por el proyecto. Bieber y su equipo han revisado docenas de casos más después de ese. Cuando utilizan métodos científicos en lugar de dejarse guiar por antiguas costumbres habituales en la investigación de incendios, acaban descubriendo que dos tercios de los incendios que analizan no fueron provocados deliberadamente. Algunas convicciones llevan a cometer errores.

Las estadísticas de malinterpretación de este tipo de incendios son alarmantes. A nivel nacional, el índice es el mismo que el del Proyecto de Investigación de Incendios Intencionados con sus casos: cerca de dos tercios de los casos que vuelven a examinarse resulta que no fueron intencionados. El Registro de Exoneraciones recoge estadísticas que indican que empezaron a variarse sentencias con casos escogidos a partir de 1989. De todos modos, han sido mil quinientas las sentencias que han variado. Treinta de esas exoneraciones fueron de procesos sobre incendios intencionados. Diez incendios fueron provocados pero se sentenció a la persona equivocada. En los otros veinte, los científicos demostraron que el incendio fue causado por algo cotidiano, como un calefactor defectuoso. En esas ocasiones, alguien fue condenado por un delito que jamás tuvo lugar.

Bieber me contó que muchos de los investigadores de incendios creen que él descartaba con excesiva rapidez la posibilidad de un acto deliberado y que se mostraba demasiado crítico con sus técnicas de investigación. Él entendía que resultaba muy complicado encontrar buenas pruebas en los casos de incendio. «Es muy difícil moverse por un lugar en el que ha habido un incendio», me dijo. «Incluso cuando los investigadores llegan a la fuente, está demasiado caliente como para acercarse demasiado. Después está el agua. Luego los muebles se derrumban y la zona queda cubierta de escombros. ¡Intenta encontrar pruebas ahí! Te aseguro que es una locura condenar a una persona a permanecer en prisión durante décadas basándose en esa clase de información». Bieber se encuentra en el extremo de la teoría de la investigación de incendios intencionados, pero la distancia que lo separa de la corriente principal en ese tema va disminuyendo a medida que más investigadores empiezan a entender que los viejos métodos de estudio de los incendios intencionados son, como dice Bieber, «una tontería».

Había reunido un montón de información sobre el incendio de la Biblioteca Central, que incluía los informes del departamento de bomberos de Los Ángeles y de la NFPA. Los informes describían la ruta que había seguido el fuego casi minuto a minuto. Revisar esos archivos no puede compararse con examinar la biblioteca en la actualidad, y Bieber me advirtió que era imposible llegar a conclusión alguna a partir de un estudio, pero yo seguía interesada en conocer su opinión. Desde que hablé con él por primera vez, no pude evitar preguntarme sobre la investigación del incendio de la Central. El incendio se produjo en 1986, seis años antes de que se publicaran las directrices de la NFPA. A partir de entonces, los criterios habían ido alejándose de las suposiciones de siempre y dirigiéndose hacia lo que podríamos denominar la línea dura, los métodos basados en técnicas científicas aconsejados por la NFPA. Las convenciones a la hora de investigar incendios han sido superadas: cómo estudiar las marcas de abrasión y la temperatura del fuego y el desprendimiento del cemento y cómo el hecho de que no existan causas obvias demuestra que el fuego ha sido intencionado; suposiciones que han ido pasando de una generación de investigadores a la siguiente. Las puertas de la cárcel se han abierto para personas que en realidad no habían provocado los fuegos de sus casas. La investigación de incendios es un campo que ha cambiado mucho desde que ardió la biblioteca.

Convencí a Bieber para que leyese los archivos sobre la Central; desde hacía cuatro años yo vivía en el mundo que envolvía a ese suceso y al enigma de Harry Peak, y ahora, si me fiaba del análisis de Bieber, existía la posibilidad de que algo ayudase a que todo tuviese sentido. Unas pocas semanas más tarde me escribió un largo correo electrónico: «Teniendo en cuenta las circunstancias descritas en el informe, una zona de origen [...] más específica que toda la zona del segundo piso de la torre noreste no resulta razonable. Las sospechas basadas en una zona más específica del origen del fuego no son razonables». Me dijo que, desde su punto de vista, sería imposible aislar el lugar exacto en el que el fuego comenzó, sobre todo debido a que este duró casi siete horas y quemó todo lo que encontró a su paso. Bieber me dijo que creía que era razonable afirmar que el fuego había empezado en algún punto de la torre noreste, donde los bomberos detectaron humo en primer lugar, pero determinar un punto de ignición más específico no era realista. En esa amplia zona existían un elevado número de cosas que fácilmente podrían haber prendido una llama que iniciase el fuego sin necesidad de intercesión humana. A modo de conclusión, Bieber escribió: «Tras arder durante dos o tres minutos afectando a todo el entorno, sobre el que se lanzaron miles de litros de agua, donde las paredes de cemento habían sido derrumbadas con martillos neumáticos, y con todas las estanterías que se habían venido abajo formando una enorme pila [...], suponer dónde se inició el fuego con precisión es algo absurdo. No quiero decir que la gente no crea que puede hacerlo, pero no puede».

Cuando los investigadores creen que se trata de un fuego intencionado, añadió Bieber, empiezan a buscar pruebas que respalden sus sospechas y suelen dejar de buscar posibles causas accidentales como cables pelados o cafeteras. Creen que el fuego se originó debido a una «llama sostenida por una mano humana» y rastrean aquello que lo confirme. «En resumidas cuentas, no tengo ni idea de qué originó el incendio de la biblioteca de Los Ángeles en 1986 —escribió Bieber—, pero [los investigadores] tampoco». Cuando les conté a algunos de los investigadores lo que Bieber me había dicho, ellos lo desestimaron. «Solo aquellos que tienen una completa visión de los hechos están en disposición de opinar sobre las causas de un incendio», me dijo Ron Hamel, el antiguo capitán de bomberos que había descrito la inquietante falta de color del fuego de la biblioteca, añadiendo que nadie que no hubiese tenido acceso a los comentarios de los testigos y que no hubiese examinado la escena podría ser capaz de elaborar una opinión profesional.

Llamé a Bieber después de leer su correo electrónico y le pedí que volviese a aclararme sus reflexiones. Hablamos del incendio durante un buen rato y me explicó qué habría hecho él. Atribuyó las confesiones y las torpes coartadas de Harry a las peculiaridades de su personalidad, a lo que cabía sumar que la gente bajo presión a menudo ofrece confesiones falsas y declaraciones erróneas. Si el Departamento de Bomberos hubiese aportado alguna prueba significativa, el fiscal del distrito habría acusado a Harry, me explicó. Que el caso se desestimase confirma que el Departamento de Bomberos solo disponía de intuiciones y suposiciones y de un sospechoso que era el posible culpable perfecto: alguien obsesionado con llamar la atención. No hubo malicia o un deseo de hacerle daño a Harry, dijo Bieber, tan solo una serie de supuestos equivocados y alguien a quien resultaba sencillo culpar. «En pocas palabras, ellos son policías, y a los policías les gusta arrestar a gente. Así son las cosas», concluyó.

Justo cuando iba a colgar el teléfono, Bieber me dijo una cosa más: «Según mi opinión, creo que detuvieron al tipo equivocado». Respiró hondo y añadió: «Aunque también me parece que no había tipo alguno a quien atrapar».

30.

The Library of Tomorrow, A Symposium (1939)
Danton, Emily Miller
020.4 D194

The Future of Library Service: Demographic Aspects
and Implications (1962)
Schick, Frank Leopold
027.073 S331

Libraries for the Future: The Los Angeles Public
Library's Branch Facilities Master Plan (1985)
Los Angeles Public Library
027.47949 L881Lo-4

BiblioTech: Why Libraries Matter More than Ever
in the Age of Google (2015)
Palfrey, John G.
025.018 P159

A finales del invierno, pasé un día con Eva Mitnick, directora de la Biblioteca Central. Resultó que ese precisamente era su último día en el cargo, porque iba a dirigir la nueva división de Compromiso y Aprendizaje, que para Mitnick era el trabajo de sus sueños. La nueva división se encargará de los modos y maneras en que la biblioteca establece conexiones con el público, incluido su programa de voluntariado y de lectura veraniega y todos los servicios dirigidos a nuevos inmigrantes. La de Los Ángeles es una de las primeras bibliotecas en crear este tipo de servicio. Desde que se inició en 2016, muchas otras bibliotecas del país han creado departamentos similares.

Mitnick es desgarbada pero, de algún modo, logra parecer delicada gracias a sus finos rasgos faciales y a su mirada ingenua. Lleva las bibliotecas en la sangre. Su madre, Virginia Walter, trabajó durante años en la red de bibliotecas de Los Ángeles. Cuando Virginia tenía que trabajar en un turno de sábado, solía llevarse a Eva con ella, así que ella creció rondando entre estanterías y jugando al escondite en el mostrador de préstamos. Mitnick habla de sí misma como de una «mocosa de biblioteca» y dice que muchos otros mocosos como ella de los que conoció siendo niña han acabado convirtiéndose también en bibliotecarios; y muchos de ellos en la red de bibliotecas de Los Ángeles. Mitnick ha pasado muchos momentos significativos de su vida en una biblioteca. Después de todos aquellos sábados, empezó a trabajar aquí en 1987, cuando todavía estaba en la biblioteca de la escuela.

El día de nuestro encuentro fue excepcional para los estándares de Los Ángeles, pues el cielo estaba gris y llovía y hacía frío. La lluvia no caía hacia abajo, te golpeaba con unas enormes gotas que rebotaban contra las banquetas, el tipo de goterones que salen de una toalla mojada cuando la escurres. Mientras conducía en dirección a la biblioteca, tuve que esquivar varios contenedores de basura que descendían sin control por las calles más empinadas o que habían chocado contra la banqueta o contra algún coche estacionado, provocando que el agua quedase estancada o creando espumosos torrentes. Sabía que en la biblioteca habría mucho ajetreo; siempre que el tiempo no acompaña, la gente que vive en la calle gravita en busca de la comodidad de las salas de lectura.

Mitnick estaba en su despacho cuando llegué, mordisqueando un sándwich que parecía bastante reseco y atendiendo a una conferencia online en la pantalla de su computadora titulada «Aceptar el reto: reimaginar las bibliotecas públicas». Más de un centenar de bibliotecarios de todo el país estaban registrados en esa conferencia, probablemente mordisqueando también sus resecos sandwiches. Mitnick tenía muy bajo el volumen y tomaba notas entre bocado y bocado. Dirigir la Biblioteca Central había sido un cambio para ella. Había pasado la mayor parte de sus primeros veintiocho años como bibliotecaria en diferentes departamentos infantiles, ejerciendo labores prácticas más que de gestión. Recientemente había vuelto a sus raíces en el Departamento Infantil: además de su papel como directora de la Central, ahora ejercía de directora de Tenn'Scape e Infantil debido a los recortes de presupuesto y a la consiguiente reducción de personal, que había obligado a que los bibliotecarios duplicasen sus responsabilidades. La conferencia proseguía. Mitnick tomó un calendario y revisó sus actividades de la jornada, que incluían muchos actos relacionados con cuestiones de dirección más que con cuestiones librescas. Su día había empezado a las nueve de la mañana con un encuentro con el equipo del Departamento de Salud, que estaba aconsejando a los bibliotecarios de toda la ciudad sobre la cruda realidad de tener que lidiar, en cuanto el número de usuarios, con buena parte de los cuarenta y cinco mil indigentes que se calculaba que había en la ciudad; una cruda realidad que incluía cómo detectar chinches y piojos, así como síntomas de tuberculosis. Durante el encuentro sacaron a Mitnick de allí durante un minuto para que escuchase un seminario en la sala de al lado, donde se aleccionaba a los bibliotecarios sobre cómo enseñar programación informática a niños. Después de eso recorrió a toda prisa el pasillo para echar un vistazo a las personas encargadas del *catering* que en esos momentos colocaban platos y copas en el jardín situado junto al auditorio Mark Taper. Esa misma tarde se graduaba la primera promoción de los Cursos de Bachillerato Online, y los alumnos y sus familias habían sido invitados a un cóctel después de la ceremonia.

En cuanto acabó la conferencia online y dio cuenta de su sándwich, Mitnick y yo bajamos las escaleras hasta llegar a una sala al lado del vestíbulo principal de la biblioteca. Una cola de personas se extendía desde la puerta de la sala por el vestíbulo casi hasta llegar al mostrador de la entrada. Mitnick me explicó que se trataba del proceso de inscripción para La Fuente: la unificación de los diferentes agentes de los servicios sociales de toda la ciudad de la que John Szabo me habló cuando pasé el día con él. Mitnick y Szabo creían que la ventaja que entrañaba La Fuente era que la gente podía inscribirse a todos los servicios que necesitasen en una sola sala de reuniones en lugar de tener que ir a un edificio en busca del servicio de veteranos y de los sellos para comida a otro edificio y de asistencia en el hogar a otro diferente. Si todo salía bien, el deseo de Szabo y Mitnick era que La Fuente tuviese su sede en la biblioteca. Mitnick había comprobado recientemente que a la gente le gustaba mucho acudir a la biblioteca para hacer cosas que no tuviesen nada que ver con el préstamo de libros. Eran muchos los asistentes a los grupos de debate y a las proyecciones de películas, y recientemente habían pasado por allí también toda una multitud para asistir a la Maker Faire, una convención de entusiastas de la tecnología, reparadores y artesanos.

Las puertas de La Fuente ya se habían abierto, pero la larga fila parecía no tener fin. «¡Sí! —dijo Mitnick, golpeando al aire con los puños—. ¡Lo sabía! ¡Vino todo el mundo!» Si bien creía a pies juntillas en el papel social que tenía que desempeñar la biblioteca, también tenía algunas reservas al respecto. Me dijo que uno de sus grandes logros como directora de la Central había sido eliminar lo que ella denominaba «los cubículos del pecado»: las mesas individuales de estudio de cada uno de los departamentos que proporcionaban algo de privacidad a los usuarios. Algunas personas se aprovechaban de dicha privacidad para tomar drogas o para asuntos de índole sexual. «Pasaban toda clase de cosas desagradables —me contó Mitnick—. Decidí que no había razón alguna para mantener los cubículos. Nadie necesita privacidad cuando está en una biblioteca. Así que los quitamos».

Los asistentes de las diferentes agencias de servicios sociales, de bancos de alimentos y de organizaciones de salud mental habían colocado mesas de plástico formando una U enorme para que la gente pudiese desplazarse de una a otra como si estuviesen en la fila de un bufet en un restaurante. Mitnick y yo nos sentamos cerca de un asistente social con el pelo recogido en una cola de caballo y con varios *piercings*; venía del Servicio para Indigentes de Los Ángeles. Se presentó como Héctor. Había colocado unos cuarenta bolígrafos sobre la mesa junto a un cuaderno con formularios de admisión. «Lo estamos logrando —le dijo Héctor a Mitnick con una sonrisa mientras palmeaba sobre el cuaderno—. Esto es... ¡alucinante!».

Cuando la sala estaba preparada, Mitnick se acercó hasta Stan Molden, el guardia de seguridad, que había mantenido la fila en su sitio mientras preparaban La Fuente. Molden asintió y se hizo a un lado. La fila irrumpió en la sala y la gente empezó a merodear por entre las mesas. Miré a Mitnick: sonreía al ver cómo se desplazaba la fila. «¿Lo ve? —me dijo nerviosa—. ¿Lo ve?».

• • •

Había tanta gente allí deseosa de información que me sentí obligada a colaborar temporalmente en las admisiones. Mi trabajo consistía en copiar los nombres de las personas y hacerles varias preguntas básicas sobre su estado y sobre los posibles beneficios de lo que andaban buscando. Estaba nerviosa. No resulta agradable admitirlo, pero siempre me habían dado miedo los indigentes o, mejor dicho, me había asustado el impredecible aire de amenaza que percibía a su alrededor. Esa sensación se intensificó cuando una indigente me dio un golpe en el pecho mientras cruzaba una calle en Nueva York hace ya unos años. Pero las personas que se desplazaban de una mesa a otra parecían tranquilas y amables y pacientes a pesar del lentísimo avance de la fila. Algunos tenían un aspecto aseado y otros llevaban ropa tan sucia que había adquirido el brillo del cuero. Una mujer de modos aristocráticos que portaba una bolsa del tamaño de una caja de naranjas fue mi primera admisión. «Soy indigente —me dijo después de darme su nombre—.

Necesitaría un pase para el autobús». Rebuscó en su bolsa y alzó la vista. Me estudió y, radiante, me dijo: «Vaya, ¡eres bien guapa con esos ojos y ese pelo!». Se volvió hacia el hombre que tenía detrás, sentado en una maltrecha silla de ruedas y acompañado por un perro canoso que llevaba el chaleco de los perros guía. El perro parecía aburrido. «Mírala, Willis», le dijo al hombre de la silla de ruedas, haciendo un gesto para que me mirase.

Terminé de registrarlos y lamenté que tuviesen que seguir adelante. Mi siguiente usuario era un hombre bien parecido, de una sedosa piel oscura. Llevaba un suéter de cuello redondo y pantalón de vestir; tenía el inmaculado aspecto propio de un dentista. Me dijo su nombre, David, y después le hice las preguntas de rigor. La primera era sobre su trabajo actual. Una de las múltiples respuestas previstas era «jubilado», y a él le pareció divertida. Cuando dejó de reír, dijo: «No creo que "jubilado" describa mi situación. No trabajo. Hago cosas. Canto en un cuarteto en una barbería, y me satisface mucho aunque no me proporciona ingresos». Le hice la siguiente pregunta: «¿Qué necesita de manera más inmediata?», y él contestó: «Mi necesidad más inmediata es comida».

Se echó a reír de nuevo y su risa me resultó maravillosa, porque tenía una voz profunda y matizada; la voz propia de una estrella de cine o de un narrador de voz en *off*. Le pregunté si alguna vez había trabajado como doblador de voz y él me dijo que algunas personas se lo habían sugerido, pero él nunca lo había intentado y no estaba seguro de cómo hacerlo. Su apariencia tenía tan poco que ver con su situación que seguí hablando con él, esperando que llegase a contarme algo de sí mismo. Me dijo que había tenido un trabajo y una casa e incluso que había llegado a poseer una segunda residencia de alquiler, pero que había tomado lo que suele denominarse como «muy malas decisiones financieras» y, una a una, había perdido todas sus posesiones. Desde hacía cinco meses vivía en su coche. Como en su anterior vida había sido socio de un gimnasio, eso le permitía ir allí a bañarse y afeitarse. «No quiero abandonarme —me dijo—. Tengo que mantenerme».

La fila se amontonaba detrás de David, así que tuve que dejar de hablar con él. Antes de que llegase el siguiente usuario hasta la mesa, lo grabé con mi teléfono saludando y haciendo una breve descripción del tiempo. En una pausa entre las siguientes inscripciones, le envié un correo electrónico a un amigo con la grabación para que se la hiciese llegar a una de esas personas que contratan actores de doblaje. Supongo que era una tontería mostrarse tan esperanzada, pero estar en aquella sala me hacía sentir que todo era posible: que los insondables problemas de un indigente podían solucionarse, que una comunidad de personas con un propósito común podían trabajar juntas y hacer que todo saliese bien. Fantaseé con la posibilidad de que sonase la flauta y David fuese contratado para un trabajo como narrador gracias a la fuerza de la grabación que le había hecho con mi teléfono celular, y que todo lo que había ido mal en su vida se pondría de nuevo en su sitio. Todos los que recibieron la grabación de David reconocieron que su voz tenía un toque mágico, pero ninguno de ellos parecía tener intención de contratarlo por el momento. Dijeron que lo tendrían presente. Cuando acabó mi turno en La Fuente, ya no volví a verlo más.

• • •

Mitnick y yo hablamos del futuro de las bibliotecas. Ella es una idealista. Cree que las bibliotecas se adaptan al mundo tal como es en el presente, donde el conocimiento fluye a nuestro alrededor al mismo tiempo que queda fijado en los libros físicos. Al igual que Szabo y otras personas vinculadas a las bibliotecas que apoyan todas las posibles innovaciones, Mitnick las entiende como centros de información y conocimiento más que como simples almacenes de material. Es una más de la amplia caterva de gente relacionada con bibliotecas que cree que seguirán siendo esenciales para la comunidad. Por lo que parece, esa optimista caterva parece estar en lo cierto. Según un estudio de 2010, casi trescientos millones de estadounidenses acuden a alguna de las diecisiete mil setenta y ocho bibliotecas públicas y bibliotecas móviles del país al cabo del año. En otro estudio, el noventa por ciento de los usuarios opinan que cerrar su biblioteca local supondría un daño considerable para su comunidad. Las bibliotecas públicas en Estados Unidos superan el número de establecimientos de McDonald's y duplican el número de librerías. En muchas ciudades, la biblioteca es el único lugar en el que puedes hojear libros de papel.

Las bibliotecas están pasadas de moda, pero su popularidad ha crecido entre los menores de treinta años. Esta generación más joven utiliza las bibliotecas en mayor número que lo hacen los estadounidenses más mayores, y a pesar de que han crecido en un mundo digital, casi dos tercios de ellos creen que en las bibliotecas hay material importante que no está disponible en Internet. Al contrario que otras generaciones, las personas de menos de treinta tienden también a escoger trabajos que no impliquen ir a una oficina. En consecuencia, suelen buscar siempre lugares agradables en los que trabajar fuera de casa. Muchos acaban en cafeterías, vestíbulos de hoteles o los ajetreados centros de *coworking*. Algunos de ellos también han descubierto que las bibliotecas son los espacios originales de *coworking* y tienen la curiosa ventaja de ser gratuitas.

Los seres humanos siguen teniendo el deseo de crear espacios públicos en los cuales poder compartir libros e ideas. En 1949, la Unesco publicó un manifiesto sobre las bibliotecas públicas que constataba la importancia que tenían estas en diferentes proyectos de Naciones Unidas. El manifiesto declara: «La biblioteca es un prerrequisito para permitir que los ciudadanos hagan uso de sus derechos a la información y a la libertad de expresión. El acceso libre a la información es imprescindible en una sociedad democrática, para el debate y la creación de una opinión pública».

Incluso cuando no resulta posible establecer una biblioteca de forma permanente en un barrio, la gente las solicita y los bibliotecarios acaban encontrando un lugar. El primer ejemplo de biblioteca móvil data de 1905, cuando una carreta tirada por caballos viajó alrededor del condado de Washington, Maryland, prestando libros. La idea de llevar la biblioteca hasta los usuarios tuvo éxito y muchas bibliotecas introdujeron carros con libros tomando como referente el caso de Maryland. Los primeros se centraron en hacer que los libros fueran accesibles para leñadores, mineros y otros trabajadores que desarrollaban su actividad lejos de las bibliotecas de pueblo. En 1936, la Administración Progresista de Trabajadores —WPA— creó una unidad de Bibliotecarias a Caballo para abastecer a las comunidades montañosas de Kentucky. Hasta 1943, el año en que la WPA perdió su financiación, ese grupo de recias amazonas bibliotecarias fueron de pueblo en pueblo entregando más de tres mil quinientos libros y ocho mil revistas mensualmente.

Cuatro de las amazonas bibliotecarias dispuestas
a afrontar la jornada laboral

En 1956, la Ley Federal de Servicios Bibliotecarios creó casi trescientas bibliotecas móviles para atender a las comunidades rurales. En aquel tiempo, muchas bibliotecas públicas disponían de bibliotecas móviles para cubrir zonas de sus ciudades que no disfrutaban de sucursales de la sede principal. La red de Bibliotecas Públicas de Los Ángeles no ofrece en la actualidad un servicio de biblioteca móvil, pero hay tres *bicibliotecas* que llegan a diferentes barrios de la ciudad con sus alforjas llenas de libros. También existen bibliotecas móviles privadas, como la Bess the Book Bus de Florida, que ayuda en los programas de alfabetización. Sesenta mil Pequeñas Bibliotecas Libres en ochenta países de todo el mundo ofrecen intercambios de libros —dejas uno y tomas otro— ubicadas en pequeñas casetas de madera del doble de tamaño que una jaula. Forman parte de la ONG Organización de Pequeñas Bibliotecas Libres, pero las montan y las llevan particulares que desean colocar dichas casetas frente a los jardines de sus casas con libros de libre acceso.

Alrededor del mundo existen unas trescientas veinte mil bibliotecas públicas que atienden a millones de personas en todos los países del planeta. Un elevado número de dichas bibliotecas se encuentran en edificios convencionales. Otras son móviles y, según la localización y el clima, operan con bicicletas, mochilas, helicópteros, lanchas, trenes, motocicletas, bueyes, burros, elefantes, camellos, camiones, autobuses o caballos. En Zambia, un camión de cuatro toneladas cargado de libros recorre una ruta fija por zonas rurales. En la provincia de Cajamarca, en Perú, no existe un edificio para la biblioteca, así que setecientos granjeros han habilitado espacio en sus casas y cada uno de ellos acoge una sección de la biblioteca del pueblo. En Pekín, cerca de un tercio de los libros de las bibliotecas se prestan en máquinas de *vending* por toda la ciudad. En Bangkok, un tren lleno de libros, llamado el Tren Biblioteca para Gente Joven, atiende a niños sin hogar, que a menudo viven en campamentos cerca de las estaciones ferroviarias. En Noruega, los pueblos de los fiordos que no tienen biblioteca pro-

El *biblioburro* móvil en Colombia

pia disponen de un servicio en barco que va haciendo paradas a lo largo de toda la costa de los condados de Hordaland, Møre og Romsdal y Sogn og Fjordane durante el invierno, distribuyendo literatura. Suecia también dispone de un barco biblioteca, al igual que Finlandia, Canadá y Venezuela. Algunas bibliotecas móviles se centran en comunidades especiales y les facilitan material único para su cultura. En Noruega existe una biblioteca móvil que ofrece materiales en lengua sami a los pastores nómadas de renos en el lejano norte.

Los animales son una reconocida fuerza motriz para las bibliotecas móviles de todo el mundo. Los burros y las mulas son los más comunes. En el departamento de Magdalena, en Colombia, un profesor llamado Luis Soriano estaba preocupado porque los residentes de los pequeños pueblos de su provincia no tenían acceso a bibliotecas, así que puso en marcha su propio servicio de *biblioburro*. Los fines de semana monta en su asno, Alfa, y lleva otro más con él, Beto, cargados con alforjas llenas de libros. Después de recorrer la provincia a lo largo de un mes, Soriano regresa en dirección contraria para las devoluciones. En el distrito de

Nkayi, en el noroeste de Zimbabue, los carritos de comunicación electrónica de la biblioteca con un burro pintado en el costado llegan hasta pueblos remotos acarreando libros y material impreso, pero también proporcionan señal de radio, teléfono, fax y acceso público a Internet. En Kenia tienen una biblioteca a camello que lleva libros hasta los asentamientos nómadas de regiones como Garissa o Wajir. En ocasiones, los camellos se sientan cuando la gente de los pueblos empieza a recoger su material de lectura, y con sus cuerpos fuertes y peludos forman una especie de terraplén viviente que separa el espacio que conforma la biblioteca de los campos abiertos.

• • •

En Los Ángeles, los bibliotecarios con quienes me encontré no eran el personal severo y deprimente de una industria en proceso de extinción, sino individuos alegres y bien dispuestos alentados por la convicción de que estaban llevando a cabo una labor importante. Empecé a acudir a congresos de bibliotecas para comprobar si mi impresión respecto a su optimismo se veía confirmada o no. Empecé con el congreso de la Asociación Estadounidense de Bibliotecas en 2013, el mayor congreso de bibliotecas del mundo, que se celebró ese año en McCormick Place, Chicago, una estructura tan gigantesca que parecía contener su propia atmósfera y un clima particular.

Rondé por el pabellón, en el que había setecientos *stands* y casi siete mil exhibidores, junto a decenas de miles de bibliotecarios y aficionados a las bibliotecas. Había tanta gente que daba la impresión de que nos encontrábamos en un nuevo Estado nación. Los bibliotecarios habían llegado de Fort Collins y Painesville, de Irvine y Oshkosh, de Anchorage y Austin y los pequeños pueblos de Tennessee. Sabía que también acudieron bibliotecarios de Los Ángeles, pero había tal multitud de gente que no llegué a cruzármelos. Los bibliotecarios llevaban blusas floreadas o brillantes camisetas Reading Rocks, o tenían tatuajes en forma de libros o de numeración decimal Dewey. Si fueran inteligentes, habrían llevado zapatos cómodos o se habrían detenido en los *stands* de Happy Feet, colocados con mucha intención en cada una de las esquinas del pabellón, para arreglarse el calzado. «Los bibliotecarios sufren», me comentó el vendedor del *stand* de Happy Feet ubicadoen el rincón noroeste mientras me colocaba unas plantillas. «Nadie pasa todo el día de pie, pero los bibliotecarios sí». Me gustaron los *stands* de libros, pero lo que realmente me fascinó fueron los asuntos técnicos, los aparatos y artilugios que una persona normal jamás pensaría que los bibliotecarios necesitan. Una compañía llamada MJ Industries proporciona toda una serie de sistemas de clasificación. ColorMarq, empresa para la gestión de estanterías, promete «¡El fin de los libros mal colocados!». Estaban los letreros de ASI Signage Innovations, y los quioscos de préstamos automatizados, y algo denominado Boopsie para Bibliotecas que preguntaba: «¿Cuál es tu estrategia de movilidad?». Mezclados entre los fabricantes y los principales editores y los editores minoritarios de, digamos, libros cristianos sobre gatos, se encontraban los *stands* con libros aparentemente azarosos como *The Long Journey of Mister Poop* —ilustrado y disponible en inglés y español—, o el principal título —y tal vez único— de la editorial Young Revolutionary Publishing Company: *Memoirs of the Homosexual President: Told by the First Lady.*

Algunos meses después de mi estancia en Chicago, viajé a Aarhus, en Dinamarca, para un congreso bianual llamado Next Library, una reunión internacional en la que «seguir avanzando y explorar la naturaleza cambiante de las bibliotecas públicas en el siglo XXI». Ese año el eslogan era «Repensar». Había congregado a cientos de bibliotecarios de treinta y ocho países que llegaron allí, en parte, para celebrar la inauguración de la nueva biblioteca central de Aarhus, un edificio tan innovador y atractivo que no daban ganas de irse de allí. El edificio es una torre de concreto incrustada en la bahía de Aarhus y el espacio interior es elevado y abierto;

desde las salas de lectura se ve el mar. Las estanterías están colocadas en anchas hileras, lo que provoca la sensación de que hay allí
más espacio y luz de lo que suele ser habitual. Es como una especie
de sala de estar gigante: hay grandes cojines por todas partes por si
quieres tumbarte bocabajo para leer, y la escalera principal, amplia
y de escalones amables, ha sido convertida en una especie de gim-
nasio-jungla interior para los niños y niñas de Aarhus. Cuando los
que estábamos en la Next Library no andábamos rondando por el
nuevo edificio o disfrutando del estupendo café de la cafetería de
la biblioteca, acudíamos a sesiones sobre innovación y compromiso o superación y aprendizaje. Algunas fueron charlas y otras, de-
bates. Acudí a una sesión que tenía que ver con construir con Lego.
No llegué a entender qué tenía eso que ver con las bibliotecas del
futuro, pero la sede principal de la corporación Lego se encontraba
a unos ochenta kilómetros de allí, en Billund, así que quienes orga-
nizaban las sesiones tal vez querían simplemente usar productos
locales.

En cada una de las sesiones la idea era que las bibliotecas podían seguir haciendo más y más cosas siempre y cuando estuviesen
vinculadas a los libros. Las posibilidades de crecimiento de una
biblioteca, a decir verdad, parecían prácticamente infinitas. A los
asistentes al congreso les impresionó mucho descubrir que la biblioteca de Aarhus disponía, entre los servicios que ofrecía, de una
oficina de licencias matrimoniales. Una bibliotecaria nigeriana me
dijo que en su biblioteca se ofrecían clases de arte y de inversión
económica, y un bibliotecario de Nashville me contó cómo la biblioteca de su ciudad había iniciado un intercambio de semillas y
acogía también a una compañía teatral.

Me dio por pensar que la bibliotecaria Tessa Kelso se habría
sentido como en casa en el congreso de Aarhus: su propuesta, en
la década de 1880, de que la Biblioteca Pública de Los Ángeles
prestase raquetas de tenis y juegos de mesa habría encajado allí
perfectamente. Muchas de las cosas que vi en el Next Library y en
el congreso de la ALA me hicieron pensar en los bibliotecarios de

Los Ángeles de quienes había ido teniendo noticias a lo largo de mi investigación. Charles Lummis se habría replanteado aquello de que los bibliotecarios eran aburridos si hubiese estado conmigo durante la hora del cóctel en Chicago con los Bibliotecarios Tatuados. Y el doctor C. J. K. Jones, la Enciclopedia Humana, se habría sentido justificado con el nuevo programa de la Biblioteca Británica y de la Biblioteca Real de Dinamarca: «Wikipedianos residentes».

• • •

En Aarhus pasé un buen rato con Deborah Jacobs, la antigua bibliotecaria de la ciudad de Seattle que dirigía en ese momento la Iniciativa de Bibliotecas Globales de la Fundación Bill y Melinda Gates. La fundación ayudaba a financiar el congreso y Jacobs había sido la persona que me sugirió que acudiese. También me había dado a entender que le encantaba Aarhus y me dijo que se estaba planteando la posibilidad de alquilar allí un departamento cuando se jubilase. Jacobs es menuda y fornida, con una cabellera de un vivo color castaño, sonrisa resplandeciente y carcajada sonora. Su constitución es de puro acero. Durante las semanas previas a nuestro encuentro en Aarhus había viajado por Namibia, Ghana, Holanda, Sudáfrica y San Francisco, y no parecía estar agotada. Bill y Melinda Gates mostraban interés por las bibliotecas desde hacía mucho tiempo; entre sus proyectos de beneficencia se encontraba el apoyo económico a las bibliotecas públicas, antes incluso de haber formado su fundación filantrópica. Dicho esfuerzo comenzó en 1997, con el objetivo de ayudar a que todas las bibliotecas de Estados Unidos estuviesen conectadas a Internet. En 2002, después de lograr que todas las bibliotecas del país dispusieran de conexión, los Gate decidieron proseguir su compromiso con las bibliotecas ampliándolo a nivel internacional. La Iniciativa de Bibliotecas Globales se fundó en 2004. (Los programas domésticos y globales surgieron en 2011.) Uno de los primeros proyectos consistió en ayudar a personas de todo el mundo a conectarse a Internet desde su biblioteca local. En aquel momento, el sesenta y cinco por ciento de la población mundial no disponía de acceso a la Red, lo que les negaba la posibilidad de acceder a información online o a desarrollar conocimiento en el mundo digital. En cierto sentido, la Iniciativa de Bibliotecas Globales transformaba las bibliotecas en los portales mundiales del futuro, pues las convertía en la localización por defecto del Internet público.

En los últimos veinte años, los objetivos de la iniciativa han ido mucho más allá de la conexión a Internet de las bibliotecas del mundo. Han otorgado becas para organizaciones internacionales dedicadas a la alfabetización, como Worldreader, en naciones en desarrollo, y ha apoyado a trece mil bibliotecas por todo el mundo, en lugares como Botsuana, Lituania, Vietnam, Moldavia, Jamaica y Colombia, con fondos para material y formación de equipos. Más recientemente, Jacobs amplió los intereses del programa hacia la formación de bibliotecarios y a conectarlos unos con otros, especialmente en África, donde los bibliotecarios están aislados entre países. Ella también quería preparar a la siguiente generación de lo que denominaba «bibliotecarios inspiradores», a quienes imaginaba dirigiendo la profesión en el futuro. Ella creía que el bibliotecario de Los Ángeles John Szabo era uno de los actuales bibliotecarios inspiradores, pero también pensaba en la generación posterior. «Necesitamos asegurarnos de que, cuando nosotros no estemos, habrá gente que dará un paso al frente —me dijo recientemente. Y añadió—: Vaya, casi me atraganto al decir "cuando nosotros no estemos"». Cuando me telefoneó, Jacobs estaba en Sudáfrica, sentada en un despacho con Kayaga Mulindwa, antigua directora de la Biblioteca Nacional de Uganda, que ahora dirige la Asociación Institucional de Bibliotecas e Información Africana. Habida cuenta de que hace años escribí un libro sobre ladrones de orquídeas, Jacobs creyó que me gustaría saber que Kayaga Mulindwa era una apasionada coleccionista de orquídeas, y que cuando acudía a congresos internacionales sobre bibliotecas había llegado a ser conocida por conseguir varias orquídeas y meterlas en su maleta para llevárselas a casa. «¿Es algo ilegal?», pude oír preguntar a Kayaga Mulindwa. «Deborah, no creo que eso sea ilegal».

En 2014, la Fundación Bill y Melinda Gates redobló su compromiso con los asuntos de salud y ciencia y decidió recortar aquellos programas que no guardasen relación con esos temas. En lugar de cortar de modo abrupto, la fundación le dio un plazo de cuatro años y medio a la Iniciativa de Bibliotecas Globales para que las bibliotecas y los bibliotecarios pudiesen adaptarse al cambio. Para cuando finalice el programa, en diciembre de 2018, la Iniciativa de Bibliotecas Globales habrá dedicado veinte años y mil millones de dólares a bibliotecas y bibliotecarios y también a programas de alfabetización en todo el mundo. El congreso Next Library al que acudí con Jacobs tuvo lugar en 2015, poco después de que Jacobs enviase los correos electrónicos anunciando la inminente finalización del programa. Tanto la iniciativa como Jacobs son dos grandes activos del mundo de las bibliotecas. Me dio la impresión de que todos en el congreso conocían a Jacobs y que muchos se beneficiaban de la iniciativa. Jacobs parecía satisfecha de que la mayoría de la gente reaccionase al anuncio no con pánico o desesperación, sino con la determinación necesaria para seguir adelante con lo que estaban haciendo; incluso sin la generosidad de Gates. «No hemos construido bibliotecas al estilo de lo que hizo Andrew Carnegie —me dijo Jacobs—. Hemos animado y formado y conectado a los bibliotecarios y les hemos ayudado a desarrollar comunidades. Yo creo que eso está bastante bien».

Aun así, todo el mundo en Next Library habló de dinero y de cómo nunca disponían del suficiente. La cuestión es tan habitual en el mundo de las bibliotecas que suele salir a colación en cualquier momento en el que se encuentran dos o más bibliotecarios. Pero, al igual que sucedía con los participantes del congreso de la Asociación Estadounidense de Bibliotecas, todo el mundo con quien hablé en Next Library parecía ilusionado con el futuro; incluso las personas que regentaban diminutas bibliotecas en los sótanos de los ayuntamientos de pueblos polacos o aquellas que apenas podían mantenerse en las tristemente pobres bibliotecas de Kenia. Era como si se compartiese una misma idea generalizada: las bibliotecas habían sobrevivido, habían crecido y, sin duda, resistirían.

· · ·

Atravesé otro portal hacia el futuro cuando estuve en Cleveland recientemente y me di una vuelta por la sede central de OverDrive, el mayor catálogo digital de contenidos para bibliotecas y escuelas del mundo. Sacar en préstamo un libro digital en una biblioteca es como sacarlo de la gigantesca memoria de la biblioteca OverDrive, cuyos ejemplares se cuentan por decenas de millones. Cuando Steve Potash fundó la empresa en 1986, OverDrive vendía disquetes y CD-ROM a editores y libreros. «Esas cosas empezaron a quedarse obsoletas —me contó Potash—. Y entendimos que la tecnología seguía adelante». Poco tiempo después, la compañía llevó a cabo lo que a la gente de negocios le gusta denominar un movimiento de «pivote» y se reinventó para transformarse en una gigantesca colección de medios digitales. En esencia, puede decirse que la compañía creó el concepto de préstamo de contenidos digitales. En aquel momento estaban empezando a plantearse la cuestión de prestar libros no físicos, pero eso iba a requerir poder informático y gestión adecuada, de la que muchos no disponían. Los de OverDrive podían enviar a un miembro de la compañía y ofrecer el material de préstamo sin tener que llevar a cabo el abrumador trabajo entre bambalinas. Por ejemplo, la colección digital de la Biblioteca Pública de Los Ángeles reside en una nube gestionada por OverDrive en Cleveland.

La primera biblioteca pública que le dio una oportunidad a los de OverDrive fue la de Cleveland, que ofreció su servicio de préstamo de libros electrónicos ya en 2003. En el último recuento, más de cuarenta mil bibliotecas y escuelas públicas —y también algunas universidades y empresas— en setenta países utilizan OverDrive para manejar aquella enorme cantidad de medios electrónicos, entre los que ahora se incluyen audiolibros, música y videos, así como libros electrónicos. El número crece tan rápido que, cuando visité su sede central, OverDrive trabajaba ya con treinta y siete mil bibliotecas y, justo un mes después, cuando llamé para confirmar el número, había crecido en un ocho por ciento. Posiblemente, cuando empezaron debió de parecerles una idea un tanto estrambótica, pero al cabo de tres años OverDrive había prestado un millón de libros y en 2012 había logrado cien millones de ventas online. A finales de 2017 logró la alucinante cifra de mil millones de préstamos. En un día cualquiera, OverDrive registra un tráfico de setecientos mil libros. La compañía ha tenido tanto éxito que, hace unos años, el grupo japonés Rakuten pagó cuatrocientos diez millones de dólares para adquirirla.

Conocí a Potash en el vestíbulo de la nueva sede de OverDrive, un sólido y llamativo monolito de acero y cristal ubicado sobre una cresta de césped al oeste del centro de Cleveland, en el extremo de un profundo valle moldeado hace eones, por lo que debió de ser una impresionante masa de hielo. Al contrario que otras personas que crearon empresas pioneras de tecnología, Potash es un hombre mayor y sus tres hijos, ya adultos —dos mujeres y un hombre—, trabajan con él en OverDrive. Potash es una persona cercana, tiene muchas arrugas, una generosa mata de cabello castaño y habla de la compañía con orgullo y cariño. OverDrive es, básicamente, una compañía tecnológica, pero Potash tiene las maneras propias de alguien acostumbrado a las bibliotecas más que las de alguien obsesionado con la tecnología. Conocía a todos los bibliotecarios de Los Ángeles de quienes le hablé, incluso estaba al corriente de detalles relativos a sus vidas. Antes de llevarme a dar una vuelta por el edificio pasamos cinco minutos hablando de Peggy Murphy, por ejemplo, directora del Departamento de Catalogación de la Central, y Potash sabía cómo Murphy se había metido en la jaula de libros comprometidos en su primer trabajo en una biblioteca y los había leído todos.

El vestíbulo de la sede de OverDrive es muy grande y el techo está a gran altura. Una pantalla de diez metros cuadrados que muestra un mapa del mundo domina el centro del vestíbulo. Cada pocos segundos surge una burbuja de algún punto del mapa mostrando el nombre de una biblioteca y el título de un libro que acaba de ser prestado. La pantalla resulta hipnotizadora. Si uno permanece allí durante unos cuantos minutos, comprueba cómo alguien en una pequeña biblioteca de Arles, en Francia, acaba de hacerse con *L'Instant présent* de Guillaume Musso; que alguien en Boulder, Colorado, ha tomado prestado *Harry Potter y el legado maldito* de J. K. Rowling, y que en Ciudad de México alguien ha elegido un ejemplar de *El cuerpo en que nací* de Guadalupe Nettel. Es como si estuvieses contemplando un mapa de pensamientos en tiempo real de todo el mundo.

Es posible que OverDrive sea el futuro del préstamo de libros, pero eso no tiene nada que ver con el futuro de las bibliotecas. Las bibliotecas son espacios físicos que pertenecen a una comunidad donde se puede compartir información. No existe ningún otro lugar que responda a esa descripción. Quizá, en el futuro, OverDrive sea el lugar del que provengan nuestros libros y las bibliotecas se conviertan en algo similar a las plazas de nuestras ciudades, un sitio al que puedes considerar tu hogar cuando no estás en tu hogar.

31.

Civil Procedure in a Nutshell (2003)
Kane, Mary Kay
Series: Nutshell Series
347.9 K16 2003

Great Careers with a High School Diploma: Health Care,
Medicine, and Science [electronic resource] (2008)
Porterfield, Deborah
E-book

AIDS, The Mystery and the Solution (1984)
Cantwell, Alan
616.97 C234

Ask the Dust (1939)
Fante, John
En expositor

En 1991, cinco años después del incendio, finalmente resultó posible imaginar un día, ya no muy distante en el tiempo, en el que la Biblioteca Central regresaría al edificio Goodhue, en el que la nueva ala estaría abierta, en el que las cosas volverían a la normalidad. El edificio Goodhue seguía cerrado, pero los equipos de construcción habían limpiado las paredes, habían extraído el hollín y habían colocado las cosas en su sitio. En el terreno colindante se había excavado un enorme agujero para dar espacio a la nueva ala. El ruido de los equipos de construcción y el agudo repiqueteo del acero contra el acero resonaban entre los edificios de Grand Avenue y las calles Quinta, Hope y Flower. A unos pocos kilómetros de distancia, los restauradores de documentos despresurizaban y aspiraban y reparaban y cuidaban de todos los libros dañados, para después separar los que podían salvarse de los que no. El número de ejemplares que iban a regresar a los estantes crecía con cada día que pasaba. Nuevos libros, pagados con el dinero conseguido en la campaña «Salvemos los Libros» —que había logrado reunir diez millones de dólares— estaban empezando a llegar. En marzo, la nueva ala había alcanzado su altura máxima. El trabajo en el interior había dado comienzo y a pesar de las vallas que rodeaban las obras y la rejilla naranja de las barreras Tenax, el lugar empezaba a adquirir la forma y las dimensiones de una biblioteca. Los bibliotecarios iniciaron el proceso de catalogación de contenidos desde cero, fundiendo las tres colecciones: los libros que habían salido indemnes del incendio, los que habían sido restaurados y los nuevos destinados a reemplazar a los cuatrocientos mil que habían desaparecido para siempre.

La causa civil del ayuntamiento contra Harry Peak y la causa opuesta que él había interpuesto contra el ayuntamiento avanzaban lentamente —un testimonio aquí, un poco de movimiento allí, una declaración del mesero del French Quarter, un informe sobre los daños por parte del fiscal—, pero nada de momento que fuese decisivo. En lugar de encaminarse hacia una resolución, el caso se ralentizaba. Resultaba más y más desconcertante. En sus más recientes declaraciones, Harry había vuelto a alterar su historia. Ahora insistía en que había desayunado con los reverendos Wilkie y Clark antes de ir al podólogo en lugar de después; dijo que había estado en el restaurante a las diez de la mañana, no al mediodía. El padre Wilkie alteró también su testimonio diciendo que tenía hora con otro paciente a las once de la mañana, y que dicho paciente había llegado un poco tarde y que él, Harry y el padre Clark habían salido del restaurante y habían ido a su consulta pocos minutos después de las once.

Esa serie de nuevos acontecimientos y horarios resultaba difícil de conciliar. La primera alarma de la biblioteca sonó cuando faltaban ocho minutos para las once de la mañana, pero no se supo que se trataba de un fuego real, en lugar de una falsa alarma, hasta las once y once. Según la nueva línea temporal de Harry, el mesero les habló del incendio muy poco después de que sonara la alarma. Eso habría sido imposible a menos que el mesero hubiese estado escuchando la frecuencia de la policía; no había otro modo plausible de que hubiese escuchado noticia alguna sobre el incendio. En relación con la culpabilidad o inocencia de Harry, el cambio de horarios importaba bien poco. Seguía siendo la misma coartada: Harry afirmaba que había estado con Wilkie y Clark cuando empezó el incendio. Pero el hecho de que Harry cambiase constantemente su versión hacía que la verdad con relación a lo ocurrido aquel día fuese tan poco estable como una mancha de aceite sobre el agua. En cuanto se establecía un patrón, casi de inmediato quedaba deformado e irreconocible, y lo que parecía ser un círculo, o una nube o una cara se disolvía en un turbio remolino sin forma concreta. No estoy segura de por qué Harry creía que cambiar los tiempos le ayudaría en su coartada. En lugar de eso, lo que me da a entender es que mentía siguiendo un impulso involuntario, tan automático que era incapaz de valorar el peso de sus mentiras antes de que saliesen por su boca.

De algún modo, daba la impresión de que Harry se estaba desinteresando del caso. Tardaba en responder a los requerimientos del fiscal e hizo algunas declaraciones por cuenta propia. Entre sus reclamaciones se incluían los gastos médicos debido al tiempo que pasó detenido, pero nunca respondió cuando Victoria Chaney le pidió que diese los nombres de los médicos que lo habían atendido o que aportase los comprobantes de los gastos. Chaney pidió al abogado de Harry que cumpliesen con su requerimiento y él le dijo que lo comprobaría. Pasaron meses y Chaney nunca obtuvo respuesta; tampoco solicitaron más tiempo para conseguir la información.

Tal vez Harry estaba despistado. Tenía un nuevo novio; «un hombre amable llamado Alan», según Debra Peak. Me dijo que no podía recordar su apellido, pero sabía que era rico y que Harry ya no tendría que volver a preocuparse por el dinero. Sin decírselo a sus padres, Harry se trasladó a la casa de Alan cerca de Palm Springs. Qué alivio debió de suponer para Harry encontrar a alguien que lo amara y salir por fin de aquel andrajoso apartamento en West Hollywood y alejarse de aquella marabunta de compañeros de piso. Tal vez fuera ese el motivo de que decayese su interés por la demanda judicial; es posible que ya no quisiese volver a pensar más en el incendio. En su bonita casa, junto a aquel amable hombre, en la soleada languidez de Palm Springs, cabía la posibilidad de que perdiese su apetito por hacerse un hueco en Hollywood. Era una persona con muchas imperfecciones, autodestructiva, que fue de error en error por la vida, pero tal vez había empezado entonces a experimentar algo cercano a la alegría.

Les dijo a sus amigos que quería encontrar un trabajo más fiable que la interpretación. Tras considerar sus opciones, decidió convertirse en asistente técnico sanitario. La elección parecía un cambio de orientación muy significativo, pero le ofrecía mucho de lo que siempre había ansiado. Podía hacer feliz a la gente con ese trabajo; podía sentirse un héroe. Empezó el programa de formación en una escuela local; Debra no fue capaz de recordar el nombre del centro. Me dijo que a Harry le gustaba de verdad, aunque tenía una queja. Cuando los alumnos estaban aprendiendo a extraer sangre, le dijo, practicaban unos con los otros usando siempre las mismas agujas, una y otra vez.

• • •

En julio de 1991, las partes involucradas en la causa civil se reunieron para ponerse al día. Victoria Chaney no había visto a Harry desde hacía meses y cuando llegó a su despacho se quedó muy sorprendida. Comparado con las otras ocasiones en que lo había visto, parecía marchito, como reseco; su buen aspecto era cosa del pasado. Incluso su gloriosa mata de pelo había disminuido; además, su piel había adquirido el tono amarillento propio de la ictericia. Su abogado dijo que había convocado la reunión para concretar a la mayor brevedad posible la fecha del juicio. Presentó una declaración jurada para asegurar que Harry estaba sufriendo las consecuencias de una grave hepatitis y que se le había inflamado el hígado y el bazo, y que «los médicos dudaban seriamente que fuese capaz de vivir seis meses más».

Diez años antes, en 1981, un inmunólogo de la Universidad de UCLA llamado Michale Gottlieb publicó un artículo describiendo un fenómeno que él denominó como síndrome de inmunodeficiencia adquirida; se considera que el estudio de Gottlieb es una de las primeras pruebas de la existencia del sida. La expansión de la enfermedad en Los Ángeles fue explosiva, brutal y muy amplia. Su presencia en la ciudad fue muy notoria. En 1985, el actor Rock Hudson reconoció que había contraído la enfermedad. Ese mismo año, Hollywood convocó la primera marcha contra el sida, que reunió a miles de personas. Pocos meses después de que Harry pidiese que se adelantase el juicio, Magic Johnson anunció que tenía el VIH y dejó de jugar en Los Angeles Lakers.

A la familia de Harry siempre le había incomodado la idea de que fuese gay y también les resultaba embarazosa la posibilidad de que hubiese contraído la enfermedad debido a algún encuentro homosexual. Las clases de enfermería a las que acudió supusieron una excelente oportunidad para justificar su enfermedad. Debra me dijo que todos los que habían estado en su clase habían contraído el sida porque habían compartido agujas. En un primer momento me dijo que Harry había sido el único de su clase que murió; en otro momento me aseguró que habían muerto todos. Para la gente que trabaja en centros sanitarios es posible contraer el VIH accidentalmente, pero son casos excepcionales. Según un artículo divulgado en una publicación médica en 2007, un recuento mundial había confirmado noventa y ocho casos, de ciento noventa y cuatro posibles, de personal sanitario que había contraído la enfermedad accidentalmente. Si cinco o diez alumnos de un programa de asistencia médica en Los Ángeles se hubiesen infectado de sida —especialmente, si se hubiesen infectado debido a falta de higiene en las prácticas del programa—, los medios de comunicación sin duda habrían dado cuenta de la noticia. Pero nunca llegué a encontrar mención alguna en ninguna parte de un incidente similar, y hoy en día no he sido capaz de hallar algún detalle que confirmase la veracidad de esa historia. Cuando le pregunté a Demitri Hioteles, rio entre dientes y dijo: «¿Te refieres a lo de las agujas? Siempre supe que eso era una estupidez». La ironía del asunto está en que cuando Hioteles y Harry eran pareja, Harry llegó un día a casa preguntándole si había oído hablar de una nueva enfermedad: una especie de cáncer de los homosexuales. Hioteles no quiso creerlo. «Me pareció una locura —me dijo Hioteles—. Y Harry era tan mentiroso... Creí que se trataba de otra de sus estúpidas historias».

Harry fue debilitándose, empequeñeciéndose, enfermando. Tras el encuentro con Victoria Chaney, Leonard Martinet le pidió al juez que adelantase la fecha del juicio. El juez accedió y programó la comparecencia para el 12 de septiembre de 1991. Martinet esperaba que el juicio no llegase a celebrarse y que el ayuntamiento retirase su demanda y se concretase un acuerdo. Estaba en lo cierto al suponer que los fiscales no habrían disfrutado utilizando el poder del ayuntamiento contra un hombre enfermo de sida en fase terminal. La demanda presentada por el ayuntamiento había sido algo casi simbólico. Harry no tenía dinero y nunca habría sido capaz de pagar ni siquiera una pequeña parte de los daños de la biblioteca. Chaney —y los bomberos— querían que el caso se resolviese con una declaración de responsabilidad, en particular después de la frustración que supuso que no llegase a celebrarse un juicio por cargos penales. Pero incluso en el Juzgado Civil, donde el peso de las pruebas es menos drástico, no había garantía alguna de que el ayuntamiento ganase el caso. No existían pruebas irrefutables que situasen a Harry en la biblioteca aquel día y nada lo relacionaba directamente con el incendio. Teniendo en cuenta el estado de su enfermedad, el ayuntamiento podría parecer vengativo y cruel.

En una reunión a pocos días de que el juicio comenzase, el ayuntamiento le hizo una oferta: treinta y cinco mil dólares para cerrar el caso. La cantidad era una nimiedad comparada con los quince millones que Harry había pedido, y también una nimiedad comparada con el tipo de ofertas que acostumbraba a realizar el ayuntamiento en esos casos. Aun así, Harry aceptó. Para el ayuntamiento fue toda una ganga. Haber llegado a juicio, de incierto resultado, le habría costado a la ciudad miles de dólares más. El Departamento de Presupuesto del ayuntamiento firmó un cheque por treinta y cinco mil dólares, cerrando de ese modo el caso del incendio en la biblioteca de Los Ángeles —al menos, en lo que respectaba a la culpabilidad de Harry— el 2 de octubre de 1991.

Harry pasó sus últimos días en Palm Springs. Después de ese último encuentro con Victoria Chaney no volvió a salir de casa, dejándose cuidar por Alan en todos los sentidos. El acuerdo económico, en un principio, le pareció como dinero caído del cielo, pero el costo de sus cuidados médicos devoró aquellos dólares en un abrir y cerrar de ojos: los medicamentos básicos para el sida requerían de unos cinco mil dólares al mes. Tenía problemas de hígado, hepatitis, se le había inflamado el bazo y sufría algunas otras consecuencias más de su enfermedad. «Estábamos muy cerca el uno del otro, éramos como gemelos», me dijo recientemente su hermana Debra. «El día antes de morir, sentí algo muy raro. Lo supe. Le dije a mi hijo que no volveríamos a ver al tío Harry con vida. Tuve una premonición». El 13 de abril de 1993, Harry Peak murió en Palm Springs, California, debido a complicaciones provocadas por el sida. Se ofició un funeral privado en la iglesia de Hope Country, una hermosa construcción con torre de aguja en una tranquila calle en Baldwin Park, a unos veinte kilómetros de Santa Fe Springs, donde Harry creció.

32.

The End of the Story; A Play in One Act (1954)
Thomas, Richard
822 T461

The End of the Story (2004)
Davis, Lydia
E-book

The End of the Story (2012)
Heker, Liliana
Series: Biblioasis International Translation Series

This is the End of the Story (2017)
Fortune, Jan
E-book

El 1 de enero es el día del desfile del Rose Bowl en Pasadena. La Biblioteca Pública de Los Ángeles siempre tiene una representación en ese desfile. Todos los años hay un tema principal. En 1993, el tema fue «Entretenimiento desfilando», y la representación de la Central construyó un gigantesco ratón de biblioteca leyendo el periódico. Una de las personas que iba montada al lado del ratón de biblioteca era la bibliotecaria de la ciudad Elizabeth Martínez, que había tomado el cargo cuando Wyman Jones se jubiló en 1990. El ejemplar del periódico que el ratón estaba leyendo mostraba un titular que decía: «La Biblioteca Central vuelve a abrir sus puertas el 3 de octubre de 1993». Robert Reagan, que fue el director de información pública de la institución desde 1980 hasta 1998, dijo que publicitar la fecha durante el Rose Bowl podía suponer tentar a la suerte, pero él creía que realmente todo saldría bien.

Todavía había mucho que hacer. A medida que la fecha se aproximaba, la biblioteca montaba equipos para colocar libros y cientos de voluntarios ayudaban a desempaquetar dos millones de ejemplares y colocarlos en sus nuevas estanterías. Los equipos se asemejaban un poco a los que se montaron tras el incendio, pero en cuestión de ánimo era justo lo opuesto: una ocasión para el optimismo y la renovación. «Me gusta trabajar con libros», le dijo una de las voluntarias a un periodista que le preguntó por qué estaba dedicando su tiempo libre a esa actividad. Además, añadió a modo de queja: «Hoy hay muchos niños pequeños que corretean entre nuestras piernas y no hacen nada. Hacen lento el trabajo». Y finalizó: «Pero ayudar para que vuelva a abrirse la biblioteca es algo muy gratificante a nivel personal». La administración de la biblioteca, con la ayuda de ARCO, había planeado una espectacular ceremonia de apertura, con bailes tradicionales brasileños, tambores japoneses, bailaoras de flamenco, cantantes de África Occidental, músicos coreanos, un desfile de los participantes de *American Gladiators* y apariciones de Spiderman, el Pato Lucas y Bugs Bunny.

Nadie tenía muy claro cuánta gente acudiría a la ceremonia de reapertura después de seis años y medio. Tal vez la ciudad se había acostumbrado a que la biblioteca estuviese en un estado deplorable, perdida en una especie de limbo temporal; tal vez la fascinación por el edificio Goodhue, el «mágico castillo de cuento de hadas» que había dejado sin aliento a la gente en la inauguración de 1926, había desaparecido para siempre. Pero el día de la reinauguración quedó muy claro que toda la ciudad estaba deseando ver la biblioteca. Cincuenta mil personas, como mínimo, bailaron al ritmo de Barney el dinosaurio y recorrieron la sala circular y descendieron por las escaleras mecánicas hasta la nueva Ala Tom Bradley, y más de diez mil personas se hicieron la credencial de la biblioteca por primera vez. Todo el mundo disfrutó del espectáculo. Pero, como me dijo Robert Reagan no hace mucho, aquel día de 1993 «la biblioteca fue la auténtica heroína».

• • •

El caso de Harry Peak se cerró sin dejar las cosas claras; de hecho, más que concluir nada, lo que se hizo fue borrarlo todo. No se resolvió el tema de quién había provocado el fuego, ni siquiera si el fuego había sido intencionado o no. Tampoco llegó a existir una versión inmutable de qué fue lo que hizo Harry Peak el 29 de abril de 1986. No aportó una respuesta sobre si hubo o no una mano humana sosteniendo una llama. Cambié un montón de veces de opinión sobre lo que creía que había ocurrido, sobre todo en relación con la participación de Harry. Cada vez que pensaba que disponía de una versión confiable de la historia, surgía algo que lo desmontaba todo y me encontraba de nuevo en la casilla de salida. Finalmente, no tenía ni idea de cuál era la verdad ni de qué había decidido yo creer. Es decir, acabé aceptando la ambigüedad. Sabía a ciencia cierta que en una ocasión la Biblioteca Central de Los Ángeles había sufrido un terrible incendio y que habían detenido a un joven de pocas luces. Más allá de eso todo era incierto, como casi siempre sucede en la vida. Seguirá siendo una historia sin un fin concreto, como un acorde suspendido en el último compás de una canción; ese sonido abierto, singular y discordante que hace desear seguir escuchando un poco más.

• • •

Un día acudí a la biblioteca a última hora, justo antes de que cerrasen, cuando desaparecía ya la luz en el exterior y el lugar parecía como adormecido y en calma. La Biblioteca Central y el Ala Bradley son tan grandes que, cuando desaparece la multitud, la biblioteca da la impresión de ser un lugar muy íntimo, casi secreto, y el espacio resulta tan envolvente que el mundo exterior desaparece. Bajé al Departamento de Historia para ver a Glen Creason y comprobar cómo evolucionaba la indexación de los mapas de la Colección Feathers. Después fui caminando de un departamento a otro, simplemente por pasear, crucé la hermosa sala circular vacía, una maravillosa sorpresa en cada nueva ocasión, y me dirigí a la amplia vuelta que da la escalera trasera, donde la Estatua de la Civilización no dejó de mirarme mientras la dejaba atrás. El silencio era más reconfortante que solemne. Una biblioteca es un buen lugar en el cual atenuar la soledad; un lugar donde puedes formar parte de una conversación que desapareció hace cientos y cientos de años incluso cuando estás solo. La biblioteca es el rincón de los susurros. No es necesario tomar un libro de un estante para saber que en su interior alberga una voz que está esperando para hablarte; alguien que cree a pies juntillas que otra persona lo escuchará. Esa afirmación siempre me ha asombrado. Incluso los libros más raros y particulares fueron escritos siguiendo ese loco impulso: los escritores creen que para alguien será importante leer su libro. Me fascina lo hermoso y loco y valiente que es creer algo así, y también en lo necesario que es creerlo, y en la esperanza que entraña acumular esos libros y manuscritos y preservarlos. Viene a decir que todas esas historias importan, que merecen la pena todos los esfuerzos por crear algo que nos conecte a unos con otros, con nuestro pasado y con lo que está por venir. Me doy cuenta de que todo el tiempo que he pasado investigando sobre bibliotecas he estado intentando convencerme a mí misma de que mi esperanza de contar una historia duradera, de crear algo que perdure, de mantenerme viva mientras alguien lea mis libros, es lo que me ha empujado, historia tras historia; ha sido mi vida, mi pasión y mi modo de entender quién soy. Pienso en mi madre, que murió mientras yo escribía este libro, y sé lo orgullosa que se sentiría de verme en la biblioteca, y ese pensamiento me sirve para remontarme, durante un segundo, a un tiempo en el que era joven y ella estaba conmigo, atenta y cariñosa, con muchos años por delante, y me sonreía cuando me dirigía al mostrador de préstamos con un montón de libros. Sé que si hubiésemos venido juntas aquí, a este lugar encantado de estuco lleno de estatuas, con todas las historias del mundo a nuestro alcance, me habría dicho que, si hubiese podido escoger cualquier profesión del mundo, habría escogido ser bibliotecaria.

Eché un vistazo a mi alrededor, a las pocas personas que quedaban ya por allí. Algunas estaban inclinadas sobre libros, unas pocas descansaban, disfrutando de un momento de intimidad en un lugar público, y me sentí contenta de estar allí. Por eso quería escribir este libro, para hablar de un lugar al que adoro y que no me pertenece a pesar de sentir que es mío, y también de cómo eso es algo maravilloso y excepcional. Todas las cosas que van mal en el mundo parecen verse derrotadas por la sencilla promesa innombrada de las bibliotecas: aquí estoy, haz el favor de contarme tu historia; aquí está mi historia, haz el favor de escucharla.

Los guardias de seguridad empezaron a colocar bien las sillas y las mesas al tiempo que decían: «¡Cuatro minutos! ¡Cuatro minutos para cerrar!». Los pocos que quedábamos cerramos nuestros libros, recogimos nuestras pertenencias y nos dirigimos hacia las escaleras. En la fila de préstamos, un hombre corpulento con tres libros bajo el brazo empezó a hacer juegos malabares y a mover las caderas, y la gente que se dirigía hacia la puerta lo sorteó con cuidado.

AGRADECIMIENTOS

Este libro nació de la paciencia y la generosidad de docenas de personas que me dedicaron su tiempo y sus recuerdos. El mayor de los agradecimientos para el personal de la Biblioteca Central, que me acogió con los brazos abiertos y me ayudó a lo largo de los muchos años que pasé recorriendo sus pasillos; con una mención especial para Glen Creason, John Szabo, Eva Mitnick y Peter Persic, que nunca se mostraron reacios cuando acudí a ellos con una pregunta más. Gracias a Emma Roberts por rebuscar en todas aquellas cajas con material. También me siento muy agradecida con los antiguos empleados de la biblioteca que hablaron conmigo, entre ellos Helene Mochedlover, Elizabeth Teoman, Susan Kent, Fontaine Holmes, JoAnna y Robert Reagan y el difunto Wyman Jones. La Fundación de la Biblioteca de Los Ángeles, y en particular Ken Brecher y Louise Steinman, se mostraron favorables al proyecto desde el principio, por lo cual les estoy muy agradecida. Fueron de gran ayuda los integrantes, del presente y del pasado, del departamento de bomberos de Los Ángeles, y en particular una sufridora mujer llamada Jessica, de la sección de Archivos, que respondió a todas mis peticiones y fue capaz de encontrar materiales que me habían asegurado que estaban perdidos desde hacía muchos años.

Le debo un reconocimiento especial a la familia de Harry Peak, y en especial a sus hermanas, Debra y Brenda. Gracias también a Demitri Hioteles, que compartió conmigo recuerdos de Harry y me facilitó el retrato que se incluye en el libro.

Tanto la Fundación Solomon R. Guggenheim, como The MacDowell Colony, la Corporación de Yaddo y el Banff Centre for Arts and Creativity me ayudaron a hacer posible este proyecto. Me siento muy afortunada por haber recibido su apoyo.

Todo mi agradecimiento para Ashley Van Buren por su inteligencia y su perspicaz lectura, por animarme durante el proceso de escritura, por juntar las fotos y por ser una gran amiga. Julie Tate verificó la información de un modo maravilloso en tiempo récord; ¡gracias, Julie!

A todos los amigos que evitaron preguntarme con excesiva frecuencia si ya había acabado el libro les estaré eternamente agradecida. Por su apoyo y por entretenerme sin dejar de ser cuidadosos me siento particularmente en deuda con, entre otras personas, Erica Steinberg, Christy Callahan, Sally Sampson, Janet Tashjian, Jeff Conti, Debra Orlean, Laurie Sandell, Karen Brooks, Sarah Thyre y todo mi divertido grupo de amigas; las quiero.

Gracias a Kimberly Burns por su sabiduría y entusiasmo.

Richard Pine, mi agente desde siempre: eres el mejor.

Chip McGrath, el mejor de los jefes, gracias por leer esto cuando todavía era un desastre, y por darme tus perfectos consejos y animarme de lo lindo.

Gracias a David Remnick y a Virginia Cannon por permitir que me tomase un tiempo en *The New Yorker* para trabajar en este libro. Nadie podría desear un lugar de trabajo más profesional o unos editores más cualificados; cuando recuerdo que trabajo con ustedes me pellizco para asegurarme de que no estoy soñando.

Trabajo con un grupo de gente absolutamente maravilloso en Simon & Schuster. Mil gracias a Carolyn Reidy, que hizo que todo esto fuese posible; a Richard Rhorer, editor asociado; a Dana Trocker, la experta en marketing; a Julianna Haubner, que sabe cómo lograr que todo salga adelante; a Kristen Lemire y Lisa Erwin y a Beth Thomas y Patricia Callahan, que hacen magia entre bambalinas; a Tamara Arellano, que realizó todos los cambios importantes; a Jackie Seow y a Lauren Peters-Collaer y a Carly Loman, que hicieron que este libro fuera hermoso.

¡Y gracias a ti, Anne Pearce! ¡Estoy tan contenta de haber hecho otro libro contigo! No tengo palabras para Jofie Ferrari-Adler: ¡extraordinario editor, la voz de la sabiduría y poseedor del lápiz más afilado del mundo! Jon Karp, ¡aquí tenemos ya el quinto libro! Soy muy afortunada de poder trabajar contigo. Gracias, gracias por todos estos años de amistad, apoyo e inspiración.

Sé que es un cliché decir: «No podría haber escrito este libro sin...», pero en el caso de mi marido, John Gillespie, es totalmente cierto. Es una persona asombrosa. Me ayudó a avanzar a través de toda la montaña de material de investigación, y aunque apenas pude leer sus notas, todavía seguiría enterrada en esos archivos si él no me hubiese echado una mano. Lee todas y cada una de las palabras que escribo —más de una vez— y me ofrece brillantes sugerencias de edición, consejos bien argumentados y me da un empujoncito cuando el hecho de escribir se me hace demasiado pesado. Y por encima de todo, me ha apoyado y me ha dado amor a lo largo del proceso de escritura, por lo cual me siento profunda y adorablemente agradecida.

A mi hijo, Austin, que me condujo hasta esta historia y soportó que me pasase las noches y los fines de semana trabajando cuando podríamos haber estado jugando juntos al Fortnite. Te quiero.

Mamá, he escrito un libro para ti.

LOS ÁNGELES, CALIFORNIA
MAYO DE 2018

NOTAS SOBRE LAS FUENTES

La historia de la Biblioteca Pública de Los Ángeles y del incendio de 1986 requirió de años de investigación y de un montón de entrevistas con antiguos miembros del equipo y con trabajadores actuales, sumergirme en los archivos del departamento de bomberos y en los registros judiciales del Ayuntamiento de Los Ángeles, y horas rebuscando entre mohosas cajas en la sala de libros raros de la biblioteca. Allí encontré verdaderos tesoros de información, incluidos recortes de periódicos de los años veinte con noticias sobre la biblioteca; listas de libros de los años treinta; parafernalia de cada una de las décadas siguientes, e incontables y fascinantes rarezas y restos de cosas dejados por los cientos de bibliotecarios que han pasado por la Biblioteca Central en algún momento de sus carreras. Todas esas cosas resultaron fundamentales para la escritura de este libro. También encontré una gran cantidad de material valioso en los muchos libros y artículos publicados sobre California y sobre la historia de la biblioteca. Aquí dejo una lista escogida de dichas fuentes bibliográficas:

BANHAM, Reyner. *Los Ángeles: La arquitectura de cuatro ecologías.* Barcelona: Puente Editores, 2016.

BATTLES, Matthew. *Library: An Unquiet History*. Nueva York: W.W. Norton & Company, 2015.

BRADBURY, Ray. *Fahrenheit 451*. Barcelona: Debolsillo, 2016.

BURLINGHAM, Cynthia, y WHITEMAN, Bruce, eds. *The World from Here: Treasures of the Great Libraries of Los Angeles*. Nueva York: Oxford University Press, 2002.

CASSON, Lionel. *Las bibliotecas del mundo antiguo*. Barcelona: Bellaterra, 2003.

DAVIS, Mike. *Ciudad de cuarzo: Arqueología del futuro en Los Ángeles*. Madrid: Lengua de Trapo, 2003.

DITZEL, Paul. *A Century of Service, 1886-1986: The Centennial History of the Los Angeles Fire Department*. Los Ángeles: Los Angeles Firemen's Relief Association, 1986.

FISKE, Turbesé Lummis, y LUMMIS, Keith. *Charles F. Lummis: The Man and His West*. Oklahoma: University of Oklahoma Press, Norman, 1975.

GEE, Stephen, SZABO, John F., y SCHWARTZMAN, Arnold. *Los Angeles Central Library: A History of Its Art and Architecture*. Santa Mónica: Angel City Press, 2016.

GORDON, Dudley. *Charles F. Lummis: Crusader in Corduroy*. Los Ángeles: Cultural Assets Press, 1972.

KLEIN, Norman M. *The History of Forgetting: Los Angeles and the Erasure of Memory*. Nueva York: Verso Press, 1997.

KNUTH, Rebecca. *Libricide: The Regime-Sponsored Destruction on Books and Libraries in the Twentieth Century*. Westport: Praeger Publishers, 2003.

PALFREY, John. *Biblio Tech: Why Libraries Matter More Than Ever in the Age of Google*. Nueva York: Basic Books, 2015.

POLASTRON, Lucien X. *Libros en llamas: Historia de la interminable destrucción de bibliotecas*. Madrid: Fondo de Cultura Económica, 2008.

ROSE, Jonathan, ed. *The Holocaust and the Book*. Amherst, Massachusetts: University of Massachusetts Press, 2001.

SOTER, Bernadette Dominique. *The Light of Learning: An Illustrated History of the Los Angeles Public Library*. Los Ángeles: Library Foundation of Los Angeles, 1993.

STARR, Kevin. *Americans and the California Dream, 1850-1915*. Nueva York: Oxford University Press, 1986.

—, *Golden Dreams: California in an Age of Abundance, 1950-1963*. Nueva York: Oxford University Press, 2009.

—, *Inventing the Dream: California through the Progressive Era*. Nueva York: Oxford University Press, 1986.

—, *Material Dreams: Southern California Through the 1920s*. Nueva York: Oxford University Press, 1990.

THOMPSON, Mark. *American Character: The Curious Life of Charles Fletcher Lummis and the Rediscovery of the Southwest*. Nueva York: Arcade Publishing, 2001.

ULIN, David. *Sidewalking: Coming to Terms with Los Angeles*. Oakland, California: University of California Press, 2015.

WIEGAND, Shirley, y WIEGAND, Wayne. *The Desegregation of Public Libraries in the Jim Crow South: Civil Rights and Local Activism*. Baton Rouge: LSU Press, 2018.

WILENTZ, Amy. *I Feel Earthquakes More Often Than They Happen: Coming to California in the Age of Schwarzenegger*. Nueva York: Simon & Schuster, 2007.

Artículos y conferencias

BLITZ, Daniel Frederick. «Charles Fletcher Lummis: Los Angeles City Librarian». UCLA Electronic Theses and Dissertations M.L.I.S., Library and Information Science thesis, 2013.

HANSEN, Debra Gold, GRACY, Karen, y IRVIN, Sheri. «At the Pleasure of the Board: Women Librarians and the LAPL», 1880-1905. *Libraries & Culture Magazine*, n.º 4, vol. 34, 1999.

MACKENZIE, Armine. «The Great Library War». *California Librarian Magazine*, n.º 2, vol. 18, abril de 1957.

MAXWELL, Margaret F. «The Lion and the Lady: The Firing of Miss Mary Jones». *American Libraries Magazine*, mayo de 1978.

MONETA, Daniela P. «Charles Lummis: The Centennial Exhibition Commemorating His Tramp Across the Continent». Los Ángeles: Southwest Museum, 1985.

CRÉDITOS DE LAS FOTOGRAFÍAS

SUSAN ORLEAN

Es periodista y escritora. Publica de forma regular en *The New Yorker* desde 1992. Es autora de siete libros, entre ellos *Rin Tin Tin, Saturday Night* y *El ladrón de orquídeas,* cuya adaptación cinematográfica fue merecedora de un premio Óscar. Vive con su familia al norte de Nueva York.

SOBRE *LA BIBLIOTECA EN LLAMAS*

Un constante placer... Todo el que ame los libros debería echar un vistazo a *La biblioteca en llamas*. Orlean, una histórica escritora de *The New Yorker*, nos ha encandilado con historias humanas durante décadas y su último libro es una amplia investigación, profundamente personal y cautivadora, sobre el mayor bastión de la humanidad contra el olvido: la biblioteca.

RON CHARLES,
The Washington Post

Un libro encantador. Susan Orlean ha encontrado, de nuevo, un material precioso donde nadie más se había molestado en mirar. Y de nuevo ha demostrado que los sentimientos de una escritora, si esa escritora tiene el suficiente talento y esos sentimientos son lo suficientemente potentes, pueden ofrecer su propio drama. Nunca sabes lo verdaderamente interesante que es un tema hasta que una persona como Orlean se interesa realmente por él.

MICHAEL LEWIS,
The New York Times Book Review

Hipnotizante. Una fascinante mezcla entre *true crime*, historia, biografía y periodismo de investigación. Inquisitiva, aguda, dramática y profundamente apreciativa, la crónica de Orlean homenajea a las bibliotecas como santuarios, centros comunitarios y universidades abiertas a cargo de personas comprometidas guiadas por la compasión, la creatividad y la resiliencia.

Booklist

Por supuesto que siempre leeré todo lo que Susan Orlean escriba —y te recomiendo que tú hagas lo mismo, sin importar el tema, porque ella siempre es brillante—. Pero *La biblioteca en llamas* es un libro particularmente bello y enriquecedor incluso para sus estándares. Vas a escuchar muchas veces lo importante que es esta historia por dirigir nuestra mirada a las bibliotecas y a las heroicas personas que las llevan. Todo eso es cierto, pero hay una mejor razón para leerlo: te fascinará de la primera página a la última.

Elizabeth Gilbert,
autora de *Come, reza, ama*

Brillante... Absorbente... Orlean intercala sus memorias de una vida entre libros con una trama policiaca, la historia de Los Ángeles y una reflexión sobre el auge y caída de la sociedad ciudadana en Estados Unidos. A veces tenso y sinuoso, a veces íntimo o épico, la investigación de Orlean evoca los ritmos de una existencia transcurrida en bibliotecas, devolviendo la vida a un lugar y una institución que representa lo mejor de América.

Jane Kamenski,
The Wall Street Journal

3-10-21
NEVER
0